A DARK HISTORY:
THE KINGS & QUEENS OF ENGLAND

ダークヒストリー
図説
イギリス王室史
◆
目次

イギリスおよびヨーロッパの関連地の地図

本書で用いるシンボルマークについて

各章冒頭の家系図は本文で言及される人物の関係を示すもので、全体を網羅したものではない。また、各君主の括弧内の年代はその在位期間を示す。

シンボルマークは次のとおり。

- ノルマン朝
- プランタジネット朝
- テューダー朝
- ステュアート朝
- ハノーヴァー朝
- サックス=コーバーグ=ゴータ朝
- ウィンザー朝
- 非嫡出子
- 王位を継がなかった継承者
- 戦いで勝ちとられた王位
- 王位強奪者
- 退位
- 殺害
- 戦死
- 処刑

序章

教皇レオ10世とともにここに描かれているヘンリー８世は、敬虔なローマ・カトリック教徒だったが、教皇が王に離婚を許そうとしなかったため、ローマと決別した。

イギリス王室は世界でもっとも名誉ある王室とされている。

しかし、その扇情的でショッキングな歴史には、何世紀にもわたって秘密にされてきた卑劣でいまわしい事件が含まれている。

過去1000年間に、イングランドの王や女王の多くは裏切りや陰謀、反乱、反逆、王殺し、そして残虐行為にかかわってきた。イングランドの王位は四度強奪され、退位を余儀なくされた４人の王はいずれも殺され、そのうちの１人は公開処刑にされた。また、王位を狙った者が５人おり、そのうちの２人は詐称者だった。

イングランドの王や女王は何千という処刑や死をもたらしてきた。テューダー朝の国王ヘンリー８世は、それに先立つプランタジネット朝の残党を皆殺しにしようとし、その娘の女王メアリー１世は300人のプロテスタントを火あぶりの刑に処した。

一方、イングランド王室はつねに陰謀や暗殺の標的にされていた。女王エリザベス１世は、彼女を殺し、代わりにその従妹のスコットランド女王メアリーを王位につかせようとする陰謀の危険にたえずさらされていた。1605年の火薬陰謀事件は、国王ジェームズ1世とその政府、および国会議事堂を爆破しようとするカトリック教徒の陰謀だった。

さらには発狂したイングランド王も2人いた。1人は身内の貴族に誘拐され、もう1人は容赦なく痛めつけられた。六度も結婚した国王ヘンリー8世は、1536年に最初の妻キャサリン・オヴ・アラゴンを死に追いやり、その後も2人目と5人目の妻を処刑した。

国王ジョージ4世は皇太子時代、莫大な借金を背負い、議会から二度も救済措置を受けた。父親の国王ジョージ3世は15人の子供のスキャンダルに悩まされ、そのうちの2人は近親相姦を疑われ、ほかの息子たちも国王に多くの非嫡出の孫をもたらした。

女王ヴィクトリアとその夫君アルバート公は王室の風紀を正そうとしたが、長男で後の国王エドワード7世は酒や博打、女遊びにしか興味がなく、彼らの希望は打ち砕かれた。

1936年、国王エドワード8世が二度の離婚歴をもつウォリス・シンプソン——王妃にふさわしくない女性——と結婚するために王位をすてたとき、イギリス王室はもはや崩壊寸前となった。近年でも、チャールズとダイアナのスキャンダルが王室の根幹を揺るがした。

本書は、これまで一度も明かされなかった王室の恥部を臆することなく語っていく。

1902年、国王エドワード7世の戴冠を祝う花火大会への招待状の一部。

第1章 ノルマン朝

陰謀者と征服者——汚い仕事

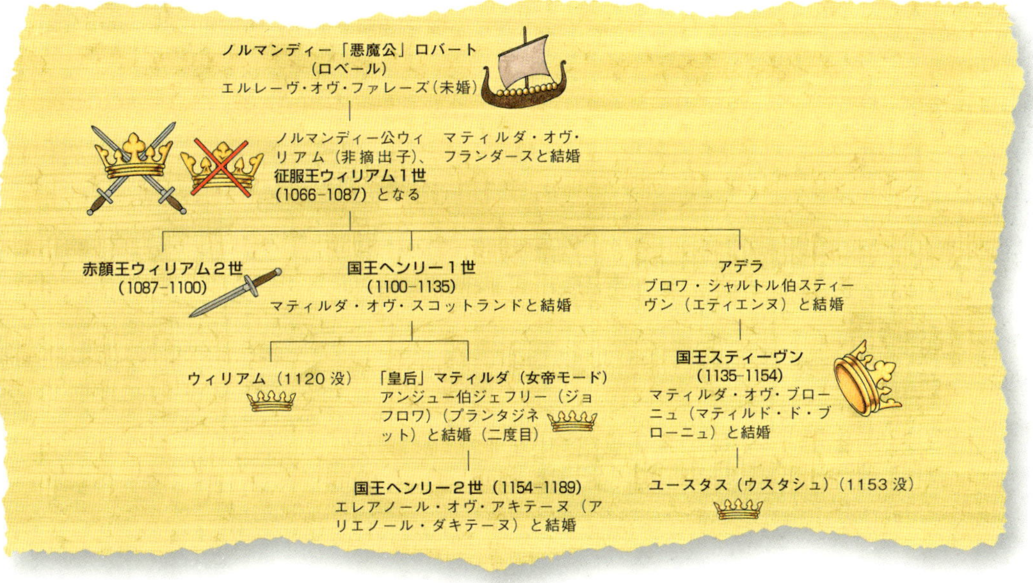

1100年8月2日、イングランド南部のニューフォレストで起こった事件は、それが白昼の出来事で、複数の目撃者がいたにもかかわらず、謎に包まれたままである。

ウィリアム2世の死を描いた15世紀末の絵。左上、胸に矢を受けて死んだ王が地面に横たわっている。

その朝、赤毛と赤ら顔、そして気性の荒さから赤顔王のあだ名をもつ国王ウィリアム2世は、早い朝食をとり、その日の狩りのための弓矢を用意して森へ出かけた。寵臣のウォルター・ティレルも随行した。

森へ入ると、一行は獲物を探して散らばった。ティレルは王につき従い、やがて勢子《せこ》たちが2人の方へ牡鹿の群れを追いこんだ。王は群れに向かって矢を射ったが、あてそこねた。ナイトンという目撃者によれば、王はティレルにこう叫んだ——「弓を引け！　引かぬと承知せぬぞ！」ティレルは言われたとおりにしたようだが、その矢は木に弾かれ、牡鹿の群れをそれて、王の胸に突き刺さった。

イングランドの年代記編者で歴史家のウィリアム・オヴ・マームズベリーは、数年後、この事件を次のように記した。

「傷を負った王は一言も発せず、その体から突き出た矢柄を折ると、傷口を下にして倒れこみ、その死を早めた」

驚いたティレルは王のもとへかけ寄ったが、王はすでに死んでいた。もはやティレルの頭には逃げることしかなかった。彼は馬に飛び乗り、深い森を全速力で一気にかけ抜け、イギリス海峡からフランスへ渡った。以来、ティレルは王殺しを死ぬまで断固否定し続けた。

1300年から1325年に出版された『イングランド年代記』による国王ウィリアム2世の死にかんする説明。胸に矢が突き刺さったウィリアムがベンチに腰かけているが、面白いことに、元気そうにみえる。

予言された王の死

王の死の知らせが広まると、ヨーロッパではその事件を予告するような体験をしたという者たちが現れた。ベルギーでは、クリュニー修道院長のユーグが8月1日の晩、イングランド王が翌日死ぬという予告を受けたと明かした。また、ある修道士は8月2日、目を閉じて祈りを捧げていると、「国王ウィリアムは死んだ」と書かれた紙切れをもつ男の姿が浮かんだ。修道士が目を開けると、男の姿は消え失せたという。

王の死の真相は謎に包まれたままだった。第1容疑者のティレルにはなんの罰もくだされず、多くの人びとは無実の罪と考えているようだった。事件の捜査はそれ以上行なわれず、いかなる証拠も提出されなかった。そのため、国王ウィリアム2世の死は悲劇的事故として歴史に記されることとなった。

王の殺害

王の死がじつは事故に見せかけた謀殺だったという噂はすぐに広まった。運命の狩りの後、王の遺体がぞんざいに処理されたことがそれを示唆している。遺体の始末を命じられたのは、パーキスという身分の低い炭焼きだった。パーキスは遺体を荷車にのせ、それを作業用のぼろきれで覆った。彼は荷車をウィンチェスター大聖堂へ押して行き、そこでウィリアム王は修道士らによってそそくさと埋葬された。これが王にふさわしい葬儀でなかったことは明らかである。

王の死の知らせが広まると、ヨーロッパではその事件を予告するような体験をしたという者たちが現れた。

この再現シーンにみられるような射手たちは、中世の軍隊における「砲兵隊」だった。彼らは鋭い矢で空を埋めつくすほどの弾幕を張り、鎖帷子の騎士たちを馬もろとも殺した。

事実か、嘘か

カルトによる殺し？

キリスト教徒の王として君臨するウィリアムが、じつは異教徒——妖術や魔術の実践者——であると考える聖職者は多かった。中世の人びとは魔術をひどく恐れていたため、『アングロ・サクソン年代記』でもそうした危険な噂は言外にもほのめかされていない。噂の原因はウィリアムの祖父、ノルマンディー公ロバート（ロベール）にあり、ロバートの父親は悪魔と信じられていた。彼が悪魔公ロバートの異名をとったのはそのためで、国王ウィリアム２世はその悪魔の曾孫にあたった。

冒瀆の証拠

ウィリアム王のふるまいがまさに悪魔のようだったことは確かだ。彼は神を冒瀆し、しばしば「悪魔にかけて」誓った。教会にも敬意をはらわず、礼拝に出席しても、落書きをしたり、臣下とむだ話をしたりしていた。また、ウィリアムは同性愛者でもあった。これは11世紀では恥ずべき罪とされ、ある年代記編者は当時の「女々しい」宮廷のようすを痛烈な言葉で言い表している。

「垂れ下がった髪や派手な衣裳が目につき、先端の丸まった靴が流行した。若い男は容姿の優美さにおいて女と張りあい、その足どりにも注意して、半裸でゆったり歩くことが良しとされた」

1094年、カンタベリー大司教のアンセルムスは、国王ウィリアムを男色と「不自然な肉欲の罪」で公然と非難した。ほとんどの人びとは後に聖アンセルムスとなった彼に味方した。こうしたことを考えれば、「悪魔」の王がじつは隠れ異教徒であると信じるのはもっともだ。

12世紀は非常に迷信的な時代で、聖職者の遺骸には超自然的な力があると信じられていた。この15世紀の年代記には、聖ヴァレリーの遺骸の前で祈りを捧げるノルマンの騎士たちが描かれている。

数世紀後、この噂は、国王の生け贄を実践する異教カルトによってウィリアム２世が殺されたという説の一部となった。1921年に出版された『西欧における魔女崇拝（*The Witch Cult in Western Europe*）』で、マーガレット・アリス・マレー博士はこうしたカルトが紀元前のヨーロッパに広くいきわたっていたと述べている。博士によれば、ノルマン一族自身がその信仰のために王殺しの儀式を求めるカルトに属していたという。

これは国王ウィリアムがその死の前夜にとった奇妙な行動とも一致している。彼はまるで自分がカルトに殺されることを知っていたかのようにふるまった。1100年８月１日の晩、王はいつも以上に飲み食いし、よく寝つけずにいた。

ありがたくない贈り物

翌朝、ウィリアム王は思いがけない贈り物として、６本の新しい矢をもらった。彼はそのうちの２本をウォルター・ティレルに与え、謎めいたことを言った――「ウォルター、私の命令は絶対に実行せよ」。ティレルもまた異教カルトに入っていたのではないかとする者もいる。セーロという修道士はその日、狩りへは行かないように王に忠告したが、ウィリアムはそれを無視した。そして森へ着いた直後、王は命を落とした。

ウィリアム王の死をめぐる扇情的な噂は何年も続いた。1107年、ウィンチェスター大聖堂の塔が崩れたときも、それはウィリアムが埋葬されているせいだといわれた。多くの罪を犯した王に神の呪いがくだされたのだという。

殺人の動機

ティレルがほとんど無罪と思われていた一方で、じつは国王ウィリアムの死を望んでいたと思われる容疑者は複数いた。王は未婚だったため、王位継承権は彼の２人の兄弟にあった――短足から短袴公として知られたノルマンディー公ロバート（ロベール）、そして読み書きができたことから碩学王として知られたヘンリー。２人のうち、より容疑者の可能性が高いのはヘンリーだった。彼は狩りに同行し、おそらく王の死も目撃していた。

恐ろしい場面に居あわせたヘンリーは、すばやく行動を起こし、自分がもっとも欲しいもの――イングランド王位――をロバートなどから邪魔されないうちに手に入れた。彼は長々と兄の死を悼むようなことはしなかった。

それどころか、すぐにウィンチェスターへ向かい、そこで王の宝物を奪うと、ロンドンまで約100キロを全速力で走り、みずからの戴冠式を挙行した。すべてはわずか３日のうちに行なわれ、８月５日にはヘンリーはイングランドの新国王になっていた。

怒りっぽく強欲なヘンリーには、王の死を望む動機がいくつもあった。父親の征服王ウィリアム１世が1087年に死去したとき、ヘンリーは無視され、称号も領地も与えられなかった。短袴公ロバートはフランスのノルマンディー公領を与えられ、ウィリアムはイングランド王位を与えられたが、ヘンリーに与えられたのは銀貨5000ポンドだけだった。これは11世紀では巨額の金だったが、狡猾で押しの強いヘンリーは満足できず、彼は不当に扱われたと感じた。

もちろん、短袴公ロバートにも王の死を望んでいた疑いはあるが、彼がその事件に関与した可能性は低い。イングランドの統治を強く望んでいたロバートは、父親がウィリアムを王位継承者に選んだとき、ひどく落胆した。なんといっても、ロバートは兄である。彼は二度にわたってイングランド王位を奪おうとした——国王ウィリアム２世の治世が始まった1087年と1088年——が、二度とも失敗に終わった。

ただ、征服王ウィリアムがロバートを除外したのにはそれなりの理由があった。ウィリアムは1066年にヘースティングズの戦いで王位を勝ちとって以来、力ずくでイングランドを支配してきた。彼にはロバートが軟弱で影響されやすいように思われた。そんなことでは頑固な諸侯たちにすぐ出し抜かれてしまう——征服王ウィリアムにとって、それは耐えがたいことだった。彼は跡継ぎには自分のような粗暴な男がいいと思った。そしてその粗暴な男とはロバートではなく、ウィリアムだった。

結果として、悪賢いヘンリー１世はロバートをうまく出し抜いた。ニューフォレストでウィリアム２世が死んだとき、ロバートは地球の反対側の聖地で十字軍として戦っていた。帰国した彼は、弟がすでに権力の座に納まっているのを知った。王位を獲得したヘンリーは、スコットランド王マルコム３世の娘マティルダと結婚し、彼女はまもなくヘンリーの跡継ぎとなる第１子を身ごもった。

宮廷にロバートの居場所はなく、結局、ヘンリーはロバートが1134年に81歳で死ぬまで、彼を幽閉した。ロバートもけっして逃げようとはせず、ウェールズ語を学んだり、詩を書いたりしてすごしたという。

人びとへの裁き

ノルマンの王族以外にも、国王ウィリアム２世の死を望んでいたであろう庶民は数多くいた。彼らにはそれなりの理由があった。1066年以来、ノルマン人によるイングランド征服はひどく残虐で、彼らの支配に抵抗する

ノルマンの王族以外にも、国王ウィリアム２世の死を望んでいたであろう庶民は数多くいた。彼らにはそれなりの理由があった。1066年以来、ノルマン人によるイングランド征服はひどく残虐で、彼らの支配に抵抗する者は厳しく罰せられた。

権力のなせる業

荒っぽい裁き

ヘンリーの残虐さは国中の伝説だった。たとえば1118年、彼は王室の宝物管理人だったハーバートという男の処刑をやめさせ、代わりにとんでもない「正義」を示した。ハーバートはヘンリーに対する陰謀をたくらんでいたが、ハーバートを気に入っていた王は彼を処刑する代わりに、その目を潰し、去勢させた。そんな荒っぽい裁きをする王の下では、有力諸侯でさえ、王には逆らわないのが一番と考えた。

国王ヘンリー１世の肖像。ほかのノルマン人より洗練され、教養があったが、同時に残忍でもあった。

者は厳しく罰せられた。事実、反抗的なイングランド北部では、ノルマン人が作物を焼きはらい、何百という村々を破壊した。彼らは牛や羊を皆殺しにし、何千人もの住人を虐殺して、その地域が完全に廃墟と化すまで満足しなかった。

ノルマン人はイングランドの森に対する権利にも容赦がなかった。歴史を通じて、地元の農民たちは薪を集めたり、食べるための狩りをしたりするのに森を頼ってきた。ところが、今や森に立ち入った者は恐ろしい罰を与えられた。

鹿を射った密猟者は両手を切断され、鹿を驚かせただけでも目を潰された。音楽で鹿を平野へおびき出した者も同じ目にあった。それでも、農民たちは森へ入ることをやめず、違法にそれを続けた。つまり、1100年に国王ウィリアム２世を殺した矢が、木々に隠れていた不法侵入者によって放たれた可能性もあるというわけだ。

倒錯、冒瀆、異教の生け贄

国王ウィリアムの敵はほかにもいた。彼はイングランドの教会からも憎まれており、当時の記録や歴史を記した聖職者たちはなにかにつけてウィリアム王を「酷評」した。これ

はもっとも有名な中世史——『アングロ・サクソン年代記』——における1100年の項目である。

「彼はひどく荒々しく、臣下や領民、隣人に対して乱暴で、非常に恐れられていた。悪人の助言には喜んで耳を傾け、その強欲さから、武力と不当な税によってこの国を苦しめた。そのため、彼の時代にはあらゆる正義が衰退した。(…) 彼は国民のほとんどすべてから憎まれ、神にとってもいまわしい存在だった」

この再現シーンにみられるような白兵戦は、残酷で血なまぐさいものだった。ノルマンの兵士たちは鎖帷子に兜、凧のような形の盾を身につけていたが、剣や斧の攻撃はまぬがれなかった。

この19世紀に描かれた赤顔王ウィリアム２世の版画は、25ページのスティーヴン王の絵とよく似ている。どちらも当時の肖像画ではなく、これらの王の実際の風貌は誰も知らない。

天罰

一族で天罰がくだったのはウィリアム王だけではなかった。国王ヘンリー１世、そしてノルマン王朝全体が神に呪われているようだった。これはヘンリー王が中世の君主としてもっとも大きな不幸にみまわれたことからも明らかだ。

中世では、王は武人でなければならなかった。王が跡継ぎとして男子を必要としたのはこのためである。ヘンリー王は８人を超える愛人に25人もの子供を産ませたが、彼らは非摘出子であったため、イングランド王位を継承することができなかった。

そのため、たった１人の嫡男ウィリアム王子が1120年11月25日にイギリス海峡で溺死したとき、ヘンリー王は大きな衝撃を受けた。ヘンリーの廷臣たちは２日間、王にそのことを伝えられず、伝えたときには王はショックで気絶してしまった。

こうしてヘンリーの唯一正当な王位継承者として残ったのは、娘のマティルダだった。これは王にとって大問題だった。12世紀は男性と戦争に支配されていた時代で、女性の王は統治に向かないと考えられていたからだ。ヘンリーは最初の妻マティルダが亡くなると再婚し、また息子が生まれることを期待した。しかし、当時53歳だったヘンリーはもはや父親になることはできなかった。そこで結局、王は唯一の跡継ぎであるマティルダに国を統治させることにした。

マティルダはまだ19歳だったが、父親にそっくりだった。利口で教養があり、強引で自信家だった。おまけに、ひどく気むずかしくもあった。ヘンリーはマティルダなら自分のような力ずくの支配が踏襲できると確信した。しかし、その決断は彼だけのものではなかった。マティルダは国の有力諸侯たちにも認められる必要があった。イングランドやノルマンディーの諸侯たちは半独立的で、みずからの軍隊や城塞、広大な領地をもっていた。彼らは王に意見することも恐れない有力者だった。

頑固な諸侯たちが女王の統治をすんなり受

国王ヘンリー１世は1120年、イギリス海峡でのホワイトシップ号の難破により、跡継ぎの１人息子ウィリアム王子を亡くした。その悲劇は200年後の1321年に出されたこの写本の中でも語られている。

Cui successit Henricus frater
eius et regnauit annis xxxvj
Hic erat pastor ferarum et custos
nemorum fuit et sapiens et stre
nuus dux normannie quem
merlinus ambrosius leonem iusticie
in historia regum nominauit effecit qz enim
iudicium et iusticiam in terra. Duxit qz
uxorem generosam et optimam de
nobili genere anglorum et britonum per
quam multum sibi confederauit reg
num scilicet filiam principis sui alba
nie vita et moribus ornatam sororem
scilicet alexandri principis sui scocie
et dauid scocie qui postea fuit princeps
albanie. Qui uero rex henricus prefa
tus dedit honorem de huntingdon
cum matilda cognate sua que erat
uxor prius primi simonis de seynliz
comitis de huntingdon et norhamp
ton cum custodia puerorum suorum et sic
concordes ad inuicem deinde effecti
fuerunt quia predictus alexander ven
dicauit sibi iure hereditario coronam
et monarchiam totius regni predicti
sicut uerus heres et iustus de iure boni
regis edwardi ultimi. Dilexit qz deum
super omnia statuit qz scolam eciam in
multis per loca. fecit qz bonum in circuitu
totius malum qz deleuit vocabatur
matilda Regina optima. Obiit uero
predictus henricus in normannia
apud Lyouns. sepultus enim fuit
in anglia apud Redinges in abba
thia quam construxerat. Matilda
vero Regina predicta sepulta fuit
in anglia apud Westmonasterium
cuius anime propicietur deus.

Henrici nati pelago periit ad aquas
ffilia que remanet imperiale tenet.

Henricus primus genuit

Willm qui periit in mari

Ricardi qui periit in mari

Matildam Imperatricem

Ricardi qui obiit

Henrici Regis secundi

け入れるはずはなく、ヘンリーは必死だった。彼は諸侯たちに命じ、マティルダを彼の正当な後継者として認めるよう神に誓わせた。ヘンリーは1127年、1128年、1131年、1133年と、四度も誓いを立てさせた。諸侯たちは強引に誓いを立てさせられることに憤慨したが、ヘンリーが命令をこばめるような相手ではないこともよく知っていた。

裏切られたマティルダ

しかし、諸侯たちはただ時機をうかがっていたにすぎなかった。1135年に国王ヘンリーが死去すると、彼らはすぐに誓いを破った。だが、それはマティルダが女性だったからではない。諸侯らは彼女が自分たちよりも上手で、出し抜くことはできないとわかっていた。そこで、彼らはもっと従順で御しやすい候補者に目をつけた。

マティルダの１番目の従兄のブロワ伯スティーヴン（エティエンヌ）は紳士だった。つまり、温厚で気立てがよく、寛大な彼は、お人よしのカモとして有望だったわけだ。ただし、スティーヴンにも狡猾なところはあった。彼は伯父のヘンリー１世が死んだと聞くと、すぐにフランスからイングランドへ向かった。３週間のうちに、彼は諸侯や政府の役人、教

1142年12月、皇后マティルダとその４人の騎士は、降り積もる雪の中を白いローブで身を隠し、オックスフォード城の監禁から逃亡した。スティーヴン王の看守は酒盛りで忙しく、彼らに気づかなかった。

この頑固で意志の強そうな鎧姿の王は国王スティーヴンである。この肖像は王を実物以上によく見せているようだ——柔和で紳士的で繊細だったスティーヴンは、この絵にみられるほど毅然とした人物ではなかった。

会から自分の王位継承に対する十分な支持を集めた。そして王の宝物も手に入れた彼は、1135年12月22日、みずからの戴冠式を行なった。

　その結果、イングランドでは内乱が生じた。

内乱はイングランドに破壊的な影響を与えた。町や村は両軍に略奪され、人びとは修道院に避難しようと田舎をさまよった。

それはスティーヴンが正当な王位継承権をもたない強奪者だったからだ。諸侯の間では、マティルダを正当な王位継承者として支持する者たちが現れ、彼らはただちにスティーヴンに抵抗し、マティルダを待った。1139年、彼女はついに海峡を渡り、ノルマンディーからイングランドへ軍隊をつれてきた。

　しかし、戦いではスティーヴンもマティルダも決定的な勝利をおさめられず、城塞の包囲に終始した。だが、内乱はイングランドに破壊的な影響を与えた。町や村は両軍に略奪され、人びとは修道院に避難しようと田舎をさまよった。商業は衰退し、諸侯たちは混乱に乗じて襲撃や強盗、強姦をくりかえした。当時の年代記編者ヘンリー・オヴ・ハンティングドンは、被害のようすをこう記している。

「どこもかしこも混乱し、荒廃していた。母国に失望し、異国に住むことを選ぶ者もいれば、保護を求めて教会に集まり、その境内にみすぼらしい小屋を建て、不安と困難の中で日々をすごす者もいた。

イングランド中がひどい飢饉にみまわれ、食料がとぼしかったため、犬や馬の肉を食うような汚らわしい者もいれば、生の草や根といったくずで飢えをしのぐ者もいた。(…) 名だたる街は廃墟と化し、あらゆる年齢や性別の人びとが死んで人口が激減した。せっかくの収穫を待つ畑も、農民が飢饉で倒れ、とりいれる者がいない。このように、イングランド全土が不幸と悲しみ、困窮と抑圧の様相を呈していた。(…)

こうした悲惨な光景、痛ましい悲劇は (…) イングランドのあちこちでみられた。(…) かつては歓喜と静寂、安らぎの居であった王国は、どこも戦争と虐殺、荒廃と悲痛の巣に変わってしまった」

ヘンリー・プランタジネット――イングランドの新たな希望

鼻つまみ者のマティルダは国民の窮状を少しも顧みなかった。1141年6月、戴冠式にそなえてロンドンにいた彼女は、市民に巨額の金を要求した。しかし、内乱で破産した彼らにそんな金は払えなかった。

役人や司教が状況を説明しようとしても、マティルダは彼らをののしり、悪態をついた。まもなく、ロンドン市民の怒りはピークに達し、暴徒たちがウェストミンスターで行なわれていたマティルダの戴冠式前の晩餐会に乱入した。彼らはマティルダを街から追い出し、彼女は二度ともどらなかった。

その後も内乱は長引き、マティルダが勝利する見込みは薄れていった。1148年、彼女はついに断念し、ノルマンディーへもどった。こうしていったんは国王スティーヴンが勝利したように思われたが、それから5年のうちに、運命は彼の勝利に予想外の悲痛な展開をもたらした。1153年、長男で跡継ぎのユースタス（ウスタシュ）が急死した。妻で王妃のマティルダもその前年に死去しており、妻と息子の両方を失ったスティーヴンは大きな打撃を受けた。彼にはほかにも息子がいたが、悲嘆にくれた王は彼らに帝王教育をほどこすことができなかった。その代わりに、彼はマティルダと彼女の20歳になる息子ヘンリー・プランタジネットと協定を結んだ。ヘンリーはスティーヴンの死後に王となることを条件に、彼の跡継ぎに任命された。

ただ、ヘンリーは長く待つ必要はなかった。1年もたたない1154年10月25日、ノルマン朝最後の王スティーヴンが死去した。こうして、ヘンリー・プランタジネットが新しいプランタジネット朝の初代君主となった。

ヘンリーは母親にそっくり――短気で横柄で頑固――で、今にも爆発しそうな時限爆弾のようだった。晩年にはイングランド王室最大の確執が生じ、その争いは死ぬまで続いた。

第2章 プランタジネット朝 I

汚れた同盟

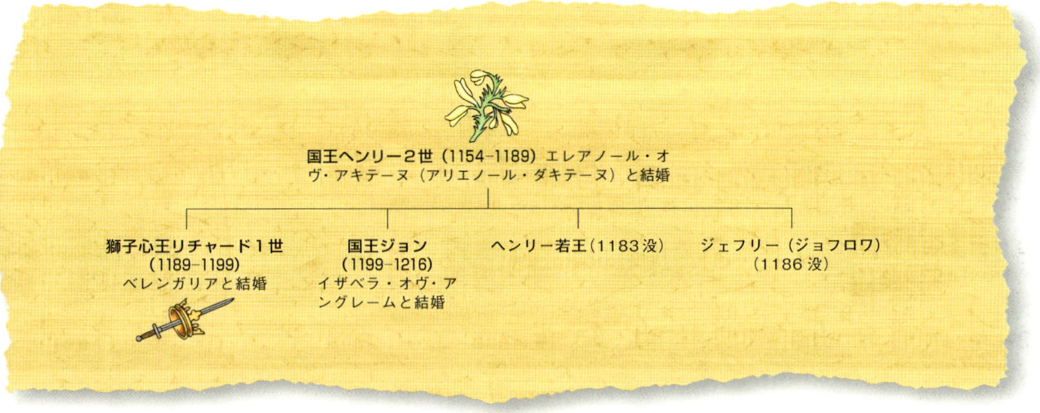

1154年、ヘンリー２世は弱冠21歳でイングランド王となった。しかし、彼は並みの男でもなければ、並みの王でもなかった。若さに似あわず、生まれながらの指揮官としての風格をもった彼は、非常に賞賛され、また非常に恐れられた。

1170年12月29日、大司教トマス・ベケットの惨劇の舞台となったカンタベリー大聖堂。ヘンリー２世が騎士たちにベケット暗殺を命じたとされた。

ところが35年後、ヘンリーは落ちぶれた病気の老人になっていた。彼は家族や諸侯に見放され、宿敵のフランス国王にも屈辱を受けたまま、この世を去った。修道士で年代記編者のジェラルド・オヴ・ウェールズによれば、ヘンリーには「指輪も王笏も王冠もなく、王の葬儀にふさわしいものはほとんど何もなかった」

イングランド屈指の偉大な王がなぜそんなみじめな最期をとげたのか。それはすなわち、彼の狂暴な気性という１つの致命的欠陥によるものだった。まず、王の激しやすい性格は、当時もっとも世間を騒がせた殺人に彼を巻きこんだ。やがてそれは、彼を滅ぼそうとする家族や貴族の共謀につながった。

激情的な組みあわせ

ヘンリー２世はイングランド王であるばかりか、フランスのノルマンディー、アンジュー、メーヌ、トゥレーヌ、そしてポワトゥーの統治者でもあった。1152年、元フランス王妃のエレアノール（アリエノール）と結婚したことで、彼はその新しい妻のもつフランス最大の公領アキテーヌを手に入れた。同時に、これらの領土群はアンジュー帝国を形成し、その規模はスコットランドと国境を接するイングランド北部からフランス南西部のピレネー山脈におよんだ。イングランドの君主として、かつてこれほど壮大な財産とともに王となった者はいない。

ヘンリー２世とエレアノール・オヴ・アキテーヌ（アリエノール・ダキテーヌ）の結婚は、２つの強烈な個性の結合だった。遅かれ早かれ、２人の激突は避けられなかった。エレアノールは伝統的な王妃とは違った。彼女は生まれながらのアキテーヌの女相続人であり、フランス国王ルイ７世の元妻でもあった。10歳年下のヘンリーと結婚するずっと以前から、彼女は権力というものを知っていた。

こうした経歴にもかかわらず、エレアノールはけっして当時の「理想的な」妻――夫が脚光を浴びているときも出しゃばらず、夫が愛人をつくっても耐える妻（そうした状況では妻と愛人が親しくなることもあった）――にはおさまらなかった。

エレアノールは断じてそうしたタイプの女性ではなかった。気が強く、自信家で、独立心が旺盛だった彼女は、国王ヘンリーのたび重なる浮気や２人の非摘出子にも激しく抵抗した。ヘンリーが寵愛したとされるロザモンド・クリフォードが1176年に急死したときも、エレアノールが毒を盛ったのではないかと噂された。事実はどうであれ、エレアノールは自分も愛人をつくることによって夫に仕返ししたようだ。

短気で粗野

ヘンリー２世もまたふつうの中世の王ではなかった。12世紀では、王は見た目にも威厳を必要とされたが、ヘンリーは身なりに無頓着で、ほかの王たちがするような華美な服装にまったく関心をもたなかった。「短衣王」として知られた彼は、ずんぐりした体型にそばかすだらけの顔をしていた。だらしなく、薄汚れた格好をすることもしばしばで、馬から降り、服や靴を泥だらけにしたまま平気で宮

（左上から時計まわりに）国王ヘンリー２世、獅子心王リチャード１世、国王ヘンリー３世、国王ジョンを描いたイングランド中世史の１ページ。どの王も関連する教会の模型を掲げている。

HENR. IVNIOR

王者の横顔

エレアノール・オヴ・アキテーヌ（アリエノール・ダキテーヌ）——スキャンダラスな王妃

エレアノールの激しい独立心と気まぐれな性格は、当然ながら、ふしだらとの非難を招いた。1186年、アンドレアスという彼女のとりまきの1人が書いた好色本は、エレアノールのそうした評判を利用したものらしい。アンドレアスの『宮廷風恋愛の技術（*De Amore or The Art of Courtly Love*）』は、1167年から1173年にかけてのポワティエでのエレアノールの宮廷を背景にしている。アンドレアスによれば、エレアノールとマリー・ド・シャンパーニュ——国王ルイ7世との間の2人の娘のうちの1人——は、姦通を実践するカルト集団の中心にいた。

エレアノールの恋愛人生はまさに扇情的だった。彼女は義父のアンジュー伯ジェフリー（ジョフロワ）、そして叔父で十字軍兵士のアンティオキア公レーモン・ド・ポワティエとも浮名を流した。レーモンとの情事は、彼女が聖地へ向かう国王ルイの第2回十字軍に同行した際に生じたとされている。そこでは1147年から1149年まで、キリスト教徒とイスラム教徒の間でキリスト生誕の地をめぐる戦争が行なわれていた。しかし、噂はさらにエスカレートした。

「彼女のふるまいは清純とはいえず、淫らなものだった。そしてその淫らさの最たるものが、（イスラム教徒の）トルコ人との肉体的親交である」と、サー・リチャード・ベーカーは1643年に出版された『イングランド王年代記』に記している。

利口で美しく、カリスマ性をもったエレアノール・オヴ・アキテーヌは、そのあまりの性的魅力から、当時の堅物の聖職者たちに敬遠された。

かつて親友同士だった国王ヘンリー２世とトマス・ベケットは、イングランドの教会に対する教皇の権利をめぐって激しく言い争った。この中世の写本では、彼らの手の動きが２人の意見の対立を象徴している。

廷に現れた。

宗教的な時代にありながら、ヘンリーは信仰にも関心がなかった。彼はたびたび礼拝を欠席し、出席しても落書きや臣下とのおしゃべりに興じていた。しかし、こうした粗野な外見にもかかわらず、ヘンリー２世には人びとに強烈な印象を与える個性があった。彼は母親に似て、頑固で横暴ながら精力に満ちあふれていた。ただ、同じく母親に似て、彼の気性はその場にいる者を震えあがらせるほどだった。激高すると、ヘンリーはまったく手に負えなくなった――青白い目は真っ赤に血走り、文字どおり、服を引き裂き、床に倒れこんで絨毯をかじったという。幸い、中世の「絨毯」は目の粗い藁でできていた。

国王ヘンリー２世に逆らう者は大きな危険を背負った。事実、一度ならず、何度も王に逆らったある男は、壮大な悲劇へと転落した。1154年、ヘンリーはその治世の初めに、イングランドの大法官としてトマス・ベケットを任命した。ベケットはヘンリーより15歳年上だったが、2人は親友として一緒に狩りや博打や鷹狩りに出かけた。ヘンリーはベケットに多くの領地や下賜金を与え、ベケットは莫大な富を手に入れた。

浪費と贅沢

王とは対照的に、ベケットは贅沢な暮らしを好んだ。1158年、ヘンリーに使節としてパリへ派遣されたベケットは、250人の家来にくわえ、食料や高価な皿、そして24着もの服が入った衣装だんすをのせた8台の荷馬車をひきつれていった。イングランドでも、ベケットは約700人の騎士を抱える私邸をもち、52人もの使用人を雇って領地を管理させていた。また、彼はたいへんな美食家で、100シリング――当時としては途方もない食事の値段――もする鰻料理を食べたという。

敵となった友人

ベケットをすっかり信用していたヘンリーは、1162年、彼をカンタベリー大司教に任命し、ベケットはイングランドでもっとも有力な聖職者となった。しかし、これはそれまでのような王の贈り物とは違った。征服王ウィリアムの時代から、イングランドの王たちは王国に対する教皇の権力を縮小させようとしてきた。ベケットをカンタベリー大司教にしたのは、彼なら教皇の要求をかわしてくれると考えたからだった。しかし、そんなヘンリーの思惑は大きくはずれた。

大司教になったベケットは一変した。彼はすぐに大法官の職を辞し、裕福な暮らしや娯楽をすてた。高価な服も、豪華な食器も、み

12世紀の王冠の彫刻――それは着用者の額に合うように作られていた。王冠をめぐる戦いでそれが着用されたのは、王の兵士や敵にその存在を識別させるためだったのかもしれない。

大きな十字架をたずさえて法廷に現れたベケットは、一般の判事に聖職者である自分を裁く権限はないと主張した。彼は教皇にも直接助けを求めたが、いくらベケットでも、これはいきすぎだった。

ごとな家具も手放した。代わりに、彼は学問と祈りと慈善行為に没頭した。

贅沢好きだったヘンリーの友人が、突然、禁欲主義者になったのは驚きだった。しかし、ベケットの変化は外見以上に深いものだった。彼は教皇との取引でヘンリーの肩をもつどころか、ことごとく王に反発した。

非難と侮辱

決定的な危機が訪れたのは、王が独立の宗教裁判所で有罪となった聖職者を通常の一般裁判所へ引き渡すように要求したときだった。ベケットはこれを一蹴した。すでに張りつめていた２人の関係は、友情から激しい憎悪へと変わった。ヘンリーはあらゆる罪状をでっち上げ、ベケットを攻撃した。これには大法官時代の公金横領も含まれていた。

大きな十字架をたずさえて法廷に現れたベケットは、一般の判事に聖職者である自分を裁く権限はないと主張した。彼は教皇にも直接助けを求めたが、いくらベケットでも、これはいきすぎだった。1164年、身の危険を悟った彼はフランスのサンスへのがれた。

ベケットの亡命は６年続いたが、その間、フランス国王と教皇がかつての友人から無情な敵となった２人の仲をとりなした。これにより、ベケットは1170年12月１日、イングランドへもどることができた。ただ、深まった２人の溝は解消しなかった。帰国したベケットは、それまで以上に反抗的な態度を示した。

死を招いた抵抗

1170年６月14日、ヘンリーの生き残った長男で８歳のヘンリー王子が、ヨーク大司教によって王冠を授けられ、若王として知られるようになった。父親の存命中に跡継ぎを戴冠させることは、強力なライバルや将来の王位強奪者を阻止するための１つの安全策だった。だが、国王ヘンリーが忘れていたこと、というより無視していたことは、イングランド君主の戴冠を行なう権利はカンタベリー大司教が独占していたということだ。大司教――たとえ不名誉な大司教であれ――として、ベケットの権利は奪われた。彼はその侮辱を見すごそうとはしなかった。それどころか、彼はヨーク大司教をはじめ、若王の戴冠に関与した６人の司教を破門した。

その年のクリスマス、ノルマンディーにいたヘンリーは、その知らせを聞いて烈火のごとく怒り出し、こう叫んだ。

「私はなんと情けない怠け者や裏切り者を養い、育ててきたのか！　彼らの主人が卑しい聖職者にこれほどひどい侮辱を受けたというのに！　誰かこのおせっかいな司祭を私の前から消し去ってくれ！」

ヘンリーの４人の騎士たち――ヒュー・ド・モアヴィル、ウィリアム・ド・トレーシー、レジナルド・フィッツアース、リチャード・ル・ブルトン――は、ヘンリーの言葉を

権力のなせる業

大聖堂での殺人

1170年12月29日午後5時頃、ヘンリー王の4人の騎士はカンタベリー大聖堂へ進撃し、祭壇の前で祈りを捧げるベケットを見つけた。大勢の礼拝者がおびえる前で、彼らはベケットに破門を取り消すように求めたが、ベケットは彼らに出て行けと命じた。

すぐそばの祭壇の陰から、若い修道士のエドワード・グリムがその現場を見ていた。後に、彼はその恐ろしい出来事について見聞きしたことを次のように記した。

「『殺してやる！』と騎士たちがベケットを脅したが、彼はただこう言った――『私が血を流すことによって教会が自由と平和を得られるのなら、神のために喜んで死のう』」

エドワード・グリムはさらにこう記した――「すると、彼らはベケットにその汚らわしい手をかけ、教会の外で殺すか、あるいは捕虜として連行するために、彼をひきずり出そうとした。(…)しかし、彼がそれをこばむと、(…)騎士たちの1人が彼につかみ

国王ヘンリーの4人の騎士がカンタベリー大聖堂へ押し入り、祭壇で祈っていた大司教トマス・ベケットを襲ったとき、彼はなにも武器をもっていなかった。

かかった。押し倒されそうになったベケットは、(…) こう叫んだ――『触るな、レジナルド！　お前は私に忠誠と服従を誓ったはずだ！　お前たちの行為は狂気の沙汰だ！』」

「その騎士は激しい怒りに燃え、(…)（ベケットの）頭上で剣をふった。『わが王への忠誠に反して、貴様に誠も服従もあるものか！』と彼は叫んだ」

「すると（ベケットは)、その哀れな命が果てる時を目の前にして、(…) 祈りを捧げるように首を垂れた。そして両手を合わせ、高く掲げて、みずからの大義と教会の大義を神にゆだねた。(…) 彼が言葉を発するやいなや、その邪悪な騎士はベケットが人びとに救出され、生きてのがれることがないように、彼に跳びかかり、剣で頭を打ち、冠の先端を切り落とした。(ベケットは）頭に二度目の打撃を受けても、しっかり立っていた。三度目の打撃で、彼は膝と肘をつき、(…) 低い声でこう言った――『イエスの名と教会を守るため、私は喜んで死を受け入れよう』」

「そして３人目の騎士が深手を負わせ、彼は（地面に）倒れた。その剣は石にあたって折れ、大きな冠が頭からはずれた。(別の）騎士が（…）司祭の首を踏みつけ、口にするのも恐ろしいが、脳みそと血を床に飛びちらせると、ほかの者たちにこう叫んだ――『さあ、行くぞ！　こいつはもう立ち上がれない』」

その「おせっかいな司祭」は、頭をこなごなに叩き割られ、大聖堂の床にその脳みそをまきちらされて死んだ。しかし、ヘンリーはそれでも彼からのがれることができなかった。死んだベケットは生前と同じように王を悩ませた。事件はヨーロッパ中のキリスト教徒から激しい怒りを招いた。1173年、ベケットは聖人とされ、殉教者とされた。カンタベリーは巡礼の地となり、大聖堂は殺された大司教の聖地となった。

殺害現場は、ケント州のカンタベリー大聖堂の祭壇で今も見ることができる。ベケットの死は、彼が教会のために命をすてたとされたことから、殉教として知られた。

残虐で強情ながら、同時に後悔の念も強かったヘンリー２世は、この19世紀に描かれた肖像が表すよりもずっと短気で性急な性格だった。

そのまま受けとった。彼らはイングランドへ渡り、カンタベリーに着くやいなや完全武装で大聖堂へ押し入り、トマス・ベケットを惨殺した。

４人の騎士たちはその行為によって褒美を与えられるどころか、面目を失った。彼らは断食によって罪を償わされ、聖地へ追放された。しかし、もっとも深い悔恨が示されるべきなのは王だった。事件直後、ヘンリーはアイルランドへ向かい、そこで１年以上も身を隠していた。だが、逃亡の身でアンジュー帝

トマス・ベケットの殺害後、カンタベリー大聖堂は巡礼の地となった。ベケットの聖地には何千人もの巡礼者が訪れたが、それは16世紀、臣下が王に反抗したという不愉快な事件を思い出させるとして、国王ヘンリー８世によって破壊された。

国王ヘンリー２世はトマス・ベケット殺害の報いを受けさせられた。ここには彼がカンタベリーのベケットの墓で罪を償う姿が描かれているが、それは教皇の求めによって悔恨を公に表したものだった。

国を満足に統治できるはずはなく、国王ヘンリーは結局、イングランドへもどり、みずからの言動の報いを受けた。

王の卑しめ

彼が受けた罰は重かったが、その損害がもっとも大きかったのは、おそらく王の自尊心だっただろう。ヘンリーは教会への出入りを禁じられたが、破門はされなかった。これはもともと信心深いほうではなかったヘンリーにとって、ほとんど問題ではなかった。さらに、フランスの彼の領土が聖務禁止令の下に置かれ、教会の保護が適用されなくなった。そのため、もしライバルたちに領土を侵略されても、ヘンリーは教皇に助けを求めることはできなかった。しかし、これ以上のことが起こった。

1174年７月12日、国王ヘンリーは懺悔の印である粗布を身にまとい、カンタベリーの街を裸足で歩いた。彼は大聖堂で祈りを捧げた後、80人の修道士から枝打ちの罰を受けた。痛みと出血に苦しむ半裸の王は、トマス・ベケットが埋葬されている、凍えるような地下聖堂で翌晩をすごした。こうしてようやく、ヘンリーは犯した罪への恩赦を与えられた。

ところが残念ながら、国王ヘンリーはこのベケットの事件からあまり学ばなかったようだ。彼は自分の気性を抑えようとも、よく考えてから話そうともしなかった。それどころか、ベケット殺害の３年後、ヘンリーの激しい性格はさらに損害の大きな別の反目を招き、今度はそれが最悪の事態につながった。

王の最愛の息子

1169年、パリから東へ約60キロにあるモンミライユで、国王ヘンリーはその広大な帝国を生き残った４人の息子のうちの３人に分け与えた。王位継承者で当時14歳だったヘンリー王子には、イングランドとノルマンディーが与えられた。後の獅子心王リチャードとなる12歳のリチャードには、母親のアキテーヌ公領が与えられた。生き残った４番目の息子で当時11歳だったジェフリー（ジョフロワ）には、フランスのブルターニュが与えられた。末息子のジョンには領土が与えられなかったが、それはそのとりきめがなされたとき、彼がまだ２歳だったためで、父親としての愛情が欠けていたせいではない。

失地王のあだ名をもつジョンはヘンリーの

国王ヘンリー２世の王璽《おうじ》。王座につく彼の右手には剣、左手には王権の象徴である宝珠が示されている。文書や憲章における王璽は、それが王に認可されたものであり、合法であることを意味した。

ヘンリーはそんな実のない約束を与えてすまされるわけがなかった。1173年、息子たちの怒りは公然たる反乱へと爆発した。

最愛の息子だった。王はジョンのために何度も尽力した。それには裕福なフランスの女相続人との結婚も含まれていたが、実現はしなかった。そして1177年、ヘンリーは10歳になったジョンをアイルランド総督にした。ところが、彼は父親の金を道楽に費やし、アイルランド人をからかっては彼らを悩ませた。

一族の反目

ヘンリーのほかの息子たちは与えられた領土を支配できるものと思いこんでいた。彼らはその領土から得られる歳入も期待していた。ところが、国王ヘンリーはみずからの存命中は息子たちに実権を与えようとしなかった。彼らの地位はお飾りにすぎず、権力と歳入のすべては父親の手中にとどまった。

しかし、ヘンリーはそんな実のない約束を与えてすまされるわけがなかった。1173年、息子たちの怒りは公然たる反乱へと爆発した。自身も王への恨みをもっていた王妃エレアノールがその同盟の頭目だった。息子たちはまた、国王ヘンリーの支配下でいらだっていたイングランドやノルマンディーの諸侯をはじめ、彼らに加勢する多くの不満分子を集めた。だが、彼らの最大の支援者は、母親の元夫であるフランス国王ルイ７世だった。

ヘンリーのもつアンジューの領土を切望していたルイは、ライバルの息子たちがその父親の権力に逆らうのを喜んで手伝った。しかし、このときはうまくいかなかった。1173年、国王ヘンリーは一族の反乱を鎮めるだけの軍事的打撃を与え、それは失敗に終わった。

反乱を起こす以前から、王妃エレアノールはすでに危ない橋を渡ろうとしていた。彼女は男装して身を隠し、イギリス海峡を渡ってこっそりアンジューのシノンへ向かおうとした。しかし、彼女は見つかってイングランドへつれもどされた。ヘンリーは王妃をウィンチェスターに幽閉し、彼女はそこで16年間をすごした。

略奪王フィリップ

いったん反乱がおさまると、国王ヘンリーは必要以上に息子たちを寛大に扱った。王は彼らを許し、若王とリチャード王子に城や歳入を与えた。こうした意思表示によって、彼は息子たちがふたたび反乱を起こすのを防げると考えていた。

しかし、一族の争いは終わらなかった。1180年にフランス国王ルイ７世が死去し、彼よりもはるかに有能で危険な息子、尊厳王フィリップ２世がその跡を継いだ。父の王位とともに、フィリップはアンジュー領の侵略という彼の野望も受け継いだ。若王とジェフリーはフィリップの策略に好都合なカモだったが、２人が早世したことで、フィリップの計画は頓挫した。若王は1183年に赤痢と熱病で死去し、馬上槍試合に夢中だったジェフリーは1186年、試合中のけががもとで命を落とした。

ヘンリーの４人の嫡男のうち、２人だけが残った。ジョンはあいかわらず父に忠実だったが、リチャードは新たな恨みを抱いていた。王はリチャードが自分のものと主張しているフランスのいくつかの城をジョンに与えようとしていた。さらに悪いことに、若王の死により、生き残った息子としてはリチャードが最年長となったにもかかわらず、国王ヘンリーは彼をイングランドの王位継承者として認めなかった。

こうして、フィリップはプランタジネット家とそのアンジュー帝国を滅ぼす計画について二度目のチャンスを得た。リチャードがフィリップの隠された意図に気づいていたかどうかはわからない。しかし、彼は1189年、フィリップに加勢し、父に最後の総攻撃をかけた。

ヘンリー2世は息子のジョンが自分を裏切り、兄リチャードの公然たる反乱にくわわったことを知ってショックを受けた。この絵は知らせを聞いた王が、みずからの胸ぐらをつかむ瞬間が描かれている。

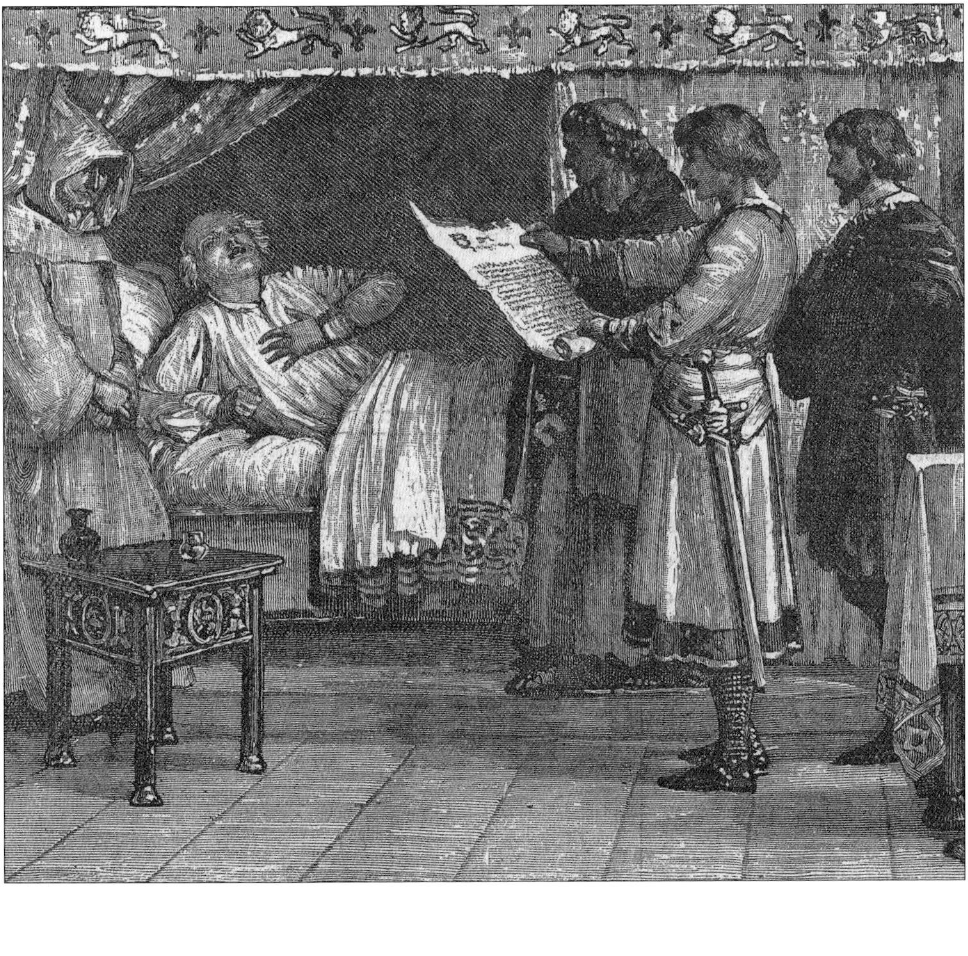

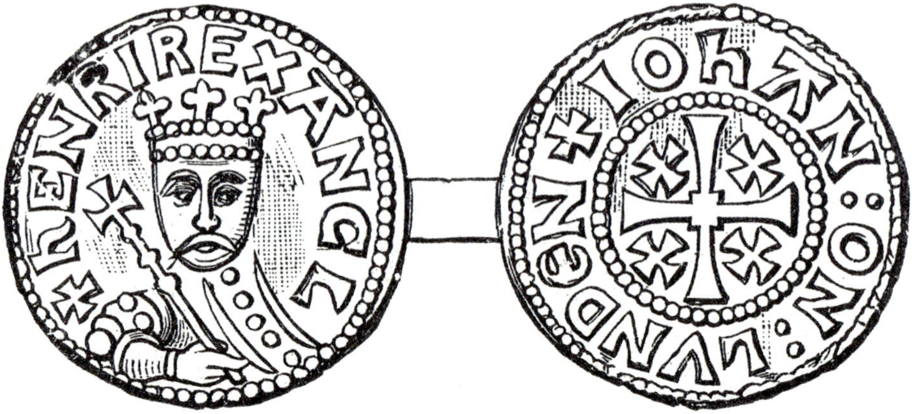

国王ヘンリー2世の治世に鋳造された銀ペニー。表（左）には、王権の象徴である笏をもった王の肖像が描かれている。裏（右）にきざまれた文字は、その硬貨がロンドンで鋳造されたことを示している。

王の予感

国王ヘンリーはこうなることを最初から予感していたようだ。1183年の若王の死に先立って、彼はある絵の制作を依頼し、それをウィンチェスター宮殿の王の間に飾るように命じた。その絵には親鳥を攻撃する4羽の子鷲が描かれており、4羽目の子鷲は親鳥の目をついばもうとしていた。

王はこう説明した──「この4羽の子鷲は、私を死ぬまで苦しめ続ける4人の息子たちだ。最愛の末息子もいずれ、ほかのどの息子たちよりも激しく、危険なまでに私を侮辱するだろう」

王の予言が現実のものになったのは、ジョン王子が父を見すて、リチャードと手を組んだときだった。王がジョンに与えようとしていた城は、ジョンの野望を満足させるものではなかった。知らせを聞いたヘンリーは打ちのめされた。その後、結末はすぐに訪れた。

リチャードと国王フィリップはフランス北部のアンジュー帝国の領土に攻め入り、王の砦を次々と攻略していった。同時に、メーヌ、トゥレーヌ、アンジューのほぼすべての諸侯たちもヘンリーを見かぎった。生まれ故郷のル・マンを追われたヘンリーは、アンジューのシノンへのがれ、みずからの城に避難したが、敵はそこまで彼を追いかけてきた。1189年7月4日、彼らはヘンリーに屈辱的な要求をつきつけ、王はそれに抵抗するすべもなかった。

国王フィリップの宮廷付き司祭で伝記作家

悲嘆にくれ、すでに熱病にかかっていたヘンリーは、その5日後にこの世を去った。死の床で、彼は息子たちの裏切りをののしった。彼の最期を見とったのは、非摘出子ジェフリーだけだった。

のギヨーム・ル・ブルトンはこう記した。

「彼はすっかり観念し、フランス国王フィリップの勧告や命令に従った。フィリップ王がどのような条件や決定をくだそうと、ヘンリー王は素直にそれを実行するようだった」

打ちひしがれた男

悲嘆にくれ、すでに熱病にかかっていたヘンリーは、その５日後にこの世を去った。死の床で、彼は息子たちの裏切りをののしった。彼の最期を見とったのは、ロザモンド・クリフォードとの間の非摘出子ジェフリーだけだった。年代記編者のジェラルド・オヴ・ウェールズは、国王ヘンリー２世の悲痛な晩年をこう記している。

「木の幹から切りはらわれた枝々がふたたび結びつくことがないように、その木は大枝を奪われ、裏切りという辱めを受けて、威厳も気品も失った」

第3章　プランタジネット朝　II

十字軍の王と諸侯の反乱

父の死を知った新国王リチャード１世は、すぐさま自分が裏切った父の葬儀にかけつけた。ただ、彼は長居はせず、遺体のそばにひざまずき、主禱文を唱えただけだったという。

獅子心王リチャードはイングランド王国を放置したものの、偉大で勇敢な武人の王として長く賞賛されてきた。この彫像はロンドンの国会議事堂のそばにあるオールドパレスヤードに立っている。

次に、リチャードは母親の王妃エレアノールをウィンチェスターの幽閉から解放した。リチャードの戴冠式は1189年9月に行なわれ、その後、彼はアキテーヌへもどった。以来、イングランドを留守にすることはリチャードの統治の慣習となった。

リチャードはすでに世に知られた武人であり、獅子心王の異名をとるほどだった。たしかに、彼は中世でもっとも好戦的な王として知られたが、それはイングランドを守るためではなかった。十字軍は別として、リチャードの人生の主眼はフランス国王フィリップ2世から愛するアキテーヌ公領を守ることだった。

リチャードの手ごわい敵はフィリップだけではなかった。リチャードの弟ジョンも、リチャードのたび重なる留守の間に何度もイングランドを奪おうとした。年代史編者のリチャード・オヴ・ディヴァイザズは、ジョンを「気まぐれな常習的反逆者」と評した。ジョンは父親を裏切ったのと同じように、平気で兄を裏切った。

それにもかかわらず、リチャードはジョンが好きだった。彼は弟に裕福な女相続人、イザベル・オヴ・グロスターとの結婚をとりまとめ、イングランドの広大な領地も与えた。しかし、ジョンはそれでは満足できなかったようで、彼はリチャードが十字軍に出ているあいだ、イングランドの摂政をつとめようと考えていた。ところが、リチャードは王国の見張り番に母親のエレアノール・オヴ・アキテーヌを選んだ。ジョンはリチャードの後継者に指名されることも期待していたが、その栄誉は亡くなった兄ジェフリーの息子で4歳のアーサー・オヴ・ブリタニー（ブルターニュ公アルテュール1世）に奪われた。そのため、後にわかるように、ジョンは無慈悲なやり方でアーサー王子と取引することになった。

一方、十字軍の遠征にはひどく金がかかった。必要な資金を集めるために、国王リチャードは事実上、イングランドを売りに出した。彼は伯の地位、領主の地位、州長官の地位をはじめ、城や領地、屋敷、町など、現金に換えられるものはなんでも売った。彼は首都ロンドンまで売ろうとしたが、さすがにそれを買えるだけの金持ちは見つからなかったようだ。

それでもついに1190年7月、リチャードは船100隻を超える艦隊と8000人の兵士をつれて聖地へ出発した。彼は3年のうちにもどるつもりだったが、そうはならなかった。

王の失敗

軍事的にいえば、第3回十字軍は成功だった。リチャードはイスラム教徒を袋叩きにし、それまで以上に偉大な英雄として賞賛された。

リチャードはイスラム教徒を袋叩きにし、それまで以上に偉大な英雄として賞賛された。しかし、聖地にいるとき、リチャードは仲間の十字軍兵士、オーストリア公レオポルトを侮辱した。レオポルトは復讐を誓い、(…)

この絵は1475年から1500年に描かれたもので、1189年9月30日にロンドンで行なわれた国王リチャード1世の戴冠式のようすを示している。戴冠式には諸侯や司教、修道士たちが参列した。

しかし、聖地にいるとき、リチャードは重大な過ちを犯した。彼は仲間の十字軍兵士、オーストリア公レオポルトを侮辱した。レオポルトは復讐を誓い、1192年にリチャードが海路で帰国の途にあった際、その機会を得た。リチャードの船はヴェネツィア近くで難破し、そこからリチャードは陸路での帰還を余儀なくされた。オーストリアのウィーンでは、レオポルトが彼を待ち受けていた。

リチャードがどんな失敗をして、レオポルトに捕まるはめになったのかについてはさまざまな説がある。ある逸話によれば、厨房係になりすまそうとしたリチャードは、厨房係がもっているはずのない高価な指輪をはずし忘れたらしい。

王の身代金

レオポルトはリチャードを捕まえると、手早く金をかせいだ。彼はドイツ皇帝ハインリヒ6世にリチャードを「売った」。この貴重な「財産」を手に入れた皇帝は、巨額の身代金を要求した。またとない取得物を最大限に活用するため、ハインリヒはリチャードを競売にかけた。おもな入札者の1人はリチャード本人で、そのライバルには国王フィリップと不実なジョン王子がいた。ジョンはフィリップ王の何度目かの陰謀――リチャードのフランス領を奪うため――にくわわっていた。

リチャードはこの競売にどうしても勝たなければならなかった。もし負ければ、フランスのアンジュー領は卑劣な国王フィリップの意のままにされ、イングランドは強欲なジョン王子の手に渡ってしまう。幸い、リチャードは彼らより高値をつけることができたが、その身代金は銀貨15万マルクに上った。

またしても、イングランドはこの莫大な金を集めるために最後の一滴までしぼりとられた。ありとあらゆる金策がとられ、教会の金銀食器はもちろん、2つのシトー修道院が運営する牧場でとれた1年分の羊毛の収穫高も没収された。また、全所得に対して25パーセントという法外な税金が課された。

この絵は『ラットレルの詩編（*Luttrell Psalter*）』（1300–1340）によるもので、国王リチャードとサラディン（サーラーフ・アッディーン）の一騎打ちが描かれている。サラディンは青く恐ろしい顔をしているが、この絵は架空のもので、リチャードとサラディンが実際に騎馬で対戦したことは一度もない。

事実か、嘘か

残酷な結末

アーサー王子が国王ジョンのルーアンの城に監禁されたとき、実際に何が起こったのかは誰も知らない。しかし、ウェールズのグラモーガンにあるマーガム修道院の記録には、彼の最後にかんする恐ろしい説明が記されている。

「国王ジョンはしばらくのあいだ、（アーサーを）牢獄で生かしておいた。そしてついに、復活祭の前の木曜日（1203年4月3日）の夕食後、ルーアンの城の中で、酒に酔い、悪魔にとりつかれた彼はみずからの手で王子を殺し、その死体に重い石をしばりつけ、セーヌ（川）へ投げ入れた。死体は漁師の網にかかって発見され、（…）密葬された」

より正当なイングランドの王位継承者だったアーサー王子は、国王ジョンに空しい命乞いをした。しかし、ジョンは彼を生かしておかなかった。

pres Henry le secund regna Richard sun fiz .x. aunz e
demy si en terepaynand de la tere seynt fust pris del duk
de Ostriz par eyde del Roy Phylippe de fraunce. e fust reynt hors
de prison pur cent mil lyveres de argent. e pur cel raunceun fu
rent les Chaliz de Engletere pris des Eglyses e venduz. Puis
fust tret de un quarel de Alblast al Chastel de Chalezun. dunt
cest vers fu fet: Xpe tui calicis: predo fit preda caluttis.

事実か、嘘か

冷酷な復讐

ド・ブリウーズ家が、アーサーが姿を消したマーガム修道院の保護者であったことはたんなる偶然ではないかもしれない。彼らはすぐにジョンの次なる復讐の標的となった。ウィリアム・ド・ブリウーズはジョンに多額の借金をしていたが、それを返さなかった。そこでジョンは即時返済を求めたうえ、ド・ブリウーズとその妻マティルダに対して、父親の借金の形として２人の息子を引き渡すように命じた。マティルダはそれをこばみ、実の甥を殺した男に子供たちを監督する資格はないと国王ジョンに面と向かって言い放った。

そこから、王の執拗な復讐がド・ブリウーズ家を襲った。ウィリアムの城は没収され、領地も奪われた。そしてなにより悪いことに、マティルダとその子供たちがウィンザー城に監禁された。身代金の提供にもかかわらず、ジョンは彼らを放置し、飢え死にさせた。打ちひしがれたウィリアム・ド・ブリウーズはフランスへのがれ、1211年にそこで死んだ。

自由の身となった兄

1194年２月４日、リチャードは１年４カ月ぶりにようやく自由の身となった。彼は６週間ほどしてイングランドへ到着した。

ジョン王子はリチャードが帰途にあることを知らされ、フィリップにこう警告された──「注意しろ、悪魔が放たれたぞ」。リチャードがもうすぐもどってくると聞いたジョンは、保護を求めてフィリップの宮廷へのがれた。彼は兄に見つかったらどうなるかとおびえていた。幸い、リチャードはジョンをそれほど厳しく罰しなかった。彼は一時的にジョンの領地をとりあげたが、それは彼をこらしめるためにすぎず、すぐに返還された。

「もうそのことは忘れろ、ジョン。お前は悪いことを考えた子供にすぎない」とリチャードは彼に言った。しかし、ジョンはもう子供ではなかった──彼は当時27歳だった。

リチャードは弟を許し、甘やかしたが、信用してはいなかった。1194年５月12日、ふたたびフランスへ向かったリチャードは、ジョンにイングランドでのいかなる権限も与えなかった。そしてリチャードは二度と帰らなかった。国王フィリップは依然としてアンジュ

この絵はオーストリアでのリチャードの監禁のようすを示したもので、彼が死去した翌年の1200年に描かれた。中央で手袋をもっている彼と、左の窓際でうんざりしている彼の２つの姿がみられる。

ジョンの二度目の結婚は最初から問題だった。イザベラはすでに別の男――ユーグ・ド・リュジニャン――に心を寄せていた。

ーの領土を狙っており、リチャードは彼を寄せつけないために生涯最後の5年間をその戦いに費やした。1199年、彼はリムーザンのシャリュ城の包囲で深手を負い、感染症を起こしてこの世を去った。

実現したジョンの夢

兄の死の知らせがとどいたとき、ジョン王子はブルターニュにいた。彼はすばやく行動を起こし、イングランドへもどった。ジョンは数週間のうちに諸侯や聖職者たちの支持を集め、1199年5月27日、ウェストミンスター寺院でみずからの戴冠式を行なった。次に、ジョンは自分の跡継ぎをつくろうとした。彼は子供のいない妻イザベル・オヴ・グロスターと離婚し、フランスのアングレームの女相続人で、当時12歳だったイザベラと結婚した。

気のりしない花嫁

ジョンの二度目の結婚は最初から問題だった。イザベラはすでに別の男――ユーグ・ド・リュジニャン――に心を寄せていた。ユーグもイザベラを愛し、2人は婚約していた。しかし、イザベラの野心的な一族は別の考えをもっていた。彼らはイザベラがイングランド王妃となれば、一族の大きな強みになると考えた。もしそれで彼女が生涯の恋人をあきらめることになったとしても、それはそれで仕方がなかった。イザベラは1200年8月24日、ボルドー大聖堂で、自分より20歳も年上の国王ジョンと律儀に結婚した。

ユーグ・ド・リュジニャンは激怒し、国王フィリップに訴えた。もちろん、フィリップはこの訴えに喜んで応じ、イングランド王に釈明を求めた。一方、ジョンはジョンで解決を試みた。彼はユーグ・ド・リュジニャンに自分の非摘出の娘ジョーンを与えてなだめようとしたが、ユーグはこれを断わった。1202年、ジョンは命令に反して、フィリップの前に姿を現そうとしなかった。これはフィリップ王がジョンの全フランス領を没収するための口実となった。ただ、ユーグ・ド・リュジニャンは当面、イザベラを失った。

長続きしたジョンの幸運

ジョンにはまだ甥の王子アーサー・オヴ・ブリタニーの問題が残っていた。ジョンの死んだ兄ジェフリーの息子として、アーサーにはより正当なイングランド王位継承権があった。つねにジョンの足をひっぱろうとしていた国王フィリップは、アーサーの主張を支持した。アンジュー、メーヌ、トゥレーヌの諸侯たちもそれに従った。これは強力な反対勢力だったが、ジョンは思いがけない幸運に恵まれた。

1202年の夏、失われたアンジュー領をとりもどすためにフランスで戦っていた彼は、アキテーヌのミラボー城の包囲で250人以上の騎士たちを捕らえた。その中にアーサー・オヴ・ブリタニーがいた。

アーサーはジョンの侍従ヒューバート・

ド・バーグが所有するファレーズの城に監禁された。ジョンはアーサーの目を潰し、去勢することを望んだが、ヒューバート・ド・バーグはそれを聞き入れなかった。王のやり方を軽蔑したのはド・バーグだけではなかった。もう１人の有力貴族で第４代ブリウーズ侯のウィリアム・ド・ブリウーズも、その残酷な仕打ちを認めなかった。

ジョンは侯の背信行為をただですますつもりはなかった。彼はウィリアム・ド・ブリウーズとその家族をいずれ処罰してやると目をつけた。一方、アーサーはルーアンにあるジ

国王ジョンがそのフランス領について国王フィリップに臣従の礼をしているようす。ジョンはイングランドの王だったが、フランス国王の封建臣下でもあり、定期的な臣従の礼によって主人への忠誠を強めた。

pres son regna henry le terz sun fiz. lvi. aunz. si
fuist de .ix. aunz de age quant fuist corone. e cel
tens fuist la bataylle de Euesham. ou fuist occys syr
Symund de munfort. e sun fiz henry. e syre hugh le des
penser e muz des barons e des chevalers de Engle
tere. puis mouruft cyl henry le Roy. e gist a Westmuster.

王者の横顔

恥知らずで不道徳

国王ジョンはもっとものの
しられ、いみ嫌われるイン
グランド王だった――彼は
まったくの悪人で、勇敢な
兄の獅子心王リチャードと
は対照的だった。

ほかの数々の悪癖にくわえて、ジョンは性的な脅迫を好んだ。彼は諸侯の妻や姉妹、娘たちを誘惑しては、その情事の口止め料を要求するのが癖だった。彼の犠牲者となった家族は全額を支払うしかなく、もし拒否すれば、一族の名声が危機にさらされた。

ジョンの王妃イザベラ・オヴ・アングレームは、当然ながら憤慨した。彼女は自分も浮気をすることで王に仕返ししたが、ジョンはすぐに彼女をやめさせた。彼はその浮気相手たちを殺させ、その死体を彼女のベッドに投げ出させた。

ョンの城の１つに移された。そこでなら、ジョンはアーサーを自分の好きなようにできた。ほどなく、アーサー王子は歴史から姿を消した。

この絵で、国王ヘンリー３世は両側の２人の司教から頭に王冠を置かれようとしている。これはおそらく、当時のヘンリーが未成年で戴冠したことを示している。

王の恥辱

ド・ブリウーズ一家に対するその無慈悲で残虐な仕打ちによって、ジョンは危険な暴君として諸侯たちをひどく警戒させた。それでも、ジョンは自分が中世の理想的な王――立派な武人――であることを証明すれば、救われたかもしれない。ところが1204年、彼は戦いに勝利した国王フィリップにフランスのアンジュー領を奪われた。壮大なアンジュー帝国は永遠に失われ、諸侯たちはジョンに「柔剣王」という別のあだ名をつけた。それは彼らが思いついた最大の侮辱だった。

一方、ジョンは領内の有力者に対してひどく疑り深くなった。彼は自分に忠実だった諸侯たちまで追及し、新たな称号とひきかえに莫大な金を要求した。当然ながら、彼の犠牲者たちはそれをこばめず、王に借金をさせられる者もいた。たとえば、ジェフリー・ド・マンデヴィルはグロスターの伯位のために2万マルクを払わされ、取引の一部として、ジョンの元妻イザベル・オヴ・グロスターをひきとらされた。

王の卑劣な行為はその支持者たちに大きな損害を与えていた。諸侯に対する彼の扱いはあまりにもひどく、ついに彼らは反乱を起こした。1215年6月15日、ラニミードで、諸侯たちはジョンに大憲章（マグナ・カルタ）への署名を迫った。これはよくいわれるような民主的自由を宣言したものではなく、諸侯の権利や特権を明言したものだった。

フランスの勝利

しかし、国王ジョンは約束をあっさり破った。その結果、内乱が生じた。「柔剣王」にしてはめずらしく、ジョンは優勢になった。せっぱつまった諸侯たちのなかには、裏切りに走る者もいた。彼らはフランス国王フィリップの息子、ルイ・カペーにイングランドへの進軍を求めた。ルイ・カペーは国王ジョンの王位を奪い、その後釜に座ろうとした。

1216年5月14日、ルイはイングランド南岸のドーヴァーに到着した。2日後、彼はロンドンに到達し、軍隊は2つの重要な砦――ロンドン塔のホワイトタワーとウェストミンスター宮殿――を攻略した。こうして、ルイはその軍隊からイングランド王としての熱烈な支持を得た。しかし、ローマ教皇はそうではなかった。ルイはキリスト教徒の正当な王を攻撃したことで規則を破っていた。罰として、教皇はルイを破門し、フランスの彼の領土を聖務禁止令の下に置いた。

一方、ジョンはイングランド全土で支持を集めていた。イングランドの人びとがもっとも嫌うのは、異国の者に王位を奪われることだった。彼らはどんなに不満足な王であろうと、ジョンのような自国生まれの王による統治を望んでいた。

王位についた少年

ところが、ジョンは1216年10月18日、赤痢で急死した。跡を継いだのは当時9歳だった彼の息子で、国王ヘンリー3世となった。悪事や非行といった前科のない正当な王を得たことで、ルイ・カペーに対する諸侯たちの支持は衰えはじめた。

しかし、イングランドは依然として危機にあり、ヘンリー3世の戴冠式はあわただしく行なわれた。この幼い国王と母親の王妃イザベラ、そして王族たちは、ルイ・カペーがロンドンに到達すると、イングランド西部の田舎へのがれた。そのため、ジョンの死から10日後の1216年10月28日、儀式はグロスター大聖堂で質素に行なわれた。それは王冠さえもない戴冠式で、ヘンリーは母親の小さな金の鎖の首飾りでまにあわせるしかなかった。

王者の横顔

惑わされた少年

国王ジョンの息子で跡継ぎの国王ヘンリー３世は、中世イングランドで受け入れられる君主になる方法を理解できなかった。

当時は知るよしもなかったが、幼くして即位した国王ヘンリー３世は、やがて父親と同じくらいの厄介者となった。彼はひどく危険な考えをもつ、甘やかされた子供だった。とくに危険だったのは、国王が神に選ばれた絶対的支配者であり、この世における神の代理人であるという考え方だった。それによれば、王の命令はすべて従って当然とされた。

ヘンリーは国王らしく堂々とふるまい、王室の儀式に興奮した。しかし、こうした威厳ある態度にもかかわらず、ヘンリーはひどく疑り深く、怖がりだった。彼はじつは臆病者だったのだ。また、父親の国王ジョンに対する諸侯たちの仕打ちから、彼は諸侯たちを恩知らずと思いこんでいた。国王ヘンリー３世が破滅的な過ちを犯しはじめたのはこのためだった。

急場を救った摂政

イングランドはまだ非常に危険な状況にあった。幸い、国王ヘンリーの摂政に任命されたウィリアム・マーシャルは立派な騎士だった。彼はすぐにルイ・カペーと取引し、ルイは1217年９月12日、ロンドンで和平合意に署名させられた。1219年までに、ウィリアム・マーシャルは諸侯たちを支配下に置き、秩序が回復された。王妃イザベラは息子の王位が安泰とわかると、フランスへもどった。そして1220年、彼女はようやくユーグ・ド・リュジニャンと結婚した。遅れに遅れた２人の結婚は幸せなもので、彼らは９人の子供に恵まれた。

ただ、国王の地位に対するヘンリーの考え方は無分別で非現実的なものだった。彼はイングランド王がけっして絶対的支配者ではないことを理解していなかった。そこにはつねになんらかの組織——アングロ・サクソン賢人会議や諸侯たち、最終的には議会——があり、君主に「提言」する権利を与えられていた。そうした権利に逆らうことは、王であっても許されなかった。ヘンリーが未成年の間は、王位に対する彼の考えが大きな問題になることはなかった。しかし、1227年に王としての全面的な役割をになうことになっても、彼の考え方は変わらなかった。

国王ジョンに仕えていたロシュは王の権力が制限されるべきではないとして、国王ヘンリーを専制君主になるようにうながした。

利害の衝突

王の利益と諸侯たちの利益の間には深刻なへだたりがあった。ヘンリーはなんでもフランスのものを好んだが、諸侯たちはイングランドの海の向こうには少しも関心がなかった。ヘンリーは失われたアンジューの領土をとり

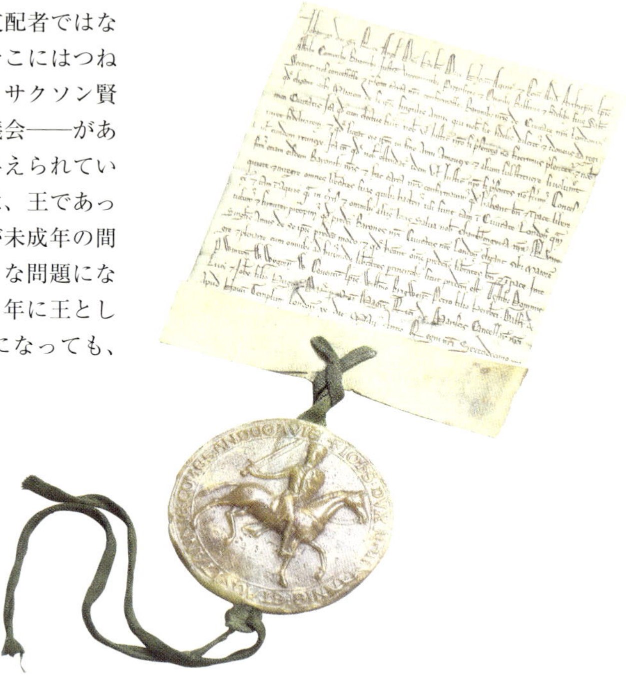

1215年５月９日、国王ジョンによって発行された王璽《おうじ》付きの憲章。同じデザインのものがしばしばその後の治世でも王璽として用いられた。王璽はそれが添えられた文書を承認し、その文書を偽造や改ざんから守るためのものだった。

もどし、その帝国を東方のドイツへ拡大しようとさえ考えていたが、諸侯たちは無関心だった。

彼らが重大な影響力をもつとされていた宮廷も、フランス人に独占されていた。1236年にフランス人の妻エレアノール・オヴ・プロヴァンスをめとったヘンリーは、宮廷を彼女の親類だらけにした。リュジニャンと再婚した母イザベラの息子たち、つまり、王の異父兄弟たちも温かく歓迎された。しかし、なによりも悪いのは、国王ヘンリーが諸侯たちを無視し、自分の周囲をフランス人の助言者で固めたことだった。

その1人が、国王ジョンに仕えていたピーター・デ・ロシュだった。デ・ロシュは王の権力が制限されるべきではないとして、国王ヘンリーを専制君主になるようにうながした。もう1人の有力な助言者が、王妃エレアノールを姪にもつウィリアム・オヴ・サヴォイで、彼は王室評議会の重要人物となった。カンタベリー大司教でさえ、同じく王妃を姪にもつボニフェース・オヴ・サヴォイというフランス人だった。

王の無謀な計画

しかし、破滅的な状況を招き、諸侯たちの恨みをかったのは国王ヘンリー自身だった。大胆で無謀な計画を好んだ王は、1254年、窮地におちいった。彼は地中海のシチリア島を征服するため、教皇と取引を結んでいた――その後で、ヘンリーは次男のエドマンド王子を王にするつもりだった。この計画の資金集めとして、教皇は国王ヘンリーに臣民から重税を取り立てる許可を与えた。ヘンリーの諸侯たちは憤慨した。王のむこうみずな計画に反対した彼らは取り立てをこばみ、教会もそれを拒否した。当然、悪天候や凶作、飢饉に苦しんでいた庶民も、重税には応じられなかった。

とりきめの資金を集めることができなかった王は、教皇から不満をいわれ、破門の危機にさらされた。しかし、諸侯たちが召集した封臣会議は、王にそれよりずっと大きな脅威をもたらした。1258年、彼らはオックスフォード条款と呼ばれる長期計画を策定した。これはヘンリーの宮廷からフランス人のメンバーを追放しようとするものだった。

条款では、重要な官職はイングランド人のものとされた。王室の歳入も大蔵省に直接支払われるものとされ、これは国王ヘンリーがフランス人のとりまきに金をばらまくのを防ぐためだった。とくに重要な条款の1つが、王への「提言」を目的とした、15人の諸侯からなる評議会の設立だった。それは事実上、王をコントロールするためのものだった。

捕らわれた王

ヘンリーは不意打ちをくらった。王室の宝庫はほとんど空っぽで、臣民たちは飢えに苦しんでいた。しだいに険悪な状況となり、王はもはや降参するしかなかった。そこで、ヘンリーはオックスフォード条款に正式に署名した。これで当面は諸侯たちを満足させておくことができた。しかし、ヘンリーはすぐに仕返しの方法を探りはじめた。

ヘンリーは誓約を破る機会をしばらく待たなければならなかった。そして1264年、敵対していた諸侯たちが仲間割れをはじめたとき、チャンスが到来した。ところが、ヘンリーがオックスフォード条款を破棄すると、彼らは

> シモンは母親からイングランドの伯位を相続したフランス人だった。彼はあらゆる点で猛々しく、残忍で、利己的な諸侯だった。しかし、彼は部下たちを圧倒するような魅力をもっていた。

内部の対立関係を棚上げにした。1264年5月14日、サセックスのルイスの戦いで、王とその息子で跡継ぎのエドワード王子は捕らわれの身となった。彼らは諸侯たちのカリスマ的指導者、レスター伯シモン・ド・モンフォールの手に落ちた。

皮肉にも、シモンは1230年に母親からイングランドの伯位を相続したフランス人だった。彼はあらゆる点で猛々しく、残忍で、利己的な諸侯だった。しかし、彼は部下たちを圧倒するような魅力をもち、獅子心王リチャードとならぶすぐれた軍事指導者でもあった。

シモンに強い感銘を受けたヘンリーは、1238年、彼に妹のエレノア王女との結婚を許した。しかし、シモンは義兄である王に頭を下げるような男ではなかった。それどころか、シモンは臆病者の王にかまっている暇などないとして、軍事的手腕にとぼしいヘンリーを押さえこんだ。そして、シモンはみずからの地位を最大限に利用した。彼はずうずうしくも王の名を無断で使って金を手に入れ、その罪からロンドン塔で一生を終えるところだった。

王の完全な屈辱

しかし、ヘンリーがオックスフォード条款を破ったことは、シモン・ド・モンフォールには許しがたいことだった。彼にとって、誓いを破ることはたんなる侮辱ではなく、神への冒瀆に等しかった。

そのため、シモンはルイスの戦いの後、ヘンリー3世にさらなる恥辱をもたらした。王はシモンの捕虜となったばかりか、シモンの人質となり、あやつり人形となった。シモンはヘンリーを脅迫さえし、王にいくつかの法律や命令、文書への署名を迫った。また、1265年、彼は議会を召集——通常は王だけができること——し、ヘンリーをその要求に従わせた。国王ジョンを含めて、歴代のどのイングランド王もこれほどの屈辱を受けたことはなかった。

立派な息子

国王ヘンリーの息子、エドワード王子は父とともに捕らわれの身となっていた。当時25歳だったエドワードはヘンリーよりずっと勇敢で、彼は強力なシモン・ド・モンフォールを恐れなかった。また、多くの諸侯たちがシモンの支配下でいらだっていることも知っていた。彼らはシモンが王を意のままにして私腹を肥やしていることに憤慨していた。

けれども、エドワード王子はまず脱出する必要があった。そのチャンスが来たのは1265年5月18日、彼がイングランド西部のヘレフォードあたりへ馬で出かけたときだった。彼は見張りに監視されており、そのなかにはシモンの息子アンリ・ド・モンフォールもいた。もう1人の見張りのトマス・ド・クレアは、王子のくわだてに関与していたらしい。

この19世紀の版画に描かれた諸侯たちは、国王ヘンリーに頭を下げ、敬意を表しているように見えるが、じつは王に要求をつきつけている。王冠をかぶって立っているヘンリー（左）が厳しい表情をしているのはこのためだ。

アンリ・ド・モンフォールとならんで馬に乗っていたエドワードは、合図を受けて、徐々に遠ざかった。そして彼は馬に拍車をかけ、そのまま走り去った。トマス・ド・クレアも後に続いた。彼らはほかの見張りたちに追跡

権力のなせる業

最後まで無慈悲

雇われ暗殺団がシモン・ド・モンフォールを見つけたとき、彼らは少しも慈悲を示さなかった。彼らはシモンの首を切りつけ、地面に倒れた彼の手足を恐ろしいほど切りきざんだ。敵の指導者を始末したエドワードは、シモンの従者たちものがさなかった。近くの教会へ逃げこんだ彼らもまた、同じ暗殺団によって惨殺された。

教会に隠れていた修道士は、そのときのようすを次のように記した。

「聖歌隊席、(…) 内壁、十字架、彫像、そして祭壇が死傷者の血に染まり、主祭壇の周りの死体からは地下聖堂まで血が流れ落ちていた」

シモン・ド・モンフォールが殺されたイーヴシャムの戦いで、エドワード王子（右）が年老いた父、国王ヘンリー3世をかばおうとしている。

1912年に撮影されたロンドンのウェストミンスター寺院の南側廊。1265年に王位をとりもどしたヘンリー3世は、息子のエドワード王子に政治をまかせ、その治世の最後の7年間を寺院の改修に費やした。

されたが、なんとか逃げきった。

自由の身となったエドワードは、不満をもつ諸侯たちの指導者となった。数週間後、エドワード率いる国王軍はウースターシャーのイーヴシャムでシモン軍と対戦した。エドワードはシモン・ド・モンフォールを探し出し、彼とその臣下を殺すために暗殺団を組織した。

この圧倒的な流血の勝利により、国王ヘンリーは王位をとりもどした。彼はシモンに署名させられた文書をすべて破棄した。しかし、彼もとうとうこりたようだった。1272年に卒中で死去するまでの7年間、ヘンリーはイングランドの統治を息子のエドワードにまかせ、ウェストミンスター寺院の改築に専念した。

イーヴシャムの戦いで実証されたように、エドワードは父親とは正反対だった。強引で残忍な彼は、自分の思いをとげるためには大量の流血もいとわなかった。しかし、1272年に国王エドワード1世となってからの彼は、イングランドに約80年ぶりに現れた強くて支配的な王だった。不都合な点といえば、エドワード1世が余人をもって代えがたい人物だったということだ。1307年に彼の跡を継がなければならなかった息子は、その仕事に向いていなかった。またしても、恥ずべき治世がイングランドを訪れた。新国王エドワード2世は、敵のこれ以上ないほど恐ろしいくわだてに苦しむことになった。

第4章　プランタジネット朝　Ⅲ

愛人、領土、そして反逆

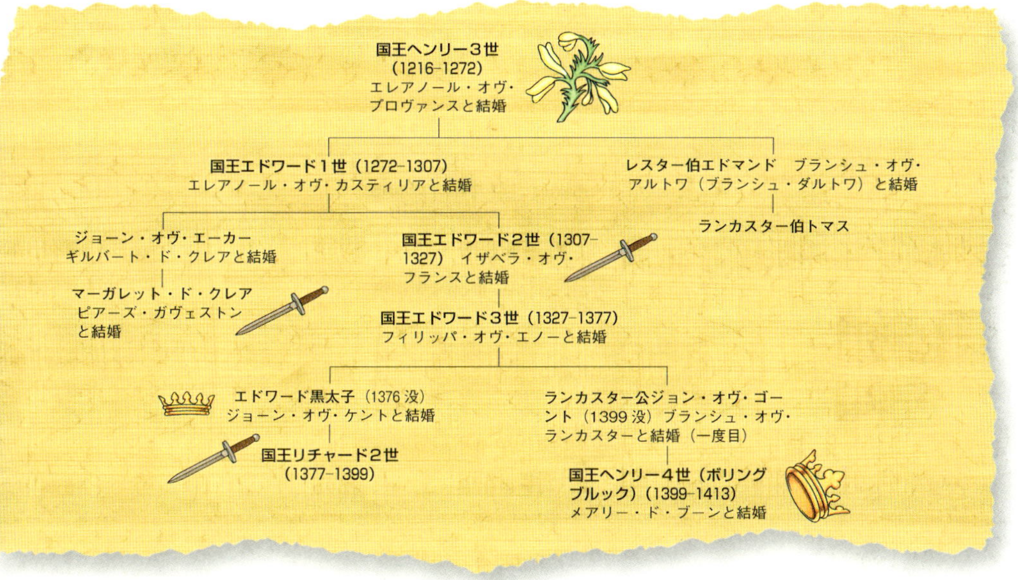

エドワード2世がどうしようもない厄介者だったのはまちがいない。彼が1307年に王となるずっと以前から、臣下や役人たちはその奇妙な癖やおかしな趣味について知っていた。

1308年2月28日、エドワード2世とその妻イザベラはロンドンのウェストミンスターで、ウィンチェスター司教によって王および王妃として戴冠した。

エドワードはつまらない仕事が大好きで、土いじりや屋根葺きをなによりの楽しみとしていた。それは王位継承者にしてはあまりにも不名誉な趣味であり、諸侯たちもあきれていた。彼らにとって、エドワードが馬上槍試合や戦争といった王にふさわしい活動を不得手とすることだけでも問題なのに、百姓のように地面を掘り返すのが趣味というのは論外だった。

王の恋

しかし、もっとも問題だったのは、エドワード２世が露骨な同性愛者だったことだ。妻の王妃イザベラとその女官たちを除いて、エドワードは宮廷への女性の出入りを禁じた。彼は女性よりも、愛しの「ペロー」――彼の寵臣となったガスコーニュの騎士、ピアーズ・ガヴェストン――のような美青年のほうがずっと好きだった。エドワードとガヴェストンが愛人関係にあることは誰の目にも明らかだった。２人は子供の頃からおたがいを知っていた。容姿端麗な美男子だったガヴェストンは、エドワードと違って、馬上槍試合の名手だった。彼は諸侯たちに試合を申し込んでは、彼らを負かすのが常だった。そのうえ、彼は諸侯たちをばかにしたり、無礼なあだ名をつけたりして侮辱したため、彼らから憎まれていた。

国王エドワード１世の生前から、父と息子はガヴェストンをめぐって公然と激しい口論をした。年老いた王は二度にわたってガヴェストンをイングランドから追放し、帰国を禁じた。しかし、父親が死去し、エドワードが王になると、誰も新国王エドワード２世を引き止めることはできなかった。彼はすぐさまガヴェストンをイングランドへ呼びもどし、たくさんの贈り物を与えた。王はガヴェストンをコーンウォール伯とし、その爵位にともなう豊かな土地の領主とした。

見せかけの結婚

ガヴェストンは、エドワードの姪で生まれながらの裕福な女相続人、マーガレット・クレアと結婚した。しかし、マーガレットの結婚はイザベラの結婚と同じく、満足なものではなかった。彼女たちの夫はおたがいに夢中で、妻たちはなおざりにされた。

国王エドワードは何度も危ない橋を渡っていると警告されたが、頑固でわがままな彼はいっさい耳をかさなかった。やがて、王の寵愛を確かなものと思ったガヴェストンは、耐えがたいふるまいをするようになった。

「彼は第２の王のように（諸侯たちに対して）威張りちらしたが、誰もそれに抵抗できず、彼にかなう者はいなかった」とマームズベリーの修道士は記している。「ピアーズは王以外の誰も自分の仲間と見なさなかった。(…) 彼の尊大さは諸侯たちにとって耐えがたいもので、恨みや憎しみのおもな原因となった」

人を驚かせて喜ぶ王と愛人

エドワードは機会あるごとに自分の愛人を見せびらかした。もっとも目にあまったのは、1308年の彼の戴冠式でのことだった。ガヴェストンはそこで、王冠ともう１つの貴重な王位の象徴である聖エドワードの剣を運ぶという重要な役割を与えられた。豪華に着飾った彼は、ただの人間というより、ローマの神マルスのようだった。

ランカスター伯トマスとその仲間の諸侯たちにとって、暴力や脅迫は朝飯前のことだった。1308年、彼らはその両方の手段に訴えた。祖父のヘンリー３世と同じく、エドワードはじつは臆病者だった。

続いて行なわれた祝宴で、ガヴェストンはイザベラを差し置いて王の隣に座った。さらにあきれたことに、２人はテーブルで何度もいちゃつき、招待客を唖然とさせた。

イザベラが国王エドワード２世と結婚するためにイングランドへ来たのは、わずか12歳の時だった。それは王家の政略結婚で、イングランドとフランスを結びつけるためのものだった。しかし、イザベラにとって、夫の同性愛は契約外のことだった。彼女は自分の父が結婚祝いとしてエドワードに贈った指輪や宝石を、ガヴェストンが身につけているのを見た。その幼い花嫁はすぐに父親に手紙を書き、自分は「世界でもっとも哀れな妻」だと不満をもらした。

ガヴェストンの国外追放を求めた諸侯たち

王妃イザベラはそのみじめな状況をなんとかするには幼すぎた。しかし、諸侯たちは手をこまねいてはいなかった。彼らはガヴェストンを追い出す計画を立てた。幸運にも、諸侯たちには国王エドワードに反対し、ガヴェストンを倒すために必要な指導者がいた——ランカスター、レスター、ダービー、リンカーン、そしてソールズベリーの伯たちで、イングランド北部に広大な領土をもつトマスである。トマスは国王エドワードの１番目の従兄で、残忍で強欲、野心的で利己的だった。そしてなにより、彼はエドワードが大嫌いだった。

ランカスター伯トマスとその仲間の諸侯たちにとって、暴力や脅迫は朝飯前のことだった。1308年、彼らはその両方の手段に訴えた。祖父のヘンリー３世と同じく、じつは臆病者だったエドワードは彼らの要求に屈した。

ガヴェストンはふたたびイングランドを去ることになったが、すぐにまいもどってきた。諸侯たちは圧力を強めるため、1311年９月27日、ガヴェストンを追放しなければ内乱を起こすとエドワードに警告した。またしても、エドワードはそれに屈した。ガヴェストンはフランスへのがれたが、３カ月もたたない同年のクリスマス、彼はふたたびもどってきた。

情事の終わり

結局、諸侯たちによる国外追放は機能していなかった。ガヴェストンはいつでも愛人のもとへこっそりまいもどり、のぼせ上がった王は、文字どおり、両手を広げて彼を歓迎した。

諸侯たちはどうするべきかを心得ていた。1312年６月９日、彼らはガヴェストンを誘拐し、ウォーリック城に監禁した。その城はランカスター伯トマスが所有するもので、10日後、ガヴェストンは近くのブラックローヒルまで裸足で歩かされた。そこで、トマスの部下の２人が彼を剣で突き刺し、その頭を切り落とした。

国王エドワードはひどくとり乱した。彼は殺された愛人に涙を流し、その死を嘆き悲し

イングランドの諸侯たちは、女々しいピアーズ・ガヴェストンにうんざりしていた。彼は国王エドワード2世に対する諸侯たちの影響力を抑えようとしたが、いったん彼らの捕虜となると、ガヴェストンの命運はつきた。彼は裁判なしで即座に処刑された。

んだ。しかし、諸侯たちの目的はガヴェストンを殺すことだけではなかった。彼らは王の政府の幹部たちも捕らえようと決めていた。そして1311年、彼らはエドワードに一連の法令を承諾させた。エドワードは、諸侯たちの許可なくイングランドを離れることを禁じられ、聖職者や役人の任命権も奪われた。また、すくなくとも年に一度は議会を召集しなければならず、王の財務管理も議会が行なうことになった。それは王を拘束し、第2のピアーズ・ガヴェストンが現れるのを防ぐためだった。

2人の新しい仲間

エドワードはこうした束縛にいらだち、憤慨していた。それでも、9年か10年の間はおとなしくしていた。というより、そうせざるをえなかった。イングランドの実質上の支配者となったランカスター伯トマスが、彼の行動すべてを監視していたからだ。ところが1320年頃、王の恋愛生活がふたたび熱くなりだした。彼は2人の新しい寵臣——どちらもヒュー・ディスペンサーという名の父子——

を宮廷へこっそりつれこんだ。

またしてもガヴェストンの時と同じことがくりかえされた。ディスペンサー親子は王の贈り物や土地、金に飛びついた。息子のヒュー・ディスペンサーはグロスター伯の女相続人の１人である裕福な妻を手に入れた。王を独占した２人は、おそらく彼の新しい同性愛の愛人だった。

王に対するこの親子の影響力がいかに有害なものだったかは、フランスの年代記編者ジャン・フロワサールが明らかにしている。

「ヒュー・ディスペンサーは、諸侯たちが反対同盟を結成しているので、用心しないと王位を奪われる恐れがあると国王エドワードに助言した。［ディスペンサーの］巧みな進言に惑わされた王は、議会に召集された諸侯たちをすべて捕らえさせた。指折りの22人が（…）裁判なしで即座に首をはねられた」

しかし、この虐殺を生きのびた諸侯たちはひるまなかった。彼らは王のもとへ行き、1321年７月、父子の国外追放を求めた。国王エドワードはすっかり脅しに屈した。諸侯た

ランカスター伯トマスはガヴェストンの死を確認するため、彼を殺したウェールズ人の１人にガヴェストンの生首を見せるように命じた。この後、あるドミニコ会修道士がそれを国王エドワードのもとへ持参した。

権力のなせる業

厳しい裁き

まず最初に捕らえられたのは父親のディスペンサーだった。彼はイングランド南西部のブリストルへ連行され、そこで裸にされ、茨の冠をかぶせられた。

続いて1326年11月24日、群衆が見守る中、ディスペンサーは4頭の馬にひきずられ、高さ15メートルの絞首台へつれていかれた。王妃イザベラは宿敵が絞首台につるされ、その前で火が燃え盛るのを眺めていた。そして群衆のどよめきとともに、ディスペンサーの性器が「王との不自然な行為」の罰として切りとられた。

彼の苦しみはまだ終わらなかった。ディスペンサーは生きたまま内臓をえぐられ、それが火に焼かれるのを見なければならなかった。最後にようやく、彼は慈悲として首を切られ、体を四つ裂きにされた。これは反逆者として当然の残酷な死——絞首刑にされ、内臓をえぐられ、四つ裂きにされる——であった。ディスペンサーの息子は、これと同じ恐ろしい運命が自分を待ち受けていることをよく知っていた。

この14世紀の写本の絵は、ヒュー・ディスペンサーが燃え上がる炎の前で手足を切断され、首を絞められ、内臓をえぐられ、四つ裂きにされるようすを示している。

国王エドワードもまた、お遊びは終わりだと悟った。息子のヒュー・ディスペンサーにともなわれ、彼は海路でアイルランドへのがれようとしたが、一行が目的地に到達することはなかった。11月16日、彼らはウェールズのラントリサントで待ち伏せされ、ヒュー・ディスペンサーはその予想どおり、父親と同じ残酷な死をとげた。彼の首はロンドンへ送られ、ロンドン橋にさらされた。四つ裂きにされた彼の死体は、イングランドのほかの4つの町でも人びとの目にさらされた。それ

グロスター大聖堂のエドワード２世の墓石の装飾。王の肖像が彫刻されている。

は朽ち果てるまで放置され、反逆をたくらむ者への恐ろしい見せしめとなった。

国王エドワードへの罰はさらに恐ろしいものだった。エドワード２世はその悪行の数々が読み上げられると、突然泣き出し、気絶さえした。意識をとりもどすと、彼は「自分がいかに多くの罪で罰せられるかを知ってむせび泣き、人びとの憎しみを招いたことを悲しんだ。そして（彼は）、その場にいる者たちに哀れな自分への慈悲を懇願した」

しかし、元王への慈悲はとぼしかった。彼は逃げ場のない地下牢に閉じこめられ、組織的な拷問を受けた。そして1327年９月22日、看守たちは火を焚き、半田ごてを真っ赤になるまで熱した。エドワードは頭をクッションで押さえつけられ、半田ごてをその肛門――ある年代記編者の表現を借りれば、「彼が下劣な喜びを感じるのを習慣としていた部分」――から内臓へと突き刺された。エドワードの苦痛の叫びは城中に、そして近くのバークリーの町にまで響き渡った。その野蛮な罰は――噂によれば――王妃イザベラの直接命令によるものだったという。

ちは思いをとげたが、結果的には歴史がくりかえされただけだった。数カ月のうちに、息子のヒュー・ディスペンサーは王の懐へもどった。父親のヒュー・ディスペンサーもイングランドへもどり、エドワードはすばらしい贈り物——ウィンチェスター伯の称号——とともに彼を歓迎した。

牙をむく雌狼

ディスペンサー親子が国外追放にされると、諸侯たちは彼らを「邪悪な助言者」と呼んだ。それは国王エドワードを利用し、あらゆるものを手に入れてきた寄生虫に対して、意外なほど生やさしい表現だった。しかし、王妃イザベラにとって、ディスペンサー親子はそんな表現ではとてもたりないほどの敵だった。彼らはイザベラに対する長年の屈辱と無視の象徴だった。

イザベラにはディスペンサー親子への復讐を望むだけの個人的理由もあった。1324年、彼女は彼らにフランスの領地を奪われ、さらに４人の子供たちを奪われた。この頃のイザベラは、もはや1308年に王と結婚した当時の無力な少女ではなかった。28歳になった彼女はフランスの雌狼と呼ばれ、無視された女の怒りがどれほど恐ろしいかを示そうとしていた。

国王エドワードはイザベラを軽んじて辱めたが、彼女の政治的手腕には一目置いていた。1325年、王は彼女をフランスへ送り、彼女の兄のフランス国王シャルル４世とのもめごとをうまく処理させた。

パリにいるあいだ、イザベラは裕福で野心家の第７代ウィグモア侯ロジャー・モーティマーと出会った。モーティマーは、うぶで復讐心に燃えるイザベラにとって魅力的な男だった——乱暴で荒っぽく、残忍で傲慢な男らしい男。モーティマーはイザベラの愛人となり、２人は公然と一緒に暮らした。さらに、２人は一緒に国王エドワード２世の破滅をくわだてた。

モーティマーとイザベラは軍隊を集め、1326年９月24日、イングランドへ侵攻した。当面の標的とされたディスペンサー親子はとり押さえられ、しかるべき残酷なやり方で殺された。一方、王も待ち伏せされ、イングランド南西部のブリストル海峡に近いブリストル城へ連行された。1327年１月24日、彼はそこで退位を余儀なくされ、翌日、彼の息子で14歳のエドワード王子が国王エドワード３世として宣言された。そして同年９月、エドワード２世もまた想像を絶するような残酷な最期をとげた。

イザベラは王室の宝庫を略奪し、自分と愛人のために巨額の助成金を手に入れた。彼女は議会を利用し、自分の望む法律を形式的に承認させた。しかし、イザベラは、モーティマーとともに退散を余儀なくされた。

エドワード２世の妻、王妃イザベラのこの肖像画は見せかけにすぎない。この絵の彼女は優しく、柔和で上品に見えるが、実際のイザベラは夫の破滅と死を画策する卑劣な首謀者だった。

飽くなき欲求

1328年にマーチ伯となったロジャー・モーティマーとイザベラは、今やイングランドの支配者となった。モーティマーのおもな関心事は自分と自分の一族の私腹を肥やすことで、そのためには手段を選ばなかった。彼は領地や城、地所といった財産を手あたりしだいに奪っていった。

イザベラも同様だった。彼女は王室の宝庫を略奪し、自分と愛人のために巨額の助成金を手に入れた。彼女は議会を利用し、自分の望む法律や命令を形式的に承認させた。しかし、そんな状況が長続きするはずもなく、イザベラは——モーティマーとともに——退散を余儀なくされた。

ただ、当時未成年だった国王エドワード3世には、王族の2人に対抗する権力がなかった。彼が王としての全面的な権限を得たのは1330年、16歳になったときで、彼はまっさきにロジャー・モーティマーを滅ぼそうとした。

1330年10月、モーティマーとイザベラはノッティンガム城に滞在していた。身の危険を悟った彼らは、すべての門を施錠するように命じ、守衛に城壁を巡回させた。しかし、そこには城内のモーティマーの寝室へとつながる秘密の通路があった。少数の部下たちとともに、若き王はその通路からこっそり中へ入った。

一行は見張りの騎士2人を切り倒し、モーティマーを捕らえた。騒ぎを聞いて部屋へかけこんできたイザベラは、現場を見て悲鳴を上げた——「優しいモーティマーに慈悲を！」彼女の懇願にもかかわらず、モーティマーはロンドンへ連行された。11月29日、彼はそこで絞首刑にされ、内臓をえぐられ、四つ裂きにされた。こうしてイザベラの権力と復讐の日々は終わった。彼女は処刑をまぬがれ、ノーフォークのライジング城に隠居した。

新たな出発と悲しい結末

イングランドはエドワード3世に20年ぶりの立派な王として期待を寄せた。エドワード3世は諸侯たちを満足させる方法を知っていた。彼は諸侯たちの最大の望み——王の助言者の役割をつとめること——を許した。また、彼は息子のエドワード黒太子とともにフランスにみごとな勝利をおさめ、彼らをさらに満足させた。エドワード3世の治世は、恐ろしい黒死病の蔓延——1349年から1350年に生じた腺ペストで、臣民の4分の1を死にいたらしめた——にもかかわらず、イングランド史の栄光の時代とされた。

しかし、エドワード3世は長生きしすぎた。彼は1377年に64歳で死ぬまでの7年間、かつての偉大な武人王としての面影を失い、哀れな老醜をさらした。

新国王と農民一揆

3週間後、エドワードの孫で黒太子の息子の国王リチャード2世が、ウェストミンスター寺院で戴冠した。当時10歳だった彼は、最初は立派な王になりそうだった。4年後、リチャードは農民一揆の指導者、ワット・タイラーとの対決にみずからのりだした。タイラーには6万人の支持者がいた。彼らは14歳以上の成人すべてに課せられる1シリングの

国王エドワード3世は、当時有名だった「アーサー王と円卓の騎士」の物語に合わせて、宮廷をつくった。1348年、エドワードは今日まで続く騎士の勲位、ガーター勲章を創設した。

Roy : E
dward :

王者の横顔

英雄の死

エドワードはその死までの数年間、家族や召使いにも会おうとせず、自分の部屋にひきこもっていた。この哀れな状況の中で、エドワードは彼の愛人であり、すくなくとも2人の非摘出子の母親であるアリス・ペラーズの毒牙にかかった。

国王エドワードがはじめてアリス・ペラーズに会ったのは、彼女が1364年、妻の王妃フィリッパ・オヴ・エノーの寝室女官になったときだった。彼女はほどなく彼の愛人となった。1369年に王妃が死去すると、この強欲なアリスは王に欲しいものを何でもねだった。王は彼女に荘園や金や宝石を与え、王妃フィリッパの宝石まで彼女に与えた。

一方、アリスは魔女であり、エドワードを意のままにしておくために2人の蝋人形をつくったという噂が流れた。議会はアリスを追放しようとしたが、つねに王が出てきて彼女を救った。1376年、彼女が議会に訴えられると、王は彼女にくだされた判決をあっさり却下した。

しかし同年、王を悲劇が襲った。エドワードの跡継ぎのエドワード黒太子が病死したのである。王子は勇敢な戦士だった。息子の死に打ちひしがれた王は、脳卒中に倒れ、残りの人生を悲嘆の中ですごした。卒中後、王は長くは生きなかった。1377年6月21日、エドワード3世が死去したとき、アリス・ペラーズがそばにいた。最後まで強欲だった彼女は、急いでエドワードの指輪をはずした。

国王エドワード3世の愛人、アリス・ペラーズはひどく強欲な女だった。1377年、老衰した王は死の床にあった。アリスはこれが私腹を肥やす最後のチャンスと考え、王の手から指輪を盗んだ。

人頭税に抗議していた。多くの貧しい農民たちは法外な税金に反乱を起こし、混乱と流血の事態が３日３晩続いた。

若き王はそうした反乱がいかに激しく、危険であるかを知っていたが、彼は毅然とした態度を示し、人頭税をとり下げ、反乱に恩赦を与えるとして事態を鎮めた。しかし、ワット・タイラーがあまりにも脅迫的な態度でリチャードに近づいたため、王の身を案じたロンドン市長のウィリアム・ウォルワースは彼を刺し殺した。その後、タイラーの首はロンドン橋にさらされた。

タイラーが地面に倒れこむと、群衆から不穏なささやきが生じた。彼らは王とその役人たちに襲いかかろうとするかのように前進した。しかし、若きリチャードはうろたえなかった。

「お前たち、お前たちはみずからの王を討とうというのか。私はお前たちの指揮官だ。私について来るがいい！」と彼は叫んだ。

それが農民一揆の結末だった。イングランドの人びとは、この勇敢な若き国王がいつの日か、父親の黒太子にも匹敵するような偉業をなしとげると信じるようになった。しかし、それは見せかけにすぎなかった。リチャードが反乱者に屈し、彼らが引き起こした殺戮や破壊や混乱のすべてに恩赦を与えるとした事実は、前途有望な若者の証ではなく、たんに彼が臆病で、重圧に弱いことを示唆していた。

国王陛下と呼べ

それにくわえて、リチャードは伝統的な中世の王としての気性に欠けていた。彼は軍事にうとく、短気で感情的になりやすかった。また、先代の国王ヘンリー３世と同じく、王

> **彼らは議会を説得し、リチャードの有力な支持者たちを反逆罪で起訴させた。リチャードは４人の支持者が、絞首刑にされ、内臓をえぐられ、四つ裂きにされるのをただ見ていなければならなかった。**

の命令を絶対と考えていた。

リチャードは未成年で即位したため、摂政委員会が彼に代わって統治した。彼は母親のジョーン・オヴ・ケントと家にいたが、事あるごとに、彼がいかに甘やかされた子供であるかが証明された。

1382年、彼は自分の命令に従わなかったとして、大法官のサフォーク伯を解任した。翌年、彼は議会に対して自分は好きな助言者を選ぶと宣言し、議会は彼の要求をかならず承認しなければならないと主張した。

やがて、リチャードは多くの手ごわい敵をつくった。彼は自分の周囲を助言者で固め、その命令に対するいかなる反対も裏切りと見なした。彼はまた、王に対するより崇高な呼び方を考案し、王に話しかける者は従来の「閣下」ではなく、「陛下」と呼ばなければならなかった。

リチャードはどうみても暴君だった。しかし、以前にもそれを経験していたイングランドの貴族たちは、対処の仕方を知っていた。1387年、上訴貴族と呼ばれる５人――グロスター公、ヘレフォード公、アランデル伯、ウォーリック伯、そしてノッティンガム伯トマス・モーブレー――が立ち上がった。彼らは議会を説得し、リチャードの有力な支持者た

当時わずか14歳だったリチャード2世は、1381年の農民一揆の指導者、ワット・タイラーに敢然と立ち向かった。タイラーは脅迫的な態度で王に近づいたため、ロンドン市長のウィリアム・ウォルワースに殺された。

ちを反逆罪で起訴させた。リチャードは恐れをなして屈服した。彼は年老いた家庭教師のロバート・バーリー卿を含む４人の支持者が、絞首刑にされ、内臓をえぐられ、四つ裂きにされるのをただ見ていなければならなかった。

この後、リチャードはおとなしくなり、議会を怒らせるようなことはしなかった。彼は芸術家や作家といった無害で非軍事的な者たちを集めて、優雅な宮廷をつくった。しかし、それはカムフラージュにすぎず、リチャードは虎視眈々と復讐の機会を狙っていた。

1397年、ついにその時が来た。王は突然、警告もなしに上訴貴族の逮捕を命じた。彼らのうちの３人――グロスター公、アランデル伯、ウォーリック伯――は反逆罪で起訴され、有罪となって処刑された。グロスター公はカレーで捕らえられ、マットレスで窒息死させられた。

従兄弟の戦い

国王リチャードは５人目の上訴貴族、トマス・モーブレーに特別な罰を考えていた。それはリチャードの１番目の従弟、ヘンリー・ボリングブルックを始末することにもなった。リチャードは高潔な騎士の典型であるヘンリーにいつも嫉妬していた。教養があり、いくつもの言語をあやつる彼はヨーロッパ中の王室で賞賛の的だった。また、彼は広大なランカスター公領の相続人でもあった。

しかし、ヘンリーはあまりにも人を信用しすぎた。彼はリチャードの狡猾さに気づかなかった。トマス・モーブレーに王がランカスター家の破滅をくわだてていると警告されたヘンリーは、まんまとリチャードの罠にはまった。彼はリチャードへの反逆を口にしたとして、モーブレーを訴えた。リチャードはこの争いを伝統的な方法――決闘裁判――で解決するように命じた。

1398年9月26日、その決闘を見るために大勢の人びとが集まった。しかし、ヘンリー

この15世紀の絵で、若きリチャード2世は王室評議会のメンバーたちと、こった装飾の天蓋の下に座っている。リチャードは絶対的権力を望んだ王の1人で、その報いを受けた。

とモーブレーが戦闘服で登場すると、リチャードは突然、２人の戦いをやめさせた。彼はトマス・モーブレーを終身の国外追放、ヘンリー・ボリングブルックを10年の国外追放にした。

ボリングブルックの苦い杯

５カ月後の1399年２月３日、ヘンリーの父のジョン・オヴ・ゴーントが死去した。国外追放されたヘンリーがランカスター公として跡を継いだが、それは権利も土地もない公だった。ジョン・オヴ・ゴーントが死去すると、リチャードはヘンリーに終身追放を告げ、ランカスター公領に属する土地を王室へ引き渡すように命じた。

ヘンリー・ボリングブルックはすぐさま反撃に出た。数週間のうちに、彼はフランスから船で帰国し、1399年６月30日、イングランド北部にあるヨークシャーのレーヴンスパーに上陸した。ヘンリーはランカスター公領の返還を求めにもどってきただけだったが、そ

この絵は国王リチャード２世が騎士や廷臣に囲まれ、王位を退くようすを示している。1400年から1425年の間に描かれたもので、出所はフランスの年代記編者ジャン・クレトンの『イングランド王史』による。

このものものしい要塞はコンウェー城で、リチャード２世は従弟のヘンリー・ボリングブルックの軍勢からここにのがれようとした。13世紀に建てられたこの城は、リチャードの時代にはかなり斬新なもので、その遺跡は今も残っている。

れ以上に危機にさらされているものがあった。リチャードの暴君ぶりはますますエスカレートし、彼はひどく多くの敵をつくった。彼らはリチャードがもはやイングランド王にふさわしくないと考えはじめた。

ヘンリー・ボリングブルックがイングランドに上陸したとき、国王リチャードはアイルランドにいた。彼は急いでもどり、ウェールズのコンウェー城に立てこもったが、味方は1人もいなかった。それでも、もし処刑されたアランデル伯の弟、トマス・アランデルがいなければ、リチャードは城内で当面はもちこたえられたかもしれない。トマスは王に外へ出て、ボリングブルックと和解すれば、王位にとどまれると約束した。しかし、それは罠だった。1399年8月20日、国王リチャードはコンウェー城から一歩出たところを待ち伏せされ、捕虜にされた。

リチャードはロンドンへ連行され、ロンドン塔に幽閉された。9月末、議会は彼に退位を迫り、代わってヘンリー・ボリングブルックがイングランドの王位を主張した。

その後、リチャードの命は長くなかった。彼はウェストヨークシャーのポンテフラクト城へつれていかれ、そこでゆっくり餓死に向かわされたといわれている。しかし、彼の最期はもっと壮絶なものだった。2月14日、斧をもった8人の男たちが城内のリチャードの独房に押し入った。夕食をとっていたリチャードはすばやくテーブルをひっくり返し、斧をとった。彼は襲撃者に飛びかかり、そのうちの4人をなんとか殺した。しかし、結末は明らかだった。残った4人の暗殺者はリチャードを押さえつけ、めった切りにして殺した。

一方、ヘンリー・ボリングブルックはすでに1399年10月13日、国王ヘンリー4世として戴冠していた。ただ、ヘンリーの心は重かった。彼は王位強奪者であり、その正当な所有者である国王リチャードから王冠を奪いとったからである。

そのことをよく知っていたヘンリーは、後にこう言った――「神は私がなんの権利で王位を得たのかご存知だ」。厳密にいえば、ヘンリーにはなんの権利もなく、彼は死ぬまで罪悪感にさいなまれた。

第5章 プランタジネット朝 Ⅳ

狂気、内乱、そして子殺し

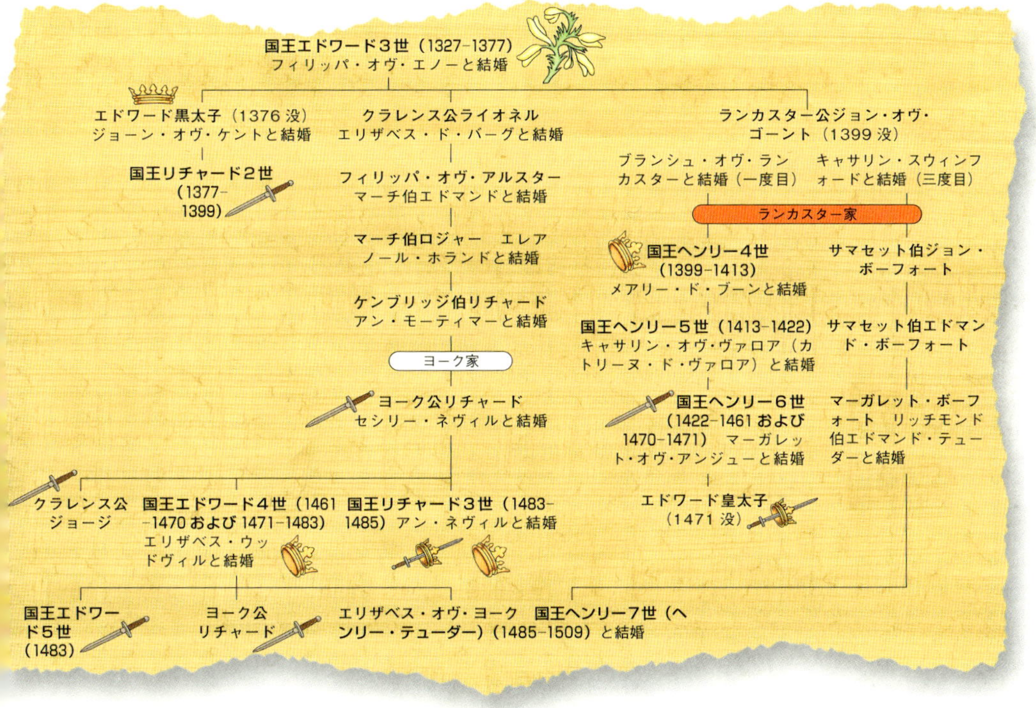

国王ヘンリー４世はつねに神経をとがらせ、警戒を怠らなかった。彼はその強奪した王位をいつまで守れるかとびくびくしていた。

1399年の国王ヘンリー４世の戴冠式には罪悪感と悲劇が暗い影を落とした。ヘンリーは従兄のリチャード２世からイングランド王位を強奪した。前王の命は長くなかった。

敵は虎視眈々と機会を狙っており、その多くはより正当な王位継承権を主張していた。さらに、厄介な噂もあった。ヘンリーは自分が国王エドワード3世の孫であるという事実を、みずからの王位継承権の根拠としていた。しかし、噂によれば、国王エドワードの妻フィリッパは1369年、死を前にしてある告白をした。1340年、彼女は現在のベルギーにあるヘントで女の子を出産した。しかし、不慮の事故により、フィリッパはその幼い王女を死なせてしまった。このことが王に知れるのを恐れたフィリッパは、門番の赤ん坊をこっそり部屋へもちこませ、この男の子を自分がヘントで産んだ子として通した。国王エドワードは新しい「息子」の誕生を喜んだ。しかし、その子供の真の素性は秘密にされ、男の子は成長してランカスター公ジョン・オヴ・ゴーントとなった。ジョン・オヴ・ゴーントはヘンリー4世の父親だった。

罪悪感と病

もしヘンリー4世が父親についての真実を知っていても、彼はそれを隠しておいただろう。しかし、苦悩はほかにもあった。彼は国王リチャード2世を殺したことによる罪悪感にさいなまれていた。修道士に金を払い、リチャードに鎮魂の祈りを捧げさせることでそれを償おうとしたが、彼の気持ちは晴れなかった。また、イングランド王位を奪ったことで、彼はいくつもの陰謀にさらされた。国王

王者の横顔

赤面した王

小心者の国王ヘンリー6世は、戦争や戦闘、処刑を嫌ったばかりか、性的なことにも臆病だった。彼は裸を見ると、赤面して逃げ出した。あるクリスマス、招待客の1人が王を楽しませようと余興――彼としてはそのつもりだった――を提供した。客は上半身裸の踊り子たちをつれてきたが、驚いたヘンリーは怒って部屋から飛び出した。

だが、歴代の国王と同じく、ヘンリーにもすくなくとも1人は跡継ぎを残すという義務があった。そのため、彼は1445年、気性の荒いマーガレット・オヴ・アンジューと結婚したが、8年間、子供は産まれなかった。噂によれば、ヘンリーの助言者の1人でソールズベリー司教のウィリアム・アスキューが、彼を性交渉から遠ざけていたからだという。理由は本人にしかわからないが、アスキューは王に王妃との戯れをひかえるように助言し、内気な王はすぐに説き伏せられた。

元日にエドワードがつれて来られても、王はその理由がわからなかった。彼は自分がその子の父親であることを忘れていたどころか、父親は聖霊だと思いこんでいた。

ヘンリーはそれらをすべて生きのびたが、そうした精神的緊張による影響は目に見えて現れた。1406年、ヘンリーは脳卒中に襲われ、その後も何度かくりかえした。ハンセン病を患っているという噂――おそらく湿疹だった可能性が高い――も広まり、癲癇《てんかん》の発作も起こした。その結果、心身ともに衰弱したヘンリー４世は、1413年に47歳でこの世を去った。

プランタジネット家のほかの王族もみずからの王位継承権を忘れていなかった。しかし、それを主張するにはしばらく待たなければならなかった。ヘンリー４世の息子で跡継ぎの国王ヘンリー５世の治世にはそのチャンスはなかった。ヘンリー５世はイングランド屈指の偉大な成功をおさめた武人王であり、今なおイングランドの国民的英雄の１人である。しかし、彼が1422年に35歳で急死したとき、その跡継ぎの息子はまさにライバルたちが待ち望んでいたような王だった。

ヘンリー６世は王になった当時、まだほんの赤ん坊だった。成長しても軟弱な臆病者で、周囲にふりまわされてばかりいた。彼は軍事的手腕に欠け、流血を嫌い、犯罪者や反逆者の処刑をやめさせることもあった――彼らが死ぬのを見ていられなかったからだ。しかし、ヘンリーは非常に信仰心が厚かった。祝祭日に王冠をかぶらなければならないとき、彼は自分が傲慢の罪を犯したと感じ、その償いとして馬巣織りのシャツを肌にじかに着た。

王の発狂

本来なら、ヘンリーは修道士か、いっそのこと隠遁者にでもなるべきだった。彼は王であることにひどく困窮し、1453年８月にはとうとう発狂した。彼はもはや自分がどこにいるのか、今が何年なのか、自分が誰なのかさえわからなかった。ただ、ヘンリーはどうにかウィリアム・アスキュー［〈王者の横顔〉を参照］の影響をのがれたようで、子供をつくった――1453年に産まれたエドワード王子である。しかし、1454年の元日にエドワードがつれて来られても、王はその理由がわからなかった。彼は自分がその子の父親であることを忘れていたどころか、父親は聖霊だと思いこんでいた。

王位を狙うライバル

こうしたことは国王ヘンリーのライバルにとってまさに好都合だった。王が精神異常で、その跡継ぎがまだ赤ん坊という状況は、権力を狙う者にとって二重の幸運だった。発狂したヘンリー王には摂政が必要だった。そこで登場したのがヨーク公リチャードである。ヘンリーより10歳年上のリチャードは、なにからなにまでヘンリーとは正反対で、高慢で好戦的、野心的で強欲だった。

ヨーク公リチャードは、国王ヘンリーやエドワード王子よりも正当なイングランド王位継承権をもっていた。国王ヘンリー６世は、国王エドワード３世の生き残った４番目の息子、ランカスター公ジョン・オヴ・ゴーント

の血をひいていた。一方、ヨーク公リチャードは、国王エドワードの生き残った3番目の息子でジョン・オヴ・ゴーントの兄、クラレンス公ライオネルの血をひいていた。

1454年3月、リチャードはまず自分を発狂した王の摂政に任命した。次に、彼はサマセット公エドマンド・ボーフォートを逮捕した。サマセットは国王ヘンリーのもっとも有力な支持者だったが、ロンドン塔へ送られた。

リチャードは王妃マーガレットにも矛先を向けようとした。しかし、彼は用心する必要があった。高慢で大胆なマーガレットは軟弱な夫を尻に敷いていた。それに、彼女はイングランド王妃であるばかりか、王位継承者の母親でもあった。そのため、ヨーク公リチャードは彼女をロンドン塔へ送りたくても、なかなかそうはできなかった。

リチャードは国王ヘンリーの精神異常が続くかぎり、摂政でいることができた。だが、それは長くは続かなかった。王は1454年のクリスマスまでに回復し、リチャードは職を失った。しかし、その頃にはすでに権力争いが決定的なものになっていた。プランタジネットの王族は二派――国王ヘンリーのランカスター家とリチャードのヨーク家――に分裂し、その決着をつける道は内乱しかなかった。

彼らの戦いは薔薇戦争と呼ばれた。これはランカスター家の紋章が赤薔薇で、ヨーク家の紋章が白薔薇だったためだ。

戦争は1455年5月22日、ハートフォードシャーのセントオルバンズの戦いから始まった。これはヨーク家の勝利に終わり、気弱なヘンリー6世はリチャードを許し、彼の支持者たちは政府の要職を与えられた。リチャードは無害なヘンリー6世を王にとどめておくことにした。王が言われたとおりにするかぎり、問題はなかったし、ヘンリー6世は言われたとおりにするのが得意だった。それでも、リチャードは念のため、王をロンドン塔に幽閉した。

しかし、リチャードは王妃マーガレットを計算に入れていなかった。夫と違って、彼女は屈するつもりなどまるでなかった。マーガレットは兵を集め、ヨークシャーのウェークフィールドでヨーク軍と対決した。これは彼女の大勝利となり、ヨーク公リチャードはその戦いで命を奪われた。彼の首は紙の王冠をかぶせられ、ヨークの城壁にさらされた。こうしてランカスター家が優勢となったが、それも長くは続かなかった。

ヨーク公リチャードの死後、彼の息子で18歳のエドワードが父親のイングランド王位継承権をひき継いだ。ハンサムで魅力的なエドワードはリチャードよりはるかに優秀な武将だった。二度にわたってランカスター軍を破った彼は、1461年6月28日、イングランドの国王エドワード4世として戴冠した。

国王ヘンリー6世は父親のヘンリー5世とは正反対の人物だった。ヘンリー5世は勇敢で意志が強かったのに対し、ヘンリー6世は臆病で意志が弱く、母方の祖父のフランス国王シャルル6世に似ていた――シャルルは精神異常で、ヘンリーもそうだった。

乞食になりさがった王族

一方、国王ヘンリーと王妃マーガレット、そしてエドワード王子はなんとかスコットランドへのがれた。しかし、彼らはすでに乞食のようになっていた。途中、マーガレットは所持品――食器、宝石、ガウン――をすべて奪われ、一時は借金するほどに落ちぶれた。

ある年代記編者によれば、「夫の王と息子、そして彼女には（…）ニシンが１匹あるだけで、１日分のパンもなかった。祝日のミサで寄付するだけの金もなく、乞食同然に困窮した彼女は、あるスコットランド人の射手にいくらか貸してくれるように懇願した。射手はしぶしぶ財布からスコットランドのグロート銀貨を取り出し、彼女に貸した」

３人がこうした窮状にある一方で、国王エドワード４世はロンドンで贅沢に暮らしていた。彼は非常に人気があり、女性たちの憧れの的だった。ただ、彼女たちはエドワードの気をひくのに苦労はしなかった。ハンサムでたくましく、長身の彼は美女に目がなかったからだ。ほどなく、王が何人の女性と夜をともにしたかが噂されるようになり、やがてその浮気心がトラブルを招いた。

秘密の結婚

エドワード４世のもっとも有力な支持者は、ウォーリック伯リチャード・ネヴィルだった。エドワードの成功の大半は彼の力ぞえによるもので、ウォーリックはみずからを「国王擁立者《キングメーカー》」と自負していた。そのため、エドワードが王になったとき、ウォーリックはその投資の回収に出た。ウォーリックは王をコントロールしようとし、彼にフランスの王女との華々しい結婚を計画した。しかし、エドワードはあるイングランド人女性にご執心だった――27歳の子持ちの未亡人、エリザベス・ウッドヴィルである。当初、彼はエリザベスを誘惑しようとしたが、彼女はそれをこばんだ。噂によれば、エドワードは彼女の喉に短剣をあてたが、それでも彼女は抵抗したという。王が彼女をものにするためには、結婚するしかなかった。

この気の強そうな女性は国王ヘンリー６世の妻の王妃マーガレットで、王は完全に彼女の尻に敷かれていた。マーガレットはヨーク家の王位継承権に対抗するランカスター家の原動力だった。

王妃マーガレットとエドワード王子はなんとかフランスへのがれた。退位した国王ヘンリー６世は取り残され、隠れ家を転々としなければならなかった。彼はしばしば修道士に姿を変えた。

しかし、エドワードはまだ若く、ウォーリックを恐れていた。そのため、彼は1464年５月１日、エリザベス・ウッドヴィルと極秘に結婚した。エドワードは４カ月間、なんとかこの結婚をウォーリックから隠しとおしたが、1464年９月末にそのことがばれると、ウォーリックは激怒した。王は彼の顔に泥を塗ったのである。しかし、問題はそれだけではなかった。エリザベス・ウッドヴィルの親類たち――彼女の７人の未婚の姉妹を含めて――がその立場を利用し、王に寄生するようになった。彼らはウォーリックが欲しがっていた爵位や金や領地をすべて横取りした。さらに腹だたしいことに、国王エドワードはウォーリックよりもウッドヴィル家に助言を求めるようになった。

一方、1463年、王妃マーガレットとエドワード王子はなんとかフランスへのがれた。退位した国王ヘンリー６世はとり残され、隠れ家を転々としなければならなかった。彼はしばしば修道士に姿を変えたが、エドワード４

世のスパイが彼を追跡していた。彼らは1465年7月にランカシャーのワディントンホールでヘンリーを見つけた。例のごとく、ヘンリーは抵抗しなかった。彼はロンドンへ連行され、ふたたびロンドン塔に幽閉された。

国王擁立者《キングメーカー》と王妃

こうして国王エドワードは、ヘンリーを手中におさめた。しかし、彼にはまだ危険人物のウォーリック伯を始末する必要があった。1470年3月、国王エドワードは伯を反逆罪で訴えた。ウォーリックは命からがらフランスへのがれ、そこでかつての最大の敵、王妃マーガレットと協定を結んだ。2人が手を組んでから半年後、ウォーリックはイングランドへ進軍し、マーガレットも別の軍隊を率いてそれに続いた。自分を辱めたエドワード4世への復讐を誓ったウォーリックはみごとにそれを果たし、国王エドワードはイングランド中部のノーサンプトンの戦いで捕らえられた。

こうしてウォーリックは真の国王擁立者《キングメーカー》となった。彼は国王エドワード4世をイングランド北部にあるミドルハム城に幽閉した。一方、国王ヘンリー6世もロンドン塔に幽閉されていた。どちらも意のままにできたウォーリックは、エドワード4世よりも御しやすいヘンリー6世を王位にもどすことにした。結局、いつもいわれるがままのヘンリーは無能王と呼ばれた。

ウォーリック伯リチャード・ネヴィル——「国王擁立者《キングメーカー》ウォーリック」——は、薔薇戦争でもっとも有力なイングランド貴族だった。1470年、ウォーリックはヨーク家の王エドワード4世を幽閉し、ランカスター家のヘンリー6世もロンドン塔に閉じこめた。

一方、エドワードはミドルハム城を脱出し、なんとかフランスへ到達した。彼はそこに長居することなく、すぐに新しい軍隊をつれてイングランドへもどった。1471年4月14日、エドワードの軍勢はロンドンのすぐ北にあるバーネットの戦いでウォーリック軍と対戦した。ウォーリックは国王ヘンリーをロンドン塔からつれだし、木のそばに座らせて戦いを見せた。しかし、ヘンリーが見たのはウォーリックの敗北だった。ウォーリックは戦場から逃走したが、エドワード4世は彼を逃さなかった。ウォーリックは後を追われ、命を奪われた。そして哀れな国王ヘンリーも捕らえられ、三度目にして最後のロンドン塔送りにされた。

同日、王妃マーガレットとエドワード王子もイングランドへもどったが、エドワードはマーガレットとその軍隊をあっさり始末した。1471年5月4日、グロスターシャーのテュークスベリーで王妃マーガレットは敗北した。17歳のエドワード王子は逃走したが、後を追われて殺された。

マーガレットは打ちひしがれた。しかし、彼女をさらなる悲劇が襲った。勝利した国王エドワード4世はヘンリー6世をもはや生かしておかなかった。1471年5月21日の真夜中近く、ヘンリーはロンドン塔の独房で刺殺された。殺害者のなかには、エドワード4世の弟のグロスター公リチャードがいた。

その後、ヘンリーの遺体はその死を知らしめるために人前にさらされた。表向きには、彼の死は「たんなる不安と抑鬱」による自然死とされたが、その傷口からは血がほとばしり、彼の身に何が起きたのかは明白だった。

ついに王妃マーガレットの命運はつきた。

国王擁立者ウォーリックは、エドワード４世の軍勢がランカスター軍を破ったバーネットの戦いで殺された。当初、ウォーリックはヨーク派として薔薇戦争を始めたが、エドワード４世との反目によりねがえった。

彼女はすべてを――夫も息子も王妃の座も――失った。父親のシチリア王ルネが身代金を払って彼女を受けもどした後、マーガレットは1482年に死去するまでフランスで暮らした。

翌年、贅沢な暮らしと多くの愛人をほしいままにしていたエドワード４世にも、そのつけがまわってきた。脳卒中に襲われた彼は、４月９日に42歳の若さで死去した。王位を

グロスター公リチャードは、イングランドの歴史で悪名高い叔父とされ、悪行のかぎりをつくした奇形の怪物として伝えられている。

継承したのは彼の12歳の息子で、国王エドワード５世となった。

しかし、エドワード５世は問題だった。今にも内乱が起きそうなイングランドで、彼のような少年王はもっとも必要とされていなかった。王は成人するまで実質的な統治ができず、王室評議会がそれに代わって統治した。こうした状況は野心家たちに権力奪取の機会を与え、なかでもグロスター公リチャードはもっとも野心的だった。

叔父リチャードを悪者にするテューダー家

グロスター公リチャードは、イングランドの歴史で悪名高い叔父とされ、悪行のかぎりをつくした奇形の怪物として伝えられている。ただ、それは1485年の薔薇戦争終結後、プラ

王妃マーガレットは1471年のテュークスベリーの戦いで捕虜となり、息子のエドワード王子も殺された。その後、マーガレットの夫のヘンリー６世もロンドン塔で殺害された。

ンタジネット家にとって代わったテューダー家による工作だった。

宣伝がすべてそうであるように、それは事実を上まわるほどの影響力をもっていた。テューダー家は徹底的にリチャードの極悪非道なイメージをつくり上げた。彼らはリチャードを脊椎湾曲症と伝え、彼が生まれつき歯の生えた逆子だったとした。「不自然」なことはなんでも悪魔のしわざとされた迷信的な時代、これはきわめて不吉だった。テューダー家が彼と断絶する頃には、誰もがリチャードを悪魔の子と信じこんでいた。

しかし、実際のリチャードは脊椎湾曲症ではなかった。肖像画からもわかるように、彼に異常なところは見あたらない。彼は薔薇戦争でも兄の国王エドワード４世に忠実だった。エドワードもリチャードを深く信頼し、彼に厄介なイングランド北部の統治をまかせた。それをうまく治めた彼は功名を立てた。500年以上たった今日でさえ、イングランド北部の人びとはグロスター公リチャードを敬愛している。

一方、テューダー家はリチャードを激しく中傷した。テューダー家はリチャードが王位強奪のために数々の殺人を行なったとし、それを長いリストにして告発した。彼はまず1471年、ロンドン塔で国王ヘンリー６世を殺したとされた。同年、リチャードはヘンリー６世の息子で17歳のエドワード王子もテュークスベリーの戦いで殺したとされた。さらに７年後、リチャードは同じくロンドン塔で兄のクラレンス公ジョージを殺したともいわれた。これについてはリチャードがマームジーワインの大樽でジョージを溺死させたという有名な逸話があるが、実際は国王エドワード４世が常習的反逆者だったジョージを処刑させたにすぎない。

ジョージが消えた後、リチャードの行く手をはばむ者は２人——少年王のエドワード５世と10歳の弟ヨーク公リチャード——だけだった。

1483年５月１日、グロスター公リチャードはロンドンへ向かう途中のエドワード５世を拉致した。リチャードはつねに王妃エリザベス・ウッドヴィルとその一族を憎んでいた。王妃はエドワード５世がリチャードの手に落ちたと聞くと仰天し、すぐに次男のヨーク公リチャードをつれてウェストミンスター大聖堂へ避難した。そこなら教会の保護の下、リチャードは彼女に近づけないと王妃は考えた。しかし、リチャードは抜け道を見つけた。６月16日、彼は王妃を激しく脅迫し、ヨーク公をつれ去った。それが彼女の次男を見た最後だった。彼女は長男のエドワード５世にも二度と会えなかった。

兄弟はときどきロンドン塔の庭で遊んでいるところを目撃されたが、1483年７月にはそうした光景も見られなくなった。彼らの生きた姿は二度と目撃されず、葬儀もないまま、兄弟は忽然と姿を消した。その後、彼らはロンドン塔の悲劇の王子たちとして知られるようになった。

リチャードの王位継承権

一方、グロスター公リチャードは王位を奪うための準備を進めた。彼はエドワード５世とヨーク公が非摘出子であると宣伝した。これは２人の父親が母親と結婚したとき、彼はすでに別の女性と婚約していたというもので、その結婚は違法だったというわけだ。それは

シェークスピアは『リチャード３世』の中で、「子供の王様じゃ、国は災難だな」と書いた。エドワード５世についてはたしかにそうだった。叔父のリチャード３世に王位を奪われたエドワードは、15世紀に殺された３人目のイングランド王となった。[『リチャード３世』(三神勲訳) より訳文引用]

事実か、嘘か

失われた少年たち

リチャードは２人の少年――エドワード５世とヨーク公――をロンドン塔に置いた。これについてはとくに不審な点はない。15世紀、ロンドン塔は牢獄であると同時に王宮でもあった。戴冠式をひかえたイングランドの王はそこに滞在するのが習慣だった。いつもと違うのは、国王エドワード５世が一度も外へ出ず、戴冠式も行なわれなかったということだ。

1513年、トマス・モア卿は『リチャード３世伝』を出版した。この本には、９月３日の晩、ロンドン塔で何が起こったのかについてのモアの説明が含まれている。15世紀の当時、刺客を雇うことは容易だった。金とひきかえに、彼らは標的を手早く殺し、その死体を隠して、証拠を隠滅した。モアによれば、リチャード３世はジェームズ・ティレル卿という名のヨーク家の騎士に金を与え、ロンドン塔の王子たちを始末させた。

この不吉な感じの通路は、エドワード５世が予定されていた戴冠式の前に滞在したロンドン塔のホワイトタワーにある。

「窒息死」

モアはこう書いている――「ジェームズ・ティレル卿は２人を就寝中に殺すように計画した。その実行役として、彼は２人を監視していた４人のうちの１人で、人殺しに慣れているマイルズ・フォレストという男を任命した。さらに、ティレルは自分の馬丁のジョン・ダイトンという屈強なならず者を仲間にくわえた」

「ほかの者たちを２人から遠ざけると、このマイルズ・フォレストとジョン・ダイトンは真夜中近く、（罪のない子供たちが寝ている）部屋に

このロマン主義の肖像画は、ラファエル前派の画家ジョン・ミレーによる1878年の作品で、「塔の中の王子たち」――国王エドワード５世と弟のヨーク公リチャード――を描いたものだ。

入り、夜具で彼らを包みこんで、身動きできないようにした。そして羽毛の布団や枕で彼らの口を押さえつけ、しばらくそうやって窒息死させた。２人の息の根を止めると、その汚れなき魂は神と天国の喜びにゆだねられ、ベッドに横たわる遺体だけがその暗殺者たちに残された」

「悪党たちは２人が死の苦しみにもがいた後、動かなくなったことから、完全に死んだと悟った。彼らは遺体を裸にしてベッドの上に置き、確認のためにジェームズ卿をつれてきた。彼は遺体を階段下の地中深くに埋め、その上に石を積み重ねるように命じた」

永遠の謎

ほぼ200年後の1674年、ロンドン塔の王室礼拝堂につながる階段を補修していた作業員たちは、階段の約３メートル下に木製の箱が埋まっているのを発見した。その中には人骨が入っていた。当時の国王チャールズ２世の主任外科医だったジョン・ナイトは、それが「２人の少年」――つまり、エドワード５世とその弟――の骨だと断定した。

しかし、1933年、その骨が再検査され、あいまいな結果が示された。ロンドン塔では何世紀もの間に多くの人びとが死んでいたため、その骨は別人のものである可能性もあった。そのため、真相は今も謎に包まれている。現在、殺人という王の汚名を晴らそうとする国王リチャード３世財団は、その骨のDNA鑑定を求めている。もしそれが実現すれば、今度こそ謎が解けるかもしれない。

少年たちへの悪質な中傷だったが、ロンドン市民の多くはその話を信じていた。リチャードは国王リチャード３世として宣言され、戴冠式は1483年７月６日に行なわれた。

その頃、少年王と弟はまだ生きていたかもしれないが、叔父に王位を奪われた以上、もはや彼らに生きる道はなかった。兄弟はおそらく、1483年９月３日に殺された。

王位を強奪した国王リチャード３世には多くの敵がいた。ロンドン塔の王子たちが死んでから、彼は奪った王位を守るためならなんでもするといわれた。1484年に妻のアン・ネヴィルが死去したときも、リチャードは国王エドワード４世の娘で姪のエリザベスと結婚するために、彼女に毒を盛ったと噂された。たしかに、その結婚はリチャードの王位をより確かなものにしただろう。

しかし、それはただの噂にすぎなかった。リチャードの真の敵はヘンリー・テューダーだった。ヘンリーはランカスター家出身の主

シェークスピアの『リチャード３世』は、イギリス演劇の偉大な悲劇の１つである。1995年に制作された映画ではイアン・マッケランがその役を演じた。その40年前には、名優ローレンス・オリヴィエが映画でリチャード３世を演じた。

要な王位継承権者だった。彼は人生の大半を国外追放のうちにすごし、ヨーク家が送りこんだ刺客をかわしながら、何年も隠れ家を転々としていた。暗殺を切りぬけた彼は、1485年、リチャードの王位追放にのりだした。

テューダー家は国王リチャード３世に対する宣伝作戦で、彼を生まれつき歯の生えた不吉な子供だったとし、脊椎湾曲症の邪悪な怪物として伝えた。この肖像画はリチャードにどこも異常がなかったことを示している。

これはテューダー朝初代国王ヘンリー７世の王璽で、国王ヘンリーの両側に王家の紋章が配されている。公式文書は、この王璽が添えられているもののみ有効とされた。

1485年のボズワースフィールドの戦いで、リチャード３世のもっとも有力な支持者のうちの２人がねがえった。ついにリチャードの命運はつきた。彼は敵のヘンリー・テューダーのところまで行き、彼を殺そうと決死の攻撃に出たが、失敗した。

それによると、戦いの最中、リチャードの王冠が泥の中へと転がり落ちた。それは後に茂みにつるされた状態で発見されたが、その前にスタンリー卿がひろいあげ、ヘンリー・テューダーの頭に置いたといわれている。

裏切りと自滅

8月7日、ヘンリー・テューダーは南ウェールズのミルフォードヘヴンに4000人から5000人の軍とともに到着した。ただ、それは大軍とはいえなかった。8月22日、リチャード率いる1万2000人の軍隊とレスターシャーのボズワースの戦いで対戦したとき、ヘンリーに勝ち目はないように思われた。しかし、リチャードもヘンリーも、リチャード側の指揮官3人が彼を裏切ろうとしていることに気づかなかった。

その1人であるノーサンバーランド伯ヘンリー・パーシーは、命令を無視して、自分の部隊を動かそうとしなかった。同じくウィリアム・スタンリー卿と兄のスタンリー卿もねがえる計画だった。これにより、ついにリチャードの命運はつきた。

彼にできたのは捨て身の攻撃をかけることだけだった。リチャードは少数の軍隊を率いて、ヘンリー軍の戦線に攻めこんだ。彼の狙いはヘンリーのところまで到達し、彼を殺すことだったが、そこまで行けなかった。彼はなんとかヘンリーの旗手を殺したが、すぐに兵士たちに包囲されて捕まった。やがて、リチャードは馬からひきずり降ろされ、殺された。その後、彼の裸の死体は荷馬にのせられ、埋葬のためにレスターへ運ばれた。

こうして、リチャード3世は不運な第13代プランタジネット朝イングランド王となった。彼の死により、薔薇戦争は終結した。ある有名な逸話によれば、戦いの最中、リチャードの王冠が泥の中へと転がり落ちた。それは後に茂みにつるされた状態で発見されたが、その前にスタンリー卿がひろいあげ、ヘンリー・テューダーの頭に厳かに置いたといわれている。波乱に富んだ330年間を終えて、イングランドのプランタジネット朝はついに幕を閉じた。ヘンリー・テューダーはヘンリー7世として、新たな王朝の初代国王となった。

第6章　テューダー朝　I

陰謀と流血

プランタジネット朝が幕を閉じ、今度はテューダー朝の統治が始まった。しかし、プランタジネット家の人間はまだ生き残っていた。新しいテューダー朝初代国王となったヘンリー７世は、薔薇戦争へとつながった両家の不和を修復しようとした。

ウルジー枢機卿はヘンリー８世の大法官だった。２人は王の治世の最初の20年間は友人同士だったが、ウルジーがヘンリーの離婚を認めるように教皇を説得しそこねたことから、ウルジーとヘンリーの関係は気まずくなった。

ボズワースの戦いの後、彼は国王エドワード４世の娘、エリザベス・オヴ・ヨークと結婚した。これが結果的にヨーク家とランカスター家の関係修復につながることを国王ヘンリーは期待した。しかし、その見込みはなかった。ヨーク家はなお復讐を求め、あらゆる手段でテューダー朝を打倒しようとした。

王冠のない「王」

1487年、ある若者がウォーリック伯エドワード・プランタジネットを名のってアイルランドに到着した。彼はオックスフォードの指物師の息子で、本名をランバート・シムネルといった。本物の伯は国王エドワード４世の弟、クラレンス公ジョージの息子だったが、それはシムネルに仮想のイングランド王位継承権を与えた。彼は1487年５月24日、この継承権を主張した――その日、彼はダブリン大聖堂で「国王エドワード６世」として戴冠した。王冠の代わりに、「国王」は聖母マリアの像から「拝借した」金の飾り輪を用いた。

「王」のみじめな最後

それを聞いたヘンリー７世は激怒した。彼はこの「国王エドワード６世」が偽者であることを知っていた。というのも、本物のウォーリック伯はロンドン塔に幽閉してあるからだ。シムネルが偽者であることを証明するため、ヘンリーは本物のウォーリック伯を塔からつれだし、その存在を知らしめるためにロンドン中を行進させた。しかし、それでもシムネルとその支持者たちはひるまなかった。1487年６月４日、彼らはイングランド北部のランカシャーに侵攻軍を上陸させ、ロンドンに向けて南下した。

国王ヘンリーはノッティンガムシャーのストークで彼らを待ち受け、続く戦いで勝利した。捕らえられたランバート・シムネルは、ほぼまちがいなく、反逆罪で処刑されるはずだった。しかし、ヘンリーはシムネルにそれ以上の屈辱を与えるため、彼を王室の厨房の使用人にした。

敗北を認めようとしない「王」

にせの王位継承権者はランバート・シムネルばかりではなかった。1491年、もう１人の若者がウォーリック伯を名のってアイルランドのコークに現れた。そこで彼は話を変え、今度は国王リチャード３世の非摘出子を名のった。最終的に、彼は「ロンドン塔の王子たち」の１人、ヨーク公リチャードを名のることで落ち着いた。彼によれば、幼いヨーク公は1483年には死んでおらず、なんとか脱出して避難した。そしてこのアイルランドで、イングランドの正当な王位継承権を主張するにいたったという。

もちろん、この「ヨーク公」も偽者だった。彼はネーデルラントの税関吏の息子で、本名をパーキン・ウォーベックといった。ウォーベックは19歳で、もしまだ生きていれば、本物のヨーク公とほぼ同齢だった。

ヘンリー７世にとって、ウォーベックはラ

国王ヘンリー８世はプランタジネット家に執着した。彼は、プランタジネット家の人間をかたっぱしから始末していった。

ヘンリー7世の治世で2人目の王族詐称者であるパーキン・ウォーベックがさらし台に立たされ、人びとの罵倒や投石を受けている。最初の詐称者のランバート・シムネルと違い、ウォーベックは最終的に処刑された。

ンバート・シムネルよりずっと危険だった。ヘンリーは彼を捜索するため、ヨーロッパ中に工作員を派遣した。ところが、ヘンリーの手をわずらわせることなく、ウォーベックはあっさり彼の手に落ちた。1497年、ウォーベックはイングランド南西部のコーンウォールに120人の軍とともに上陸した。彼は支持を広げ、やがて8000人の軍を集めると、ついには自分を国王リチャード４世と宣言するほど自信をつけた。

しかし、ウォーベックは軍事指導者ではなく、その手下も戦い方を知らない烏合の衆だった。サマセットのターントンでヘンリー軍と遭遇したとき、彼らのほとんどは逃げ出した。その後、ウォーベックはすぐに捕まり、自分がリチャード４世ではないことを白状させられた。当初、国王ヘンリーはウォーベックに寛大で、彼を廷臣の１人にした。彼がロンドン塔へ送られたのは、逃亡をはかったからだった。

1499年、国王ヘンリーのスパイはウォーベ

MARCI 16
ITE IN MVDVM VNIVERSV ET PREDICATE
EVANGELIVM OMNI CREATVRE

ロンドン塔のバイウォードタワーは、場内の一連の要塞の最後の砦としてつくられた。今日でも、夜間の訪問者はバイウォードタワーに入る前、見張りの番兵に正しい合い言葉を言わなければならない。

ックと本物のウォーリック伯が逃亡をくわだてていることを知った。結局、ウォーベックは絞首刑に処された。

国王ヘンリー７世が1509年に死去するまで、彼の治世でふたたび偽者が現れることはなかった。しかし、跡継ぎの国王ヘンリー８世はプランタジネット家とその陰謀に執着した。王となった彼は、プランタジネット家の人間をかたっぱしから始末していった。

ヘンリー８世の最大の標的はド・ラ・ポール一族だった。彼らはエドワード４世とリチャード３世の兄弟であるクラレンス公ジョージの血をひいており、その王位継承権はやや遠縁ではあったが、正統なものだった。

ヘンリーの治世では、一族の年長者にソールズベリー女伯爵のマーガレット・ポールがいた。彼女の息子のレジナルド・ポール枢機卿はなんとかヨーロッパへ亡命したが、その弟のジェフリー・ポールは捕らえられた。王は母親の女伯爵、もう１人の兄のモンタギュー卿ヘンリー・ポール、さらに２人の親戚のエクセター侯爵ヘンリー・コートニーとエドワード・ネヴィル卿に不利な証拠をもたらし、彼らはいずれも処刑された。

この頃のヘンリーはひどく残忍といわれていた。ずっと後になって、彼は「率直王ハル」——陽気で親しみやすく、寛大で、いつも人を笑わせている王——というあだ名をつけられたが、実際の国王ヘンリー８世は非常に恐ろしい人物だった。1541年までに、ヘンリー

若い頃の国王ヘンリー８世は、容姿端麗でダンスの才能もあった。彼が太り出し、無慈悲で残酷な妻殺しの噂をもつ暴君として恐れられるようになったのは、後年のことだった。

権力のなせる業

流血を欲する王

ポール一家とその親戚に対する不利な証拠がどのように入手されたかについては、ほとんど疑いの余地がない。ジェフリー・ポールが拷問され、その苦痛に耐えきれなくなって「白状した」のである。しかし、彼は多くを自白する必要はなかった。どんなささいな口実でも、国王ヘンリーが処刑を命じるには十分だったからだ。

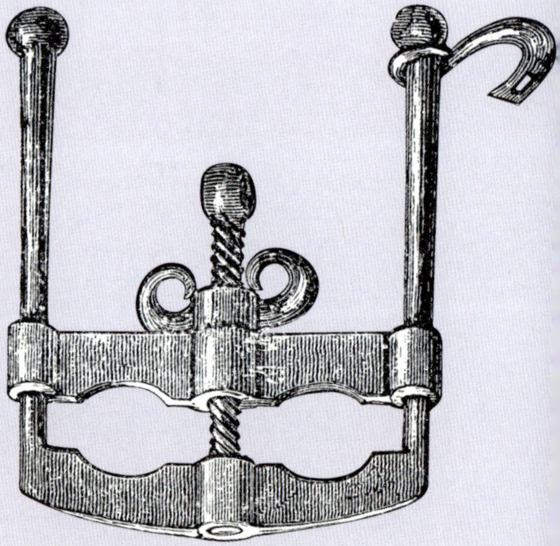

一般的な拷問道具である親指締めは、捕虜から情報や自白を引き出すためのものだった。

モンタギュー卿は王とその父親についての噂をうっかりもらしたことで、死に追いやられた。モンタギューによれば、ヘンリー８世は少年時代、父親にうとまれていたという。エドワード・ネヴィル卿はこんな言葉を口走ったために死刑を宣告された——「王は獣だ。獣以下だ」。それは軽率なおしゃべりにすぎなかった。しかし、1538年12月９日、モンタギューとネヴィルはタワーヒルで処刑された。ヘンリー・コートニーも彼らとともに処刑された。

この頃、ソールズベリー女伯爵のマーガレットは牢獄にいた。彼女は60代後半の無害な女性だった。モンタギューやネヴィルと同様、彼女にとっての不利な証拠もとるにたらないものだった。これが罪といえるかどうかは疑問だが、彼女は召使いに聖書を英語で読むことを禁じ、さらに手紙を焼いているところを見られた。実際、マーガレットの死刑は彼女がプランタジネット家の人間だったからにすぎない。

1541年5月28日、彼女もロンドン塔の外にあるタワーヒルで処刑されたが、その最期はおぞましいものだった。老衰していた彼女は、首切り台につれていかれても、自分がどこにいるのか、何が起ころうとしているのかわからなかった。彼女はその台に頭を置くようにいわれたが、それを無視してタワーヒルを歩きまわった。

彼女は首切り台のあるところにひきもどされ、頭を所定の位置に押さえつけられた。不運なことに、死刑執行人は若くて経験が浅かった。おそらく、斧の切れ味が悪かったのだろう。彼は女伯爵の首を切り落とすまでに、三度も四度も斧をふり下ろさなければならなかった。

ソールズベリー女伯爵のマーガレットは、プランタジネット家の年長者で、1541年に反逆罪でおぞましい斬首刑に処された。

は4人の妻と結婚したが、やがて彼女たちは彼の正体——誰でも平気で拷問し、処刑するような残忍な暴君——を知ることとなった。

幸せな結婚

ヘンリー8世の最初の妻は、スペイン国王フェルナンドと王妃イザベラの娘、キャサリン・オヴ・アラゴン（カタリーナ・デ・アラゴン）だった。キャサリンは以前、ヘンリーの兄のアーサーと結婚していたが、結婚直後の1502年にアーサーが死去した。この最初の結婚が後に彼女に対するヘンリーの攻撃材料になろうとは、キャサリンは知るよしもなかった。ヘンリーより6歳年上の彼女は、ヘンリーが成人するまで結婚を待たなければならなかった。1509年6月11日に挙式が行なわれたとき、ヘンリーは18歳ですでにイングランド王、キャサリンは24歳だった。

当初、ヘンリーとキャサリンは非常に幸せだった。「妻と私はどんな2人よりもすばらしい、完璧な愛で結ばれています」と、ヘンリーはキャサリンの父、国王フェルナンドに手紙を書いた。2人の第1子は男の子で、1510年の元日に産まれた。喜んだヘンリーはその誕生を祝い、リッチモンド宮殿で馬上槍試合を開催した。そして悲劇が襲った。赤ん坊の王子は生後わずか7週間で亡くなり、ヘンリーとキャサリンは悲しみに打ちひしがれた。しかし、事態は悪化するばかりだった。

国王ヘンリー8世の最初の妻キャサリン・オヴ・アラゴン（カタリーナ・デ・アラゴン）は、1485年にスペイン王女として誕生した。王妃としての訓練と教育を受けた彼女は、国王が外国に出て不在のときも、その職務を引き継ぐことができた。

暗雲

キャサリンはさらに何人も子供を産んだが、1人を除いていずれも幼くして亡くなるか、死産だった。唯一生きのびたのは、1516年に誕生した娘のメアリー王女だけだった。キャサリンはもともと美しい女性だったが、たび重なる子供の死により、すっかり老けこんでしまった。30歳になる頃には、彼女は容色が衰え、髪も白くなり、ひどく信心深くなった。1日のほとんどを祈りに費やし、苦行者や聖人のように、ガウンの下に馬巣織りのシャツまで着ていた。

こうしたことはヘンリーをしだいに遠ざけた。彼は若くて生き生きした女性が好きだったが、キャサリンはもはや若くもなく、生き生きもしていなかった。しかし、彼はどうしても跡継ぎの息子が欲しかった。

ヘンリーは娘のメアリー王女をかわいがり、非常に自慢し、甘やかしもした。しかし、イングランドはまだ女王の統治を受け入れる準備ができていなかった。ヘンリーには、喉から手が出るほど欲しい息子を与えてくれる、新しい若い妻が必要だった。

ヘンリーは娘のメアリーをかわいがり、非常に自慢した。しかし、イングランドはまだ女王の統治を受け入れる準備ができていなかった。ヘンリーには、喉から手が出るほど欲しい息子を与えてくれる、新しい若い妻が必要だった。

手前にいるキャサリンは、ヘンリー8世と彼女の女官アン・ブーリンとの情事を知っていた。20世紀に描かれたこの絵では、泣きながら1人で歩くキャサリンの背後で、ヘンリーとアンがおしゃべりしているのが見える。

王の新しい女

1522年、アン・ブーリンは王妃キャサリンの女官として宮廷に入った。21歳の彼女は性的魅力にあふれ、粋で洗練されていた。美人というわけではなかったが、アンは男を魅了する術を知っていた。彼女はいくつかの切り札を隠しもつ、相当な浮気者だった。国王ヘンリーでさえ、彼女の恋愛の手練手管には驚かされた。

アン・ブーリンは野心的でもあった。宮廷入りした彼女は、最大の獲物——ヘンリー8世——を狙った。しかし、彼女はヘンリーのかつての愛人だった姉のメアリーと同じ過ちは犯さなかった。メアリーはフランスの宮廷——上流階級の売春宿も同然——で多くを学んだ。彼女はそうした遊びに夢中になるあまり、フランス国王フランソワ1世にさえ下品な娼婦と見なされた。ヘンリーが彼女を手に入れたとき、彼はそうした経験豊富な愛人から利益を得られると思った。しかし、ヘンリーはおそらく彼女についていけなかったのだろう。アン・ブーリンは後に、彼があまり良い愛人ではなかったと言っている。たとえそうだったとしても、ヘンリーは２年後にはメアリー・ブーリンに愛想をつかし、彼女をすてた。アンはその二の舞を演じるつもりはなかった。

すべてかゼロか

1526年、ヘンリーはアンに自分の愛人になるように頼んだ。しかし、彼女はそれをこばみ、ヘンリーはめんくらった。彼はその後も頼み続けたが、彼がいくら頼んでも、アンは受け入れなかった。ヘンリーは彼女に情熱的なラブレターを書いたが、彼女はなかなか返事を出さず、彼をじらした。アンはイングランド王を欲望に狂わせるまで——彼女は王がそうなることを望んだ——妥協するつもりはなかった。

一方、ヘンリーはキャサリンとの間に大きな問題を抱えていた。それまでの彼女は穏やかで、ひかえめで、慈悲深い貴婦人だったため、彼女を説き伏せるのは容易だろうとヘンリーは考えていた。そうすれば、彼はアン・ブーリンを手に入れることができる。ところが1527年６月、キャサリンに離婚を申し出た彼は、事がそう簡単には運ばないことを知った。

ヘンリーはキャサリンと離婚するためのもっともな理由を見つけた。それは兄弟の未亡人との結婚を禁じている聖書のレビ記によるもので、目的達成に十分な宗教的理由だった。国王ヘンリーは欲しいものはなんでも手に入れるべきだと考えていた。また、レビ記の禁制から、彼はキャサリンとの結婚が呪われたものだったと思いこんだ。というのも、２人の間の息子はいずれも死んでしまったからだ。

一歩もゆずらない王妃

彼が離婚を申し出ると、キャサリンは泣き出した。しかし、それは同意を意味したのではなく、むしろその反対だった。泣きやんだキャサリンは、ヘンリーに離婚はできないと言った。彼女はアーサー王子との短い結婚が形式だけのものだったことから、それは結婚とは認められないとし、レビ記の禁制もあてはまらないと主張した。これがイングランド史上、もっとも熾烈な夫婦間抗争の幕開けとなった。

それは戦争同然で、夫と妻はそれぞれ攻撃材料を用意した。ヘンリーはキャサリンとアーサー王子が一緒に寝たという証拠を集めようとした。しかし、そうした聞きこみはうまく行かず、廷臣のなかには２人が一緒に寝たという者もいれば、寝なかったという者もいた。

ヘンリーは激怒した。彼は大法官のトマス・ウルジー枢機卿をローマへ派遣することで、その問題を切りぬけようとした。ウルジーの使命は、ヘンリーがアンと結婚できるように教皇から許可を得ることだった。しかし、キャサリンのほうが攻撃力に優っていた。彼女はヨーロッパに有力な親戚をもっていた。とくに影響力があったのは甥のスペイン国王カルロス１世で、彼は教皇クレメンス７世を手中にしていた。ヘンリーが教皇から望みのものを得られる見込みはなかった。

キャサリンが国王カルロスに事の次第を話すと、彼はヘンリーに離婚をあきらめなければ、重大な結果を招くことになるという厳しい警告を送った。しかし、カルロスにも、スペインやイタリアの領土をフランスに侵略されるという別の問題があった。こうした問題は教皇クレメンスをその拘束から逃すほどにカルロスを悩ませた。クレメンスは王の離婚問題を審理させるため、特使のロレンツォ・カンペッジョ枢機卿をイングランドへ派遣した。

教皇の外交的介入

教皇クレメンスは慎重な男だった。彼はカンペッジョを最長ルートでイングランドへ向かわせ、できるだけ時間をかせがせた。そして到着したら、カンペッジョはまず王の夫婦関係を修復することから始めるように言われた。さらに、カンペッジョは判断を延ばしに延ばし、なかなか決定をくださなかった。

しかし、教皇のこうした配慮はむだに終わった。カンペッジョが4カ月をかけてイングランドに着いたとき、ヘンリーとキャサリンはまだ反目し、どちらもひき下がるようすはなかった。キャサリンはカンペッジョと徹底的に争い、自分は修道院に入るつもりもなけ

1529年まで、トマス・ウルジー枢機卿は非常に有力な人物だった。この絵では、通りすぎる彼に人びとが頭を下げたり、ひざまずいたりして、嘆願書や請願書を渡そうとする姿が描かれている。

この19世紀の絵では、教皇の特使であるカンペッジョ枢機卿が離婚の審理で王妃キャサリンに質問している一方、その背後で夫の国王ヘンリー（着席）がにらみつけている。

れば、宮廷を去るつもりもないと言った。彼女はヘンリーとの結婚を無効と認めるくらいなら、二度死んだほうがましだった。

カンペッジョは国王ヘンリーとも折りあわず、王はアン・ブーリンが欲しいという一点張りだった。両者は決着がつくまで戦うしかないようだった。それでも、1529年６月21日、枢機卿は特別法廷を開き、国王ヘンリーと王妃キャサリンに出廷を命じた。しかし、法廷に立った２人のうち、満場の注目を集めたのはキャサリンだった。

彼女はその陳述で、ヘンリーの「忠実かつ従順な妻」として正義を求めた。彼女は――まったく無邪気に――自分の何が彼を怒らせたのかと問いかけた。それはみごとな演技だった。最後に、キャサリンは法廷を堂々と出ていった。ヘンリーは彼女にもどるように命じたが、彼女はもどらなかった。

「困ったときの友こそ真の友」

ヘンリーは怒りを爆発させた。彼はその怒りにまかせて、これまでずっと忠実だった大臣のウルジー枢機卿にくってかかった。ウルジーの献身も今は問題ではなかった。問題は、ヘンリーがアン・ブーリンと結婚できるように彼が教皇を説得できなかったということだ。アンはすでにウルジーに対する中傷作戦を展開していた。ヘンリーは彼女に夢中だったため、彼がウルジーを反逆罪で訴えるのは時間の問題だった。ウルジーは動揺のあまり、重病におちいった。1530年、彼は反逆罪の裁判が行なわれるはずだったロンドンへの道中で他界した。アン・ブーリンは宮廷で「ウルジー枢機卿の地獄行き」という催しを開き、彼の死を祝った。ヘンリーは不愉快だったが、アンとその毒舌が怖くてどうにもできなかった。

この頃、離婚問題はすでに泥沼化し、ヘンリーはそこからのがれられなかった。一方、フランスの侵略軍を打ち負かしたスペイン国王カルロスは、教皇をふたたび手中におさめ、ヘンリーには不利な状況となった。彼は周囲の女たちにひどく悩まされていた。キャサリンは依然として彼に反抗し、娘のメアリー王女もそうだった。そしてアン・ブーリンも口うるさく結婚を迫った。

1531年、ヘンリーはアン・ブーリンにけしかけられ、キャサリンを娘のメアリーからひき離した。アンは2人が王への陰謀をくわだてていたとし、2人をひき離すことはその抵抗を弱めることにもなると考えた。王はキャサリンにハートフォードシャーのモアハウスへ行くように命じ、メアリーはサリー州リッチモンドの王宮へ送られた。母娘は二度と会うことはなかった。

その後、キャサリンは住まいを転々とさせられ、それはどこも老朽化して危険な場所ばかりだった。ヘンリーは彼女の抵抗を破るため、行く先々に顧問や役人たちを派遣した。彼らはキャサリンを脅したり、怖がらせたりした。もし考えを改めなければ、メアリー王女をひどい目にあわせるとも言ったが、効果はなかった。

権力をふりかざすアン

一方、アン・ブーリンはロンドンで幅をきかせていた。彼女はキャサリンをイングランド王妃として認めるよりも、彼女が絞首刑に処されるのを見たいと言った。ヘンリーはキャサリンに宝石を引き渡すように求め、彼女が応じると、それをアンに与えた。

アンはすでにかつてキャサリンのものだった王室に住んでいた。彼女は専属の女官をもち、まるで自分がすでに王妃アンであるかのようにふるまった。彼女はつねに王と行動をともにした。2人は一緒に食事をし、一緒に踊り、一緒に狩りに出かけた。彼らは一緒に寝ること以外のすべてをともにした。これはヘンリーの情熱をさらに駆り立てた。宝石ばかりか、彼は金糸・銀糸織りの掛け布や刺繍入りの深紅の繻子といった贅沢な贈り物をアンに与えた。ヘンリーは彼女に爵位――ペンブルック侯爵――さえ与え、それには年間1000ポンドに相当する領地がともなった。アン・ブーリンはまさにわが世の春だった。

しかし、彼女はヘンリーを永遠にこばみ続けるつもりはなかった。1532年の11月か12月、彼女はとうとう王に体を許した。約1カ月後、彼女は妊娠した。これはおそらく偶然ではなかったはずだ。アンは王妃になることを固く決意していた。彼女の妊娠はヘンリーに断固とした態度で離婚を成立させるようにとの警告だった。実際、アンの要求に対してヘンリーがとった行動は、イングランドとその人びとの運命を永遠に変えるものとなった。

イプスウィッチの貧しい家庭に肉屋の息子として生まれたトマス・ウルジーは、最高の地位にまで出世した。ヘンリー８世の治世の最初の20年間、彼は事実上、イングランドを統治した。彼には教皇になるという野心もあった。

この金のメダルは1545年、ローマ教皇に代わって新たに英国国教会の首長となったヘンリー８世を記念してつくられた。メダルのヘンリーは、アーミンの毛皮のローブに宝石を散りばめた帽子と首飾りを身につけている。

ウルジー枢機卿の失脚後、ヘンリーはテムズ川にのぞむ壮麗な宮殿ハンプトンコートを受け継いだ。彼はこの大広間にみられるような贅沢な装飾や調度品に仰天し、激怒した。

歴史的大事件

当時、ヨーロッパでは宗教改革が広がっていた。プロテスタントは教皇やローマ・カトリック教会から離脱しようとし、それはプロテスタントとカトリックの対立をまねいた。国王ヘンリーは敬虔なカトリック教徒だったが、教皇が彼に離婚を認めようとしなかったため、同じくローマと決別した。彼はそこで英国国教会の首長となり、みずから念願の離婚を許可した。

ついに思いをとげたアン

1533年1月25日、国王ヘンリー8世とアン・ブーリンはひそかに結婚した。ヘンリーはキャサリンに王妃としての権利や称号を引き渡すように最後のチャンスを与えたが、彼女はそれでも拒否した。形勢はキャサリンに不利だった。ローマとの決別後、イングランドの教会はもはや何に対しても教皇の同意を必要としなかった。そのため、カンタベリー大主教のトマス・クランマーがキャサリンの結婚に終わりを宣言することは容易だった。同時に、彼はアンの結婚が正当であることも宣言した。

キャサリンは「イングランド王妃」を名のることを禁じられた。彼女は代わりに「親王未亡人」という称号を用いなければならなかったが、それはひどい侮辱だった。またしても、キャサリンはこれを拒否した。ヘンリーが親王未亡人宛ての文書を送ったとき、彼女はその新しい称号に二重線を引き、送り返した。激怒したヘンリーは彼女を脅したが、それでもキャサリンは抵抗した。

この頃、ヘンリーとキャサリンの争いはすでに夫婦げんかの域を超えていた。キャサリンの甥のスペイン国王カルロスはイングランドを侵攻すると脅した。さらに、ヘンリーの臣民たちはアン・ブーリンを嫌い、キャサリンを愛した。キャサリンが住まいを移るときはいつも、何千人という人びとが彼女に声援を送るために集まった。一方、アンはしばしば公然と非難を浴びせられた。アンに対する大衆の反対デモもあり、彼女は「あばずれ」や「魔女」と呼ばれた。1533年6月1日、群衆が見守る中、彼女はロンドンの街を抜けて戴冠式へ向かった。彼らは喝采を命じられていたが、代わりに「アン・ブーリンを王妃にさせるな！」と叫んだ。

国王陛下の後悔

この頃までに、国王はもうすて鉢になっていた。キャサリンとメアリーは依然として彼に反抗し、アンもまた夫に辛くあたっていた。アンは要求が厳しく、口やかましくて執念深かった。彼女はたえず癇癪を起こした。1533年9月7日に生まれた彼女の子供はまたもや女の子——後の女王エリザベス1世——で、祝典はいっさい行なわれなかった。

ヘンリーはヨーロッパの物笑いの種にされていた。イングランドでも、彼はひどい中傷

キャサリンの命はそう長くはなかった。1534年には、すでに彼女の体に浮腫がみられた。実際、彼女は癌におかされていた。それを聞いた王は、「かえって好都合だ」と言い放った。

王者の横顔

尊厳ある穏やかな愛

キャサリンはその臨終に際して、王への手紙を口述した。彼の冷酷な仕打ちにもかかわらず、その最後の一筆が示しているように、彼女はずっと王を愛していたらしい。

「私のもっとも敬愛するご主人様、王様、旦那様。私はもう死を目前にしています。あなたへの慈愛が私に（…）あなたをひきつけ、思い出させます。（…）あなたはその魂の健全と安全をいかなる俗事よりも優先すべきでしたのに、（…）その俗事のために私を多くの苦難に追いやり、ご自身も多くの困難に追いやりました。私はあなたのすべてを許し、神もまたあなたをお許しになることを心からお祈りしたいと思います。また、私は娘のメアリーをあなたにゆだね、あなたが彼女の良き父親となることを切に願います。（…）最後に、私はわが目がなによりもあなたを求めていることをここに誓います。さようなら」

キャサリンはその手紙に署名するためのペンをもつのに助けが必要だった。彼女の署名は弱々しいものだったが、それには「イングランド王妃キャサリン」と書かれていた。彼女は最後まで国王ヘンリーに抵抗したのだった。

にさらされた——王はアンと不義の生活をしており、彼女は火あぶりに値するような尻軽の性悪女だといわれた。エリザベス王女も庶子と非難された。やがて、ヘンリーは２人の子供が自分の望んだ男子でないのはアンの責任だとして、二度目の結婚をみずからの「重大な愚行」と呼ぶようになった。

実際、たしかにそうだった。ヘンリーはもはやアンを抑えられなくなっており、彼女は廷臣の前で彼を侮辱しても、謝ろうともしなかった。ヘンリーにできたのは、アンの父親のトマス・ブーリン卿に、王妃キャサリンはけっして自分にそんな暴言は吐かなかったと不満を言うことだけだった。そうした不満はヘンリーから本来の冷酷さを引き出し、彼はアンの追放を考えるようになった。しかし、キャサリンが生きているかぎり、彼はその拘束からのがれられなかった。

だが、キャサリンの命はそう長くはなかった。1534年には、すでに彼女の体に浮腫がみられた。実際、彼女は癌におかされていた。それを聞いた王は、「かえって好都合だ」と言い放った。するとキャサリンは食事をこばみ、残り少ない命をさらに縮めようとした。彼女

はヘンリーに毒を盛られるのを恐れていた。

一方、彼の二度目の結婚には反対も多かった。そこでヘンリーは逆らう者をすべて処刑した。死刑囚のなかには、学者で作家、そしてかつてヘンリーの大法官だったトマス・モア卿もいた。モアは1535年７月６日、タワーヒルで斬首された。

その頃、キャサリンは死を目前にしていた。彼女はどうにか1535年のクリスマスから1536年の年明けまでもちこたえたが、容態は重かった。彼女はひどく衰弱し、大使のチャピスによれば、「ベッドで上体を起こすのもたいへんで、眠ることもできなかった。なんとか飲みこんだ食べ物も吐き出した」。最終的に、彼女は1536年１月９日に死去した。

ヘンリーの元大法官トマス・モア卿は、彼を英国国教会の首長として認めなかった。モアは反逆罪の裁判で有罪となり、1535年に処刑された。この絵で、彼は娘のマーガレット・ローパーに別れを告げている。

第7章　テューダー朝　パートII

斬首と離婚

ようやくキャサリンから解放された国王ヘンリーは、アンを追放する方法を考えはじめた。彼は最初の2人の妻のような利口で教養ある女性にはうんざりしていた。彼が次に求めたのは、優しくて従順なおとなしい女性だった。

ロンドン塔はノルマン朝以来、王宮、牢獄、そして処刑場として用いられてきた。ここで、ヘンリーの2人目の妻アン・ブーリンもその最期をとげた。

彼はアン・ブーリンを見つけたのと同じ場所——王妃の女官の中——で新しい妻を見つけた。

完璧な相手

ジョン・シーモア卿の娘ジェーン・シーモアは、その条件にぴったりのようだった。彼女はこれといった個性のない、物静かでひかえめな女性だった。それほど美しいわけでもなく、顎が長くて、への字口で、鼻が大きかった。彼女は自分の名前を書く以外に、読み書きもほとんどできなかった。そう、地味で愚鈍なジェーン・シーモアこそ、まさにヘンリーが求めていた女性だった。

しかし、ジェーン・シーモアはヘンリーが知っている以上にずっと計算高かった。彼女はアン・ブーリンが落ち目にあることをすぐに察知した。これはジェーンが抜け目なく踏みこむチャンスだった。彼女は立派にふるまった。ヘンリーからの贈り物は受けとっても、彼の手紙を開けたり、金をもらったりはしなかった。一度、彼女は王からの手紙にキスをして、手紙をもってきたニコラス・カルー卿にそれを返した。一緒に添えられていた金《きん》の財布も返した。ジェーンはニコラス卿に、自分は神から夫を授かるまではお金は受けとらないという伝言を頼んだ。それとなくほのめかすのはジェーンの流儀ではなかった。

愚かなヘンリーはまたしてもだまされた。彼はジェーンの気高さと慎み深さに感動した。しかし、アン・ブーリンはそう簡単にはだまされなかった。彼女は事態を悟っていた。

宮廷の浮気女

ジェーンは無情にもアンに嫌がらせをした。ヘンリーから肖像入りのロケットを贈られると、彼女はアンの前でこれ見よがしにそれを開閉したり、それに話しかけたりした。激怒したアンはジェーンの首からロケットをひきちぎった。ヘンリーからの贈り物や伝言がとどくたびに、彼女はジェーンの顔をぴしゃりと打った。だが、ジェーンはそれらの送り主を隠そうともしなかった。

ヘンリーに新しい愛人ができた今、アンに残された希望は念願の男の子を産むことだけだった。彼女はそれから三度妊娠した。そのうちの2人は亡くなったが、1535年の末頃、彼女はふたたび妊娠した。ヘンリーは期待をもちはじめたが、ジェーンとの浮気は続けた。そして、王妃キャサリンが埋葬された1月29日の午後、アンの分別を吹き飛ばす事件が起こった——彼女はそのライバルが王の膝に座っているのを見たのである。

アンは烈火のごとく怒り、あまりのヒステリーにヘンリーはお腹の子供が心配になった。彼はアンを落ち着かせようとしたが、その怒りは激しさを増した。数時間後、アンは当然ながら流産した。検査によれば、子供は男の子だったようだ。アンにはそれが最後となった。2人は激しく言い争い、たがいに流産の責任をなすりつけた。最終的に、王は怒って部屋を飛び出し、もう二度とアンが自分の息

アン・ブーリンは国王ヘンリー8世の色っぽくて激情的、野心的な2人目の妻だった。彼女は王にほとんど敬意をはらわなかったが、1533年に誕生した子供が待望の男の子ではなく、女の子であるとわかったとき、その運命の裁きを受けた。

LINA VXOR
HENRI

スミートンの自白を得るために拷問が行なわれた。ヘンリーはアンが陥れられていることは百も承知だったが、それで満足だった。

子を身ごもることはないと言いすてた。

今回、ヘンリーに離婚の考えはなかった。アンが生きているかぎり、自分はずっと悩まされるだろう。唯一の解決策は、王妃アン・ブーリンを死なせることだった。

ヘンリーは攻撃手段を選んだ。彼はアンを魔術、姦通、そして王の死をくわだてた罪で訴えることにした。これらの罪はすべて死刑を意味した。ヘンリーはその「証拠」を集めるため、大法官のトマス・クロムウェルを派遣した。トマス・クロムウェルは非常に独創的な男で、王妃アンにかんする調査書類の一部は噂やスパイの報告によるものだったが、残りは彼のでっちあげだった。こうしてヘンリーはアンに4人の愛人がいるらしいことを知った――そのうちの3人は廷臣で、1人は宮廷音楽家のマーク・スミートンだという。クロムウェルはアンが兄のロチフォード卿と近親相姦を犯したことも「つきとめた」。

テューダー朝の常として、スミートンの自白を得るために拷問が行なわれた。その他の者たちはいずれも罪状を否認した。ヘンリーはアンが陥れられていることは百も承知だったが、それで満足だった。彼は1536年5月2日の晩、アンの逮捕を命じた。彼女は激しい恐怖とともにロンドン塔へ連行された。塔内へ足を踏み入れる頃には、彼女は理性を失い、哀れなほどに泣きじゃくった。5月半ば、彼女の「愛人たち」は裁判にかけられた。提出された証拠は矛盾だらけで、アンとその「愛人たち」の姦通が行なわれたとされる時刻には、いずれも別々の場所にいたことが判明した。

居場所のない真実

しかし、それは問題ではなかった。ヘンリーには自分に暗殺をくわだてたという切り札があった。それは「告発即有罪」で、4人の「愛人たち」は全員有罪となった。彼らは反逆罪の刑――絞首の後、内臓をえぐられ、四つ裂きにされる――はまぬがれ、1536年5月17日、タワーヒルで斬首された。同じ日の午後、アンのヘンリーとの結婚も無効にされた。

自身の裁判で、アンは冷静で堂々としていた。彼女はすべてを否定したが、それはなんの役にも立たなかった。彼女は有罪となり、死刑を宣告された。ロンドン塔の部屋から、彼女は作業員たちが自分の処刑台を組み立てているのを見つめた。彼らは徹夜で働き、翌5月18日の午前9時には処刑台の準備ができた。王妃はその翌日に処刑された。

アンの裁判が行なわれている一方、ヘンリーはジェーンとの結婚の段取りを進めていた。2人の婚約はアン・ブーリンが死んだ日に公表され、11日後の1536年5月30日、ジェーンはホワイトホール宮殿での儀式でヘンリーの3人目の妻、そして王妃となった。ジェーンはヘンリーが待望の息子を得るための三度目のチャンスでもあった。

しかし、この頃の国王ヘンリーはもはや若いときのような容姿端麗な青年ではなかった。45歳の彼はジェーンより約20歳も年上だっ

権力のなせる業

尊厳ある死

ヘンリーはアンに最後の情けをかけた。一般の犯罪者のように斧で首をはねる代わりに、彼女はより尊厳ある処刑として、剣で首を切り落とされた。1536年5月19日、剣士は彼女がタワーグリーンに歩み出て、処刑台の段を登るのを待っていた。彼は麦わらの下に巧みに剣を隠していた。

アンは司祭とともにひざまずき、祈りを捧げた。人生最後の瞬間、彼女は落ち着いていた。頭巾とネックレスをはずした彼女は目隠しをされた。そして彼女がふたたび祈ったとき、死刑執行人はすばやくその首を切り落とした。彼女の最後の言葉はこうだった――「聖母マリアよ！　私のためにお祈りください。主イエスよ、私の魂をお受けとりください！」

その後、アン・ブーリンは王室から抹消された。王宮では、彼女の肖像画が壁からとりはずされ、石工や大工、針子がシーツやクッションなど、彼女の頭文字が入ったすべてのものからそれをとりのぞいた。

この19世紀の絵で、アン・ブーリンは女官たちに別れを告げている。死刑執行人のフランス人剣士が、その背後（右）の斬首台のそばで待っている。

この絵はロンドン塔の入り口の1つ、反逆者の門の内側を示している。反逆者の門はテムズ川の河畔にあり、囚人たちは川沿いを船で運ばれ、門へつながる階段の下で下船した。

た。肥満体で、脚に厄介な潰瘍ができており、気性もそれまで以上に激しかった。しかし、ジェーンが従順な妻を演じたおかげで、ヘンリーの機嫌も少しは良くなった。だが、王の健康がすぐれなかったためか、ジェーンはなかなか妊娠しなかった。彼女がヘンリーに妊娠を告げたのは、1537年1月のことだった。

ヘンリーは狂喜乱舞した。彼はその子が男の子だと確信し、今回はそのとおりになった。

苦痛にとって代わられた狂喜

1537年10月12日、ジェーンはエドワード王子を出産した。ヘンリーの喜びようは凄まじいものだった。教会の鐘は鳴り響き、篝火は燃え盛り、ロンドン塔では2万発の祝砲が発射され、扉という扉は花輪で飾られた。イングランド中で祝宴が催され、その宴会は昼夜続いた。

しかし、何かが変だった。出産からすっかり回復したように見えたジェーンは、4日後に病気になった。すぐに産褥熱であることがわかったが、医師たちにはどうしようもなかった。彼らに判断できたのは、ジェーンの召使いたちが彼女に脂っこい食べ物を出しすぎ

ドイツの芸術家ハンス・ホルバインは1526年と1532年にイングランドを訪れ、著名な男女の壮麗な肖像画を描いた。この国王ヘンリー８世の絵の原版もその１つである。

たということだけだった。3日後、ジェーンは意識が混濁し、さらにその3日後、危篤におちいった。彼女はしばらくもちこたえたが、10月24日に死亡した。

ヘンリーは悲しみのあまり、気がおかしくなった。彼はウィンザー城にひきこもり、誰とも会おうとも話そうともしなかった。こんな場合でも、大臣たちは彼を恐れていた。彼に近づく勇気のある者は1人もおらず、ましてや彼らがすでに進めていた王の四度目の結婚話など論外だった。

職務優先

だが、ヘンリーの大臣たちは実利を重んじた。王の二度目と三度目の結婚では、王家の義務——政略結婚——が果たされなかった。また、テューダー家の王位継承者が幼い息子1人だけというのも心配だった。16世紀の当時では、赤ん坊や子供は簡単に死んだからだ。ヘンリーはもう一度結婚する必要があった。

しかし、ヘンリーの実績はひどいものだった。1人目の妻は死に追いやられ、2人目は処刑された。3人目のジェーン・シーモアが生きのびられたのは、主として彼女が黙っていたからだ。プランタジネット家の残党や、トマス・モアのような社会的地位のある犠牲者たちはいずれも首をはねられていた。つまり、このイングランド王は危険人物として敬遠され、彼との結婚は自殺行為に等しかった。

精力的な花嫁探し

ヨーロッパの花嫁候補たちはひどく警戒していた。フランス国王フランソワ1世の2人の娘も候補にあがったが、彼は娘たちとヘンリーとの結婚を検討することさえこばんだ。もう1人のフランスの王女メアリー・オヴ・ギーズ(マリー・ド・ギーズ)は、ヘンリーが自分を狙っていると聞くと、あわてて別の男——スコットランド王ジェームズ5世——と結婚した。ミラノ侯爵夫人クリスティーナにいたっては、もし自分に2つの首——1つは処刑用、1つは自分用——があれば、結婚に同意すると言い放った。

彼女たちを躊躇させたのは、恥辱や死の危険ばかりではなかった。すでに50歳近かったヘンリーは、結婚相手としてあまり魅力的とはいえなかった。彼に必要なのは看護婦であり、妻ではなかった。彼の健康はすぐれず、その気性はそれまで以上に激しかった。彼はもはや馬にも乗れず、大好きだった馬上槍試合にも出られなかった。要するに、彼はすっかり落ちぶれていた。

ただ、ヘンリーにとって幸いなことに、イングランド王との結婚にはそれでもまだ政治的な利点があった。ヨーロッパでは、プロテスタントの小国がカトリックの大国スペインやフランスの脅威にさらされていた。そうした国の1つがドイツのクレーヴズだった。イングランドにとって、クレーヴズ公国はフランスとスペインに対する格好の同盟国になりそうだった。君主のクレーヴズ公ヨハン3世には2人の未婚の娘がおり、1538年、ヨハン公は年長のアンを国王ヘンリーの花嫁として差し出した。

ヘンリー8世の3人目の王妃ジェーン・シーモアは、物静かでひかえめで、あまり教養がなかった——まさに王が望んだ妻にぴったりのタイプだった。この肖像画のジェーンは青白く、地味な顔立ちながら、贅沢なローブや宝石を散りばめた頭飾りのため壮麗に見える。

SVÆ · 2

悪夢の花嫁

しかし、アン・オヴ・クレーヴズは醜く、痩せぎすで、おしゃべりだった。また、彼女は不潔でもあった。豊満で気立てが良く、ひかえめな妻を望むヘンリーにとって、アンは問題だった。彼は自分の意見をもった賢い女性にはうんざりしていた。しかし、ヘンリーの大臣たちはアンを結婚相手として承認し、彼女についてヘンリーに嘘をつくことでこれをのりきった。彼らはアンを「ほどよく美人」と表現し、背が高いとは言ったが、痩せぎすであることには触れなかった。これを補うため、彼らは一流芸術家のハンス・ホルバインにアンの肖像画を依頼した。そこには夢見るような瞳のふっくらした若い女性が描かれていたが、その絵のほとんどは、宝石を散りばめた壮麗なガウンと頭飾りで占められていた。

絵を見たヘンリーは、すぐにのぼせ上がり、できるだけ早くアンに会いたいと要求した。

期待はずれのデート

２人の対面は最悪だった。アンとその側近は1539年12月26日、ケント州ディールに着いた。彼女はすぐにロンドンへ向けて出発し、４日後に到着した。恋に狂った国王ヘンリーは彼女に会いに飛んでいった。しかし、彼が目にしたのは、思い描いていたような美しい花嫁ではなく、まさにぞっとするような代物だった。野暮ったい身なりの彼女はぎこちなく、おまけに悪臭がした。嫌悪感を抱いたヘンリーは「気に入らん、気に入らん」とくりかえし、ひどく腹をたてた。

キャサリン・ハワードは、ホルバインの絵にもとづくこの肖像画では15歳よりずっと大人びて見える。キャサリンは結婚して２年もたたないうちに身を誤り、従姉のアンと同じ運命――処刑――をたどった。

耐えしのぶクロムウェル

ヘンリーはその結婚を手配した大法官のトマス・クロムウェルを呼び出した。王は生まれの卑しいクロムウェルをふだんからよく痛めつけていた。クロムウェルはしばしば服や髪を乱し、よろよろしながらヘンリーとの会談から出てくるのを目撃された。目の周りにすくなくとも１つ――２つのほうが多かった―　は黒あざができていた。アン・オヴ・クレーヴズにかんする会談で、ヘンリーはいつも以上に暴力的だった。しかし、クロムウェルは冷静さを保った。クレーヴズとの同盟が重要であることを知っていた彼は、なんとかこの結婚を真摯に受けとめるように王を説得した。ヘンリーもばかではなかったので、この縁組みの重要性を理解した。そして1540年１月６日、彼は歯をくいしばりながら、その醜く、悪臭を放つ花嫁と結婚した。

しかし、王はすでにそこからのがれる方法を考えていた。彼はまず弁護士たちにその婚約の抜け穴を探させたが、契約は水ももらさぬ完璧なものだった。次に、ヘンリーはアンが自分と結婚するときに処女ではなかったことを示唆した。もし彼女にほかの男がいたとすれば、その結婚は無効になる可能性があった。

地獄の結婚生活

ヘンリーはアンが処女であることを百も承知だった。彼はアンと一緒に寝ることをこばんだため、彼女はずっとそのままだった。哀れなアンは英語を少しも話せず、「性の知識」もなかった。彼女は「それ」をどうやるのか

アン・ブーリンの従妹のキャサリン・ハワードは15歳くらいだったが、非常に美しく、男を楽しませる術を知っていた。彼女には12歳の頃からすくなくとも2人の恋人がいた。

も知らない処女の花嫁として、ヘンリーの宮廷で広まった冗談に困惑した。しかし、アンはやがて自分が気に入られなかったことを悟った。彼女の王妃としての戴冠式は1540年2月に予定されていたが、ヘンリーは理由もいわずにそれを中止させた。

アンの女官たちは、夫婦がともにベッドに入ったら何が起こるかを彼女に説明した。すると、アンは起こるべきことが起こっていないということを知り、ヘンリーが自分を追いはらおうとしていることがわかってきた。例によって、ヘンリー8世が妻を追いはらうとき、その妻は墓場行きになるのが常だった。

頭は悪いが魅力的

アンに激しく警鐘が鳴りはじめたのは、ヘンリーが彼女の女官の1人に目をつけたときだった。アン・ブーリンの従妹のキャサリン・ハワードは15歳くらいだったが、非常に美しく、男を楽しませる術を知っていた。彼女には12歳の頃からすくなくとも2人の恋人がいた。読み書きができず、自分の楽しみ以外にはなんの興味も示さなかったキャサリンだが、若くて愛らしく、浮気っぽくて無教養な彼女は、国王ヘンリーにとってまさに理想的な女性だった。

アンは嫉妬はしなかったようだが、ひどくおびえていた。ヘンリーは彼女が「自分に対して横柄で頑固だ」と不満を言いはじめた。同じくおびえていたトマス・クロムウェルは、王の反感をかわないようにしなければ、2人とも苦しむことになるとアンに言った。

最初に苦しんだのはクロムウェルだった。ヘンリーがアンと結婚して半年、クロムウェルはヘンリーを苦境から救い出すための手立てを講じなかった。1540年夏、我慢の限界を超えたヘンリーは、彼に犬をけしかけた。1540年6月10日、クロムウェルは逮捕され、ロンドン塔へ連行された。同日、彼は反逆と異端の罪で訴えられた。もちろん、その容疑はでっち上げだったが、クロムウェルを陥れたヘンリーは最後までそれを追及し、7月28日、クロムウェルはタワーヒルで正式に処刑された。

ヘンリーはすでにそのいまいましい四度目の結婚を終わらせる段取りを進めていた。彼はアンをリッチモンド宮殿へ行かせ、2日後に合流すると約束した。しかし、彼はいつまでたっても現れなかった。ヘンリーはキャサリン・ハワードを追いかけまわし、彼女が部屋を与えられているランベスまで、毎晩、テムズ川を船で通った。

アンはリッチモンドでひどく動揺していた。そのため、7月6日にヘンリーの顧問たちがやって来て、離婚に応じるかどうかを聞かれたとき、彼女は心底ほっとした。アンが恐れていたのはもっとずっと悪いことだった。彼女は喜んで離婚に応じ、3日後、彼女とヘンリーの結婚は終わった。

アンとの離婚から3週間もたたない1540年7月28日、国王ヘンリーはキャサリン・ハ

王者の横顔

アンの幸せな晩年

離婚後、アンはイギリスにとどまった。ヘンリーは彼女に年4000ポンドという当時としては莫大な手当を与え、さらに2つの荘園と専用の城も与えた。それはアンにとってすばらしい結末となった——彼女は人生ではじめて豊かで独立した生活を送ることになった。なによりも、彼女はもう安全だった。

その後、1557年に死去するまでの17年間、アンは貴婦人として暮らした。彼女は友人たちのために盛大な晩餐会を開いたり、膨大な衣装の中から毎日違うガウンを選んだりして、生活を存分に楽しんだ。

ホルバインの手による不器量なアン・オヴ・クレーヴズの肖像画は、ヘンリーに彼女の「美しさ」を納得させるためのものだった。それは——王が本人に会うまでは——成功した。

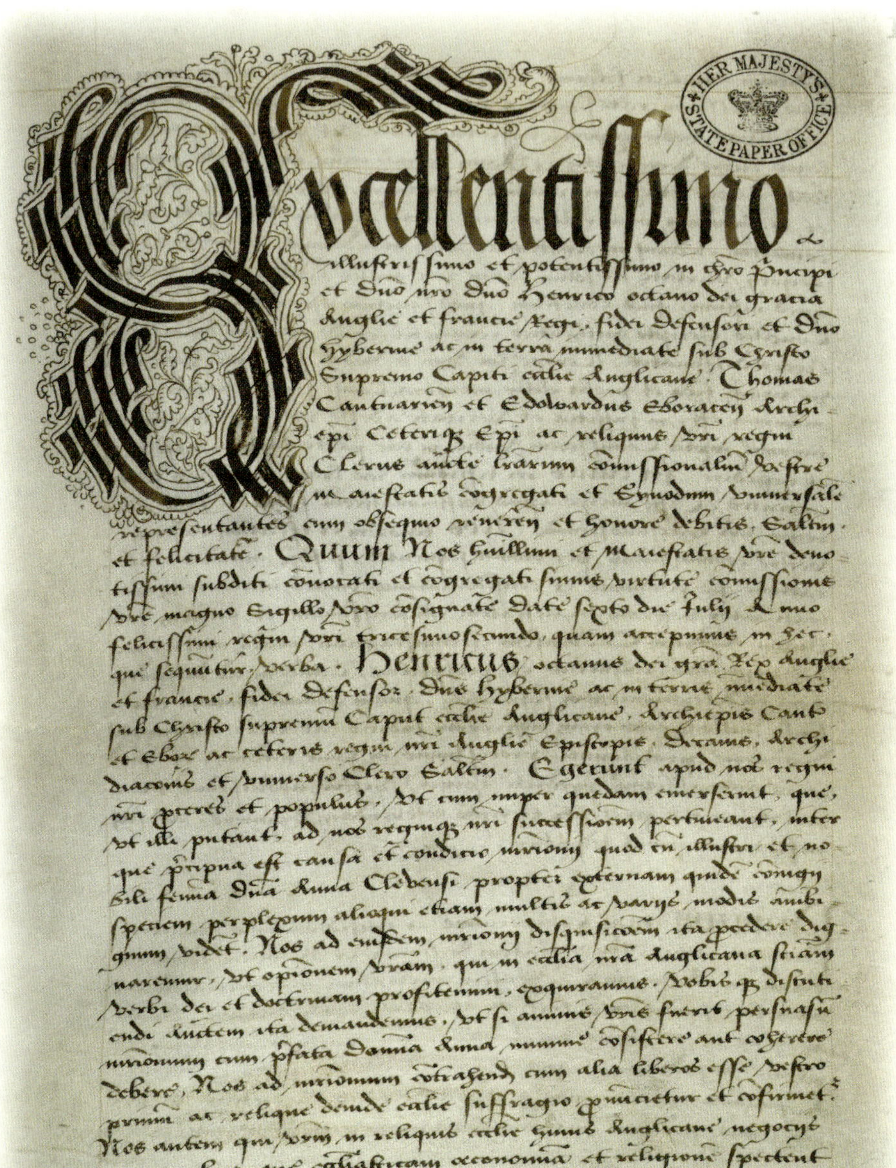
HER MAJESTY'S
STATE PAPER OFFICE
Excellentissimo

illustrissimo et potentissimo in Christo Principi et Dno nro Dno Henrico octavo dei gratia Anglie et Francie Regi, fidei Defensori et Dno Hybernie ac in terra immediate sub Christo Supremo Capiti ecclie Anglicane, Thomas Cantuarien' et Edovardus Eboracen' Archiepi Ceteriq' Epi ac reliquus vri regni Clerus auctoritate lrarum commissionalis vestre sue maiestatis congregati et Eiusdem universale representantes cum obsequio reveren' et honore debitis, Salutem et felicitatem. Quum Nos vestre et Maiestatis vre authoritate subditi convocati et congregati summe virtute commissione vre magno sigillo vro consignate date septo die Iuly Anno felicissimi regni vri prresentis secundo, quam accepimus in hec que sequuntur, verba. HENRICUS octavus dei gra Rex Anglie et Francie, fidei Defensor, Dnus Hybernie ac in terre immediate sub Christo supremu Caput eccle Anglicane, Archiepis Cant et Ebor ac ceteris regni nri Anglie Episcopis, Decanis, Archidiaconis et universo Clero Saltem. Egerunt apud nos regni nri proceres et populus, Ut cum nuper quedam emersint, que ut ille putant, ad nos regnumq' nri successorem pertinerent, inter que prpua est causa et conditio matrimony quod cu illustri et nobili femina Dua Anna Clevensi, propter hesternam quide longius speciem perplexam, aliquam etiam, multis ac varys, modis ambiguum, videt. Nos ad eiusdem matrimony disquisitionem ita procedere dignaremur, Ut opinionem vram, qui in ecclia nra Anglicana etiam verbi dei et doctrinam profitemini, exquiramus, nobisq' distinte ende autem ita demandemus, Ut si anima vris fuerit, persuasu matrimonium cum prefata Domina Anna, nunq' cosistere aut cohrere debere, Nos ad matrimonium contrahend cum alia liberos esse, vestro primu ac reliquo donde calie suffragio pnunciente et cofirmet. Nos autem qu'rem, in reliquis ecclie huius Anglicane, negotys gravioribus, que eccliasticam oeconomia et religione spectent

ワードと結婚した。彼は自分がついに至福を手に入れたと思ったが、誤解だった。それは彼が最初に見てわかるようなサインを読めなかったからにすぎない。キャサリン・ハワードはいわゆる浮気女で、つねに大胆な遊びを追い求め、それを得るためには手段を選ばなかった。彼女はヘンリーと結婚するずっと以前に処女を失っており、その俗っぽさは老いて病気がちな王を誘惑するのに非常に役立った。

キャサリンはヘンリーの巨体——ウエストが約140センチもあった——を無視し、彼の脚のじくじくした潰瘍にも目をつぶった。かつてのヘンリーは一晩中でも踊り続け、一日中でも馬に乗れたが、今ではほとんど歩くこともできなかった。キャサリンはそれも気にしなかった。反対に、彼女は王に媚びへつらい、彼の虚栄心に訴えた。すると王はのぼせ上がり、人前で彼女にキスしたり、愛撫したりして、公然と恥をさらした。彼はキャサリンを「棘のない薔薇」と呼び、ひどく甘やかして、贅沢な贈り物をたくさん与えた。1541年には、毛皮やビロード、錦といった美しいドレスはもちろん、山のような宝石——ダイヤモンドが52個、真珠が756個、ルビーが18個——も与えた。

ヘンリーはキャサリンを見せびらかすのが好きだった。1541年7月、王は彼女をイギリスの東部や北部の州をめぐる「行幸」につれていった。しかし、キャサリンは衝撃を受けた。その「行幸」がヨークシャーのポンテフラクトに到達したとき、彼女の元恋人の1人、フランシス・ディアラムが現れたからだ。ディアラムはキャサリンについて、彼女が国王ヘンリーに知られたくないことまで知っていた。ディアラムがキャサリンの王室にくわわることを求めたとき、彼女は同意せざるをえなかった。8月27日、ディアラムはキャサリンの個人秘書となった。

しかし、キャサリンがそれで彼を満足させられると思っていたとすれば、甘かった。フランシス・ディアラムはけっして秘密を守れるような若者ではなかった。ディアラムは自分が国王ヘンリーよりも前からキャサリンを知っていると自慢しはじめた。彼の「知っている」という言葉の意味は誰にも明らかだった。遅かれ早かれ、キャサリンの過去は暴かれる運命だった。

恋は盲目

それは意外と早かった。1541年10月、カンタベリー大主教のトマス・クランマーはキャサリンの結婚前の生活にかんする情報を入手した。情報源は、ノーフォークでキャサリンと同じ家に暮らしていたメアリー・ラセルズだった。調査を決めたクランマーはメアリー・ラセルズと率直に話をし、彼女は彼にすべてをぶちまけた。

メアリーがキャサリンとフランシス・ディアラムの騒々しい性交渉について話すと、クランマーは青ざめた。彼はもう1人の恋人で音楽家のヘンリー・マノックスが、キャサリンの夫以外は見る権利のない、彼女の体のあざを知っていると自慢しているのも耳にした。クランマーは国王ヘンリーにそのことを伝え

1540年7月9日と日付のあるこの文書は、ヘンリーとアン・オヴ・クレーヴズとの結婚の無効を宣言したものである。ヘンリーはその結婚で床入りを果たす気にはなれなかったが、アンのことは好きで、離婚後もしばしば彼女のもとを訪れた。

たが、王はまったく信じようとしなかった。そんな話は悪質な噂にすぎないと彼は言った。しかし、念のため、王はクランマーに詳しい調査を命じた。ヘンリーはキャサリンに外出を禁じたが、彼はすぐにその申し立ての誤りが証明されると信じていた。

しかし、そうはならなかった。クランマーの新たな調査により、彼が知っている情報のすべてが裏づけられた。ヘンリーはひどくショックを受け、会議室の王座で公然と涙を流した。彼はサリー州オートランズの宮殿にひきこもり、幸福が打ち砕かれたことを嘆き悲しんだ。

「姦通罪」で訴えられたキャサリンは理性を失った。彼女があまりにも激しく泣き叫び、暴れるため、従者たちは彼女が自殺するのではないかと心配した。落ち着きをとりもどしたキャサリンは、唯一の希望として、ヘンリーに許しを請うことを思い立った。

彼女は礼拝へ向かう国王一行が自分の部屋のそばを通るのを待っていた。彼女は門番をかわして外へ飛び出し、王のもとへ走った。しかし、彼女は王に近づく前に守衛に捕まり、呼びかけることもできなかった。キャサリン

キャサリン・ハワードは1542年に姦通罪で起訴され、斬首されたとき、わずか17歳だった。この19世紀の絵で、キャサリンはやや贅沢な艀船でロンドン塔に向かわされている。

権力のなせる業

最愛の人の残酷な結末

キャサリンは裁判にかけられなかった。裁判となれば、ヘンリーの愚かさが法廷で明らかにされ、彼にとってはあまりにも酷な事態となるからだ。彼は狡猾な売春婦の罠にかかった愚かな老人と思われただろう。代わりに、キャサリンへの告発は1542年１月16日に議会へもちこまれ、彼女はそこで有罪となり、死刑を宣告された。

キャサリンは恐怖で体が麻痺した。衛兵が彼女をロンドン塔へ連行しにきたとき、彼女は行くのをこばんだ。抵抗する彼女を無理やり乗せて、艀船はあの恐怖の牢獄へとテムズ川を進んだ。船が到着する頃には、キャサリンは虚脱状態になっていた。

３日後の1542年２月13日、彼女はタワーグリーンにつれだされた。彼女はほとんど歩けなかったが、死刑執行人はなんとか彼女にその頭を斬首台に置かせた。そして斧で彼女の首をすばやく切り落とした。

斬首刑には通常、斧が用いられ、1542年のキャサリン・ハワードの処刑でもそうだった。

Van der Werff pinxit
Hargrave sculp

この上品な肖像画は、ヘンリーの６人目にして最後の妻キャサリン・パーを描いたもので、彼女は1543年に王と結婚した。これはハンス・ホルバインによる絵にもとづいており、彼は同年、ロンドンで流行していた腺ペストで死んだ。

は泣き叫び、抵抗しながら、部屋へつれもどされた。彼女は二度とヘンリーに会うことはなかった。

キャサリンとその愛人たちは証拠のために容赦なく尋問された。クランマーはキャサリンからはあまり情報を引き出せなかった。質問しようとすると、彼女はすぐに泣き出し、ヒステリーを起こしたからだ。しかし、彼女は結婚前に知ったもう１人の男のことを口にした――宮廷でヘンリーの私室の侍従をつとめているトマス・カルペッパーである。カルペッパーはすぐに逮捕された。部屋を捜索すると、キャサリンからの恋文が見つかった。

クランマーは追跡に躍起になった。キャサリンの従者の１人、ロチフォードに尋問すると、彼女はキャサリンとカルペッパーのことをすっかり話した。ロチフォードは２人がポンテフラクトなどで情事を重ねているあいだ、寝室の扉の外で見張っていたことを暴露した。婚前交渉だけでも十分な重罪だったが、ポンテフラクトでの情事はキャサリンが姦通罪を犯していたことを意味した。そしてそれに対する罰は死刑のみだった。

1541年12月10日、トマス・カルペッパーとフランシス・ディアラムは処刑され、２人の首はロンドン橋にさらされた。王妃が処刑

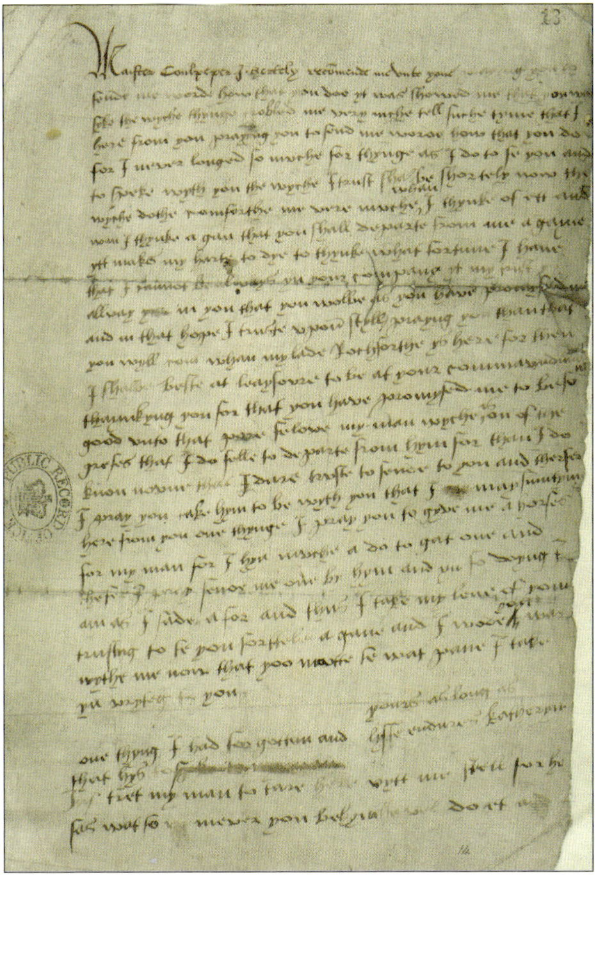

キャサリン・ハワードからトマス・カルペッパーに宛てたこの手紙――彼女はほとんど読み書きできなかったため、口述したものと思われる――は、露骨な愛情表現がなされており、姦通罪で訴えられた彼女にとって決定的に不利な証拠となった。

されたのはその2カ月後のことだった。

ついに手にした持続的な愛

国王ヘンリーはようやくこりた。彼はもう若い女性との結婚で幸せを得ることはできないと悟った。1543年、彼は次の妻としてキャサリン・パーを選び、その選択は正しかった。彼女は二度の結婚歴をもつ大人の女性だった。31歳の彼女はヘンリーより20歳以上も若かったが、分別があり、優しくて親切だった。ヘンリーは1543年7月12日、六度目にして最後の結婚をした。その後4年間、キャサリン・パーは王と彼の3人の子のために幸せな家庭を築いた。それはこれまでにはなかったことだった。

しかし、彼らの幸せは長くは続かなかった。1546年末までに、国王ヘンリーはかつてないほどに健康状態が悪化した。彼は歩くこともままならず、巻き上げ機で階段を上り下りしなければならなかった。彼の死はもう目前に迫っていた。

忘れられない人

死にゆく王のそばにはキャサリンがついていた。キャサリン・オヴ・アラゴンとの娘、メアリー王女もそばにいた。しかし、2人があまりにとり乱すので、ヘンリーは彼女たちを退席させた。むしろ、キャサリンにとってはそのほうがよかっただろう。1547年1月28日、臨終を迎えた国王ヘンリーが叫んだのは彼女の名前ではなかった。彼が呼び求めたのは、10年前に愛し、亡くしたジェーン・シーモアだった。死後、ヘンリーはウィンザーのセントジョージ礼拝堂でジェーンの隣に埋葬された。

第8章 テューダー朝 Ⅲ

騒乱、恐怖、そして死病

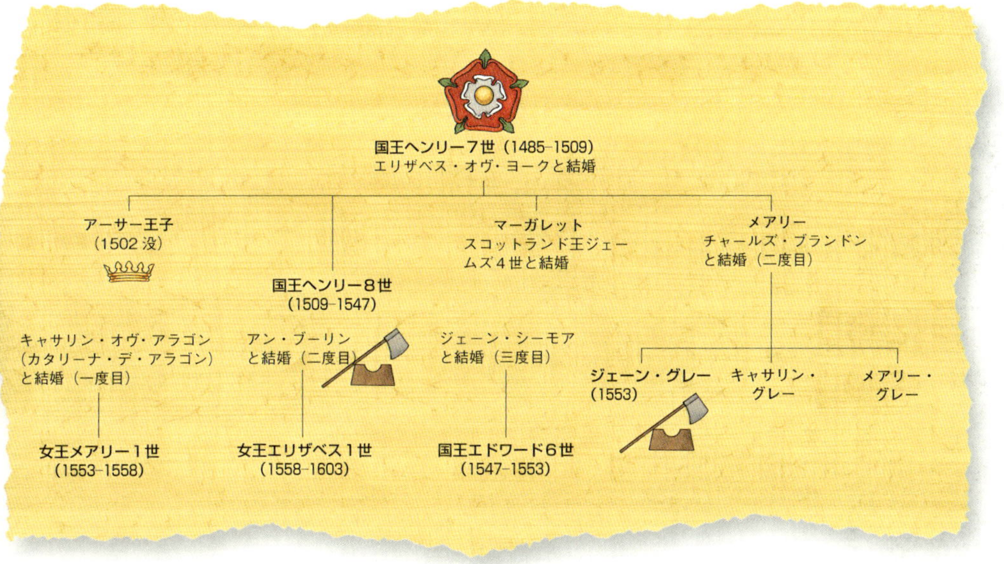

新国王エドワード６世は９歳の少年だった。彼の王位継承者には、キャサリン・オヴ・アラゴンの娘で31歳のメアリーと、アン・ブーリンの娘で13歳のエリザベスという２人の異母姉がいた。

この絵は、1553年にイングランド王位継承をめぐる陰謀の犠牲となった不運なジェーン・グレーの処刑場面を描いている。

これは国王ヘンリー８世がまさに避けようとしていた事態だった。彼は跡継ぎの息子を得るために２人の妻を死に追いやった。そして今、テューダー家の王位は１人の少年、１人の女性、そして１人の少女の手にあった。まだ表面化していなかったが、２人の娘たちはヘンリーの最初の二度の結婚騒動で心に深い傷を負っていた。

苦しみという遺産をもつ王女たち

メアリー王女はかつて利発な美しい子供として、父親にかわいがられていた。しかし、彼女は父親と母親のキャサリン・オヴ・アラゴンとの争いにひどく苦しめられた。ヘンリーが死去したとき31歳だったメアリーは、心に傷を負ったままとり残された。愛を奪われた彼女はそれを激しく切望した。当時のイングランドではカトリックは不法とされていたが、メアリーはそれでも敬虔なカトリック教徒だった。それが後の恐ろしい過ちと悲しい結末につながったのである。

エリザベス王女もまた同じ運命をたどるはずだった。しかし、何年にもわたる騒動は彼女を弱くするよりもむしろ強くした。彼女は13歳ながら鋭敏で、非常に慎重でもあった。父親が母親を殺したとき、エリザベスは３歳にもなっていなかった。また、彼女がわずか８歳のとき、仲の良かったキャサリン・ハワードが首をはねられた。それ以来、エリザベスは結婚を危険なものと考え、男性を警戒するようになった。こうした恐怖心はエリザベスの生涯に大きな影響をおよぼした。

少年王を「守る」策士たち

国王エドワード６世にも問題があった。彼はまだほんの子供で、自分で統治することができなかったため、摂政が必要だった。これは２人の野心家——少年王の伯父エドワード・シーモアとトマス・シーモア——が権力をにぎるきっかけとなった。

エドワード・シーモアの動きは速かった。国王ヘンリー８世が死去して２日後、彼は王室評議会を自分のとりまきで固めた。彼らの助けを借りて、シーモアはみずからを少年王の摂政と宣言した。さらに、彼はサマセット公という重要な爵位を手に入れた。

一方、シーモアの弟トマスも権力を得るための策略をたくらんでいた。彼は巧妙な手段——王族との結婚——によって、富と発言力の両方を手に入れようとした。

トマス・シーモアが王族と結婚するには３通りの可能性があった。彼はメアリー王女、エリザベス王女、あるいはヘンリー８世の未亡人キャサリン・パーと結婚することができた。しかし、メアリーとエリザベスは彼をきっぱり拒絶した。王の娘である２人にとって、トマス・シーモアのようななりあがり者との結婚は王室の威厳をそこなうものだった。そこで、トマスはキャサリン・パーをあてにした。彼女は国王ヘンリーと結婚する前、じつは彼と婚約していたのだった。そして今、彼はふたたび彼女の心を奪い、２人は1547年５月、ひそかに結婚した。こうしてトマス・シーモアは計画の第一歩をなしとげた。

だが、結婚によって彼の浮気癖がおさまっ

ホルバインによるこの肖像画は、同じくテューダー家の一員で、1547年に父親ヘンリー８世の跡を継いだエドワード６世のものである。テューダーの家系にはどこか異常があるようで、エドワードは同家で早世した３人目の男子として、わずか15歳で死去した。

エドワード・シーモアの動きは速かった。国王ヘンリー８世が死去して２日後、彼は王室評議会を自分のとりまきで固めた。

たわけではなかった。シーモアはとくにエリザベスに夢中だった。彼はしばしば肌を露出した服装でエリザベスの寝室へ行き、彼女と思わせぶりな遊びをした。シーモアはその態度を隠そうとしなかった。宮廷で、彼があまりにも露骨にエリザベスを見つめるため、妊娠中のキャサリンは嫉妬した。

不運なキャサリンは1548年９月５日、出産により死亡した。これにより、王室との貴重な結びつきを失ったトマス・シーモアは、すて鉢になった。1549年１月のある晩、彼は国王エドワードの寝室の外にいるところを見つかった。手には銃口から煙の出ているピストル、足元には幼い王の飼い犬が死んでいた。唯一の説明は、トマスが王を殺そうとしていたというものだった。

摂政のエドワード・シーモアは、謀略に長けた弟をけっして信用していなかった。これは彼を始末するチャンスだった。トマスは反逆罪で起訴され、兄の命令により、1549年３月20日に処刑された。

愛のない兄弟

しかし、エドワード・シーモア自身にも多くの敵がいた。彼は1547年、強引に権力を手にしたために憎まれていた。とくに危険だったのはウォーリック伯ジョン・ダッドリーで、ずうずうしいダッドリーは抜け目がなく、エドワード・シーモアよりもずっと冷酷だった。しばらく前から摂政の失脚をくわだてていた彼は、1549年10月６日、ついに攻撃に出た。

ダッドリーはテムズ川にのぞむハンプトンコート宮殿に少数の兵とともに到着した。当時、国王エドワードとシーモアがそこにいた。シーモアは急いで王を艀船に乗せ、船頭にウィンザーへ向けて全速力で川を下るように命じた。エドワードはぶじにそこへ着いたが、シーモアは災いの前兆を見てとった。８日後、降参した彼はロンドン塔へ送られた。

その後、シーモアは横領と違法な権力奪取の罪で起訴された。彼は罰金を科され、摂政の職を解かれた。釈放されたシーモアを、ダッドリーはもうしばらく生かしておいた——それはシーモアがやがて災難にあうことを知っていたからである。彼はより重大な犯罪——死刑をともなう犯罪——で訴えられることになった。

1552年、シーモアはダッドリーに望んでいたチャンスを与えた。カトリック教徒のメアリー王女はプロテスタントの礼拝にかかわることをこばんでいた。王室評議会は彼女を脅したが、彼女は屈しなかった。

エドワード・シーモアにとって不運なことに、彼はメアリーが好きで、彼女を支持していた。そこにジョン・ダッドリーはつけこんだ。ダッドリーはシーモアがイングランドで

ノーサンバーランド公ジョン・ダッドリーは、正当な王位継承者であるメアリー王女の地位を奪おうとくわだてた。彼の策略は失敗に終わり、彼と息子のギルフォード・ダッドリー、そしてその妻のジェーン・グレーは死に追いやられ、いずれも処刑された。

カトリック教会を復活させようとしているとして彼を訴えた。さらに、シーモアは王室評議会に対する陰謀容疑でも起訴された。

それは致命的な罠だった。シーモアは有罪となり、死刑を宣告された。国王エドワードはひどくショックを受け、ダッドリーにシーモアの命乞いをした。しかし、ダッドリーはそれを無視し、エドワード・シーモアは1552年1月22日に処刑された。

破産寸前のイングランド

シーモア兄弟が死んだことで、ジョン・ダッドリーは好き勝手にふるまった。彼は自分と自分の支持者に重要な称号を与え、みずからノーサンバーランド公となった。ダッドリーとその仲間たちは修道院や大学図書館から財宝を奪い、年3万ポンドという莫大な価値をもつ王室の領地を横取りした。そうした略奪が終わる頃には、イングランドはほとんど破産しかかっていた。

一方、14歳になった国王エドワードはつねに緊張を強いられていた。シーモア兄弟も彼に圧力をかけ、その忠誠心をひき裂いたが、ジョン・ダッドリーはそれよりずっと卑劣だった。彼は残虐そのもので、少年王をあやつり人形のように扱い、容赦なく痛めつけた。彼は文書や法令への署名をしつこく迫り、エドワードにまったく発言権を与えなかった。要するに、ダッドリーが全権をにぎっていたのである。

ジェーン・シーモアの兄エドワードは、みずから彼女の息子の国王エドワード６世の摂政となったが、彼よりも残忍で野心的なジョン・ダッドリーに出し抜かれた。反逆罪で起訴されたエドワード・シーモアはロンドン塔へ送られ、1552年に処刑された。

ところが1553年1月末、エドワードは重病におちいった。彼は高熱を出し、肺が鬱血して呼吸困難になった。メアリー王女が見舞いに来ても、彼は王女を認識できなかった。15歳のエドワードはあきらかに死にかけていた。このとき、ジョン・ダッドリーに警鐘が鳴った。もしエドワードが死んだら、カトリック教徒のメアリーが女王として君臨することになる。そうなれば、ダッドリーの権勢も終わるだろう。彼は黙ってそうさせるつもりはなかった。

迅速な結婚

彼がその権力を保持するためにくわだてた策略は卑劣そのものだった。ダッドリーは3つの結婚をとりまとめた。ジェーン・グレーとその２人の妹キャサリンとメアリーは、ヘンリー８世の妹メアリーの血をひくテューダー家の王族だった。とくにジェーン・グレーは３人のなかでもっとも重要視された。ダッドリーは彼女を息子のギルフォード・ダッドリーと結婚させた。そしてキャサリンとメアリーは、いずれもダッドリーの支持者の有力貴族と結婚させた。その後、ダッドリーは国王エドワードのもとへ行き、もしメアリー王女が女王となれば、イングランドは破滅だとして強引にそれに同意させた。かわいそうなエドワードは病身で抵抗することができなかった。ダッドリーの命令により、少年王は王位継承者を変更し、自分の跡継ぎをジェーン・グレーとした。

しかし、ダッドリーはそれでエドワードとの関係を断ったわけではない。王はすでに骸骨のように痩せほそり、ぞっとするような姿になっていた。肺は結核にむしばまれ、全身に痛みをともなう膿ができていた。それでもダッドリーは王を生かしておかなければならないと判断した。彼は偽医者を呼び、エドワードに砒素を飲ませた。この荒療治により、王は一時的に回復した。ダッドリーはその間にメアリーとエリザベスを陥れようと考えていた。彼は死の床にある異母弟に会わせるという名目で、２人をロンドンのグリニッジへ招いた。

エリザベスはそれをすぐに罠と見破り、行くのをこばんだ。案の定、ダッドリーは彼女とメアリーを幽閉しようとしていた。一方、それほど鋭敏ではなかったメアリーはロンドンへ向かった。しかし、ロンドンから40キロのところにあるホッデスドンに着いたとき、彼女はダッドリーが悪事をたくらんでいるという警告を受けた。メアリーはノーフォークにある自宅のケニングホールへのがれた。そこはロンドンから136キロ離れたところにあり、ずっと安全だった。

エリザベスとメアリーが避難したことで、ダッドリーの計画ははばまれた。しかし、彼は事態をどうすることもできなかった。1553年７月６日の深夜、ついにエドワード６世が死去した。衰弱しきっていた彼は、最後は話すことも咳をすることもできなかったという。

メアリーの忠実な臣下

ジョン・ダッドリーは窮地に立たされた。ノーフォークでは、貴族たちがメアリー王女を支援するために結集し、その軍隊が彼女を護衛した。やがて、メアリーの軍勢は３万人の兵を数えた。７月９日、ダッドリーはジェーン・グレーを女王と宣言したが、メアリーの支持はなお増え続けた。

ジョン・ダッドリーは７月21日に反逆罪で逮捕され、4000人の兵士とともにロンドンへつれもどされた。

メアリーはフラムリンガムの要塞に保護されていた。ダッドリーは彼女を捕らえるためにロンドンを出発した。ダッドリーがいなくなると、彼の支持者たちはひどくおびえ、ロンドン塔にひきこもった。ジェーン・グレーとその夫もその中にいた。

「女王陛下、万歳！」

フラムリンガムへ向かう途中、ダッドリーにとって形勢が悪化した。兵士たちが脱走しはじめ、ロンドン市民はメアリーへの支持を表明した。ダッドリーは反逆者の烙印を押され、彼の計画はもはや絶望的となった。一夜にして、彼の権力は消え失せた。自暴自棄となったダッドリーは帽子を宙に投げ、「女王陛下、万歳！」と叫んだ。そう言った彼の頬には涙が流れていた。こうして、大きな困難にもかかわらず、メアリーはイングランド初の女王となった。

ジョン・ダッドリーは７月21日に反逆罪で逮捕された。4000人の兵士とともにロンドンへつれもどされたダッドリーに、人びとは沿道から野次を飛ばし、悪態をついた。石を投げたり、拳をふり上げたり、罵声を浴びせたりする者もいた。ロンドンに着いた彼は塔に幽閉された。

メアリーの勝利

一方、8月3日には女王メアリーがロンドンに入った。それはまさに完全な勝利だった。彼女に声援を送ろうと大勢の人びとが集まり、なかには感きわまって泣き出す者もいた。その騒々しさは耳をつんざくほどで、かつてイングランドの君主として、これほどの歓迎を受けた者はいなかった。

メアリーはその場にふさわしい装いだった。ガウンは青味がかった紫色で、胸元は宝石で飾られていた。彼女の馬も金糸織りの布でつくられた馬具をつけていた。しかし、当時37歳だった彼女はずっと老けて見えた。皺がきざまれた彼女の青白い顔は、それまでの苦労を物語っていた。メアリーは残忍どころか、つねに相手の美点を見ようとする、非常に寛大な女性だった。ただ、彼女は父と弟の治世に耐えしのんできた苦労を忘れることはできなかった。

彼女を歓迎したロンドン市民がやがて知ることになるように、メアリーの治世はそうした苦しみへの報復の時となった。

ハートのクイーン

とはいえ、すべては先のことだった。1553年8月3日、女王メアリーは人生の絶頂にあった。その寛大な人柄を示すように、メアリーの治世は赦免行為から始まり、彼女はロンドン塔の5人の囚人に恩赦を与えた。大臣たちは彼女が王位をだましとろうとした陰謀者を罰するものと思っていたが、メアリーは3人を除いて全員を赦免し、大臣たちを驚かせた。ジョン・ダッドリーと2人の仲間だけが1553年8月22日に処刑された。

しかし、わずか9日間だけ「女王」となっ

1554年に行なわれたジェーン・グレーの処刑を命じた令状。ノーサンバーランド公のくわだてが失敗した後、女王メアリーは彼女の処刑に躊躇していたが、スペインのフェリペとの結婚に対する反乱は、ジェーンが死ななければならないことを意味した。

メアリー1世は、後に「血まみれメアリー」とあだ名されたが、イングランド初の女王として、その治世を赦免行為から始めた寛大な女性だった。彼女はロンドン塔に幽閉されていた5人の囚人に恩赦を与えた。

たジェーン・グレーはどうするのか。その夫のギルフォード・ダッドリーはどうするのか。人びとは彼らもいずれ首をはねられると予想した。しかし、メアリーは2人をロンドン塔に幽閉したまま、処刑しようとしなかった。

メアリーの一番の目的はイングランドをカトリック教会に復帰させることだった。残念ながら、彼女は臣民たちが強固なプロテスタントであることを理解していなかった。彼らはカトリック教徒ともローマ教皇とも関係をもちたくなかった。これが女王と臣民との大きな衝突の発端となった。メアリーの結婚話がもれ出すと、対立はますます深まった。メアリーは結婚相手にスペイン国王カルロス（神聖ローマ皇帝カール5世）の息子フェリペ――カトリック教徒の異国人――を選んだのだった。

メアリーの夫選びは思った以上に難航した。いわゆる「スペイン人との結婚」に対する抵抗は激しく、議会も大臣たちもそれに反対した。英国国教会のプロテスタントの主教たちも賛成しなかった。そしてなにより、国民がそれに反対した。ところが、女王メアリーは愚かにもそうした反対をすべて無視した。1553年10月29日、彼女はフェリペとの婚約を発表し、「彼への愛はけっして変わりません」と断言した。

広がる恐怖

イングランド中に危機感が広まった。総勢8000人のスペイン軍がイングランドに向かっているという恐ろしい噂が出まわり、スペインがロンドン塔やイングランド海軍、そしてイングランドの港をのっとろうとしているとの噂もあった。

もちろん、これらはどれも事実ではなかった。しかし、国中で反乱がくわだてられ、その指導者であるトマス・ワイアット卿がロンドンへ進軍しようとしていた。都に到着したら、ワイアットは武力によって女王メアリー

女王メアリーとスペインのフェリペとの結婚に反対したワイアットの乱は、ロンドン市民にとって恐るべき体験だった。ワイアット軍は1カ所に集結し、包囲された街へ向けて進軍しようとしていた。

権力のなせる業

罪なき者の死

メアリーはそれまでジェーン・グレーとギルフォード・ダッドリーを生かしておくつもりだった。しかし、女王はもはやお人よしではなかった。ワイアットが降伏した翌日、彼女は２人に対する死刑執行令状に署名した。彼らは1554年２月12日、処刑につれだされ、ギルフォード・ダッドリーが最初に死んだ。

その後、年代記編者はこう記している――「彼の死体は荷車にのせられ、首は布にくるまれて、塔内の礼拝堂へ運ばれた。そこで、ジェーン・グレーは（…）彼の死体が荷車から降ろされるのを見た」

17歳だったジェーン・グレーは勇敢に、威厳をもって死にのぞんだ。その年代記編者はこう続けている――「彼女は（従者たちに）自分の手袋とハンカチ、そして本を渡し、（…）ガウンのひもを解いた。処刑人はそれから彼女のもとへ行き、目隠しのためのきれいなハンカチを与えた」

「すると彼女は『どうしましょう。どこにあるのかしら』と言いながら、斬首台を手探りした。見物人の１人が彼女を案内すると、彼女は斬首台に頭を下ろし、体を差し出してこう言った――『神よ、あなたの手に私の魂をゆだねます』。こうして彼女は最期をとげた」

ジェーン・グレーの処刑を描いた空想上の絵。通常、斧の一撃は首の横ではなく、後ろにくわえられた。

にスペイン人との結婚をやめさせるつもりだった。

1554年1月25日、ワイアットとその手下たちはロンドンに向けて出発した。ロンドンは恐怖に包まれていた。街の入り口には見張りが置かれ、メアリーはテムズ川に架かる橋をすべて破壊するように命じた。兵士たちが通りを監視し、法律家や司祭、商人たちはそのローブの下に鎖帷子のシャツを着ていた。

落ち着いていたのは女王メアリー本人だけだった。彼女はロンドンを離れず、市民にこう呼びかけた――「善良な臣民たちよ、勇気を出して、忠実な臣下のように（…）われわれの敵やあなた方の敵に断固たる態度でのぞみなさい。彼らを恐れてはなりません。私もまったく彼らを恐れていません」

それは一時的にロンドン市民を奮い立たせたが、恐怖はすぐによみがえった。メアリーの命令どおり、橋という橋はすべて破壊されていた。しかし、2月6日の夜、トマス・ワイアットは氷のように冷たいテムズ川を泳いで渡った。彼は艀船を見つけ、それを浮桟橋にして橋の1つを修復した。

ロンドン中心部での戦い

その後、約7000人の反逆者たちがふたたびロンドンへ向けて進軍した。2月上旬、彼らは街の入り口に到達した。そこには1万人の兵士と1500騎の騎兵、そして何列もの大砲が待ちかまえていた。

反乱軍が前進すると、兵士の戦線が分かれた。ワイアットは約400人の前衛部隊とともに突進した。しかし、それは罠だった。兵士たちは彼の背後で包囲網を狭め、ワイアットはわずかな兵力でロンドン市内を戦い抜かなければならなかった。最初、彼は抵抗にあわなかったが、チャリングクロスに達したとき、女王の衛兵部隊と遭遇した。ところが、彼らは戦わず、ホワイトホール宮殿の近くへのがれた。ワイアットとその軍隊は後を追い、宮殿の窓に矢を浴びせた。

中にいた女王メアリーは騒音を耳にした。彼女の上級司令官の1人、エドワード・コートニーは恐怖で震えていた。

「では、祈りを始めましょう」と女王は彼を軽蔑するように言った。「そうすれば、すぐにより良い知らせが聞こえてくるはずです」

より良い知らせはすぐに来た。メアリーの騎兵中隊がワイアットの軍勢に攻撃をかけ、ワイアットの兵を切り倒した。通りは彼らの血痕で汚れた。トマス・ワイアットはついに、一にぎりの兵士たちを残して降伏した。

その毅然とした態度にもかかわらず、メアリーはワイアットの反乱にひどく衝撃を受けていた。彼女はもはや寛大であるわけにはいかないと悟った。今回の反逆者に対して赦免はいっさいなかった。約200人が死刑を宣告され、1日に46人がロンドン塔で絞首刑にされた。ジェーン・グレーとギルフォード・ダッドリーもその直後に処刑された。

その毅然とした態度にもかかわらず、メアリーはワイアットの反乱にひどく衝撃を受けていた。彼女はもはや寛大であるわけにはいかないと悟った。今回の反逆者に対して赦免はいっさいなかった。

女王メアリー1世は魅力的な若い女性だったが、その後の挫折や失望、そして結婚の破局によって辛酸を舐め、早くに老けこんだ。彼女は宝石や上質な錦の織物、繊細なレースの襟飾りをとくに好んだ。

今日のロンドン塔はもはや恐怖と死の場所ではない。それはロンドンでもっとも人気のある観光名所の1つで、かつて多くの者たちが斬首された処刑台のあった所は観光客のために仕切りがなされている。

不運なジェーン・グレーは死に追いやられたが、彼女は無実の罪の犠牲者だった。だが、女王メアリーの異母妹、エリザベス王女についてはそうともいえなかった。すくなくともメアリーはそう思っていなかった。メアリーが疑念を抱いたのは、エリザベスが彼女との接触を避けたからだった。彼女は宮廷に来ようとせず、カトリックのミサにも出席しなかった。メアリーはエリザベスがトマス・ワイアットの反乱と共謀したと思いこんでいた。

エリザベスへの驚くべき支持

そして1554年3月17日、エリザベスは逮捕され、ロンドン塔へ連行された。しかし、彼女はワイアットの反乱についての関与を否定した。実際、彼女に不利な証拠は1つもなかった。2カ月後、彼女は釈放され、オックスフォードシャーのウッドストックへ艀船で護送された。

女王メアリーはエリザベスがいかに大衆に支持されているかを知って驚いた。ウッドストックへの道中、人びとは川岸にならび、大声でエリザベスに声援を送った。教会の鐘が鳴り響き、祝砲が打たれ、女たちは彼女のために特別なケーキを焼いた。やがて、彼女の艀船には贈り物が山と積まれた。

一方、ワイアットの反乱の指導者たちは厳罰に処された。その1人のサフォーク公は2月23日に斬首された。ワイアット自身は絞首の後、内臓をえぐられ、四つ裂きにされた。

国会議員たちは「スペイン人との結婚」に猛反対していたが、ワイアットが死んだ日、彼らはついに屈服し、王室婚姻法案が法律となった。議会は怒りに歯をくいしばりながらも、メアリーにフェリペを歓迎すると伝えた。

気のりしない花婿

しかし、フェリペもこの結婚にはあまりのり気でなかった。自分より11歳も年上の貧相な老けた女王との結婚は、彼がもっとも避けたいことだったが、彼はそれに従わなければならなかった。父親の国王カルロスがスペインとイングランドの同盟を望んでいたからだ。そうすることで、カルロスはフランスとの戦争のためにイングランドの金と軍隊を利用することができた。

一方、メアリー自身は、このことを何も知らなかった。彼女は自分の結婚がすばらしいロマンスになると思っていた。誰かに愛されたくてたまらなかった彼女は、若くてハンサムな夫を見せびらかすのを楽しみにしていた。哀れなメアリーは、フェリペを神からの授かりものと信じていたが、それはすべて幻想にすぎなかった。

フェリペは5月4日にイングランドへ向けて出発した。到着までには時間がかかり、彼がはじめてメアリーに会ったのは7月21日のことだった。それは幸せな対面ではなかった。フェリペはメアリーに嫌悪感を抱き、彼女のそばにいることさえ我慢ならなかった。しかし、彼はなんとかそれに耐え、本心を表さないようにした。

フェリペとメアリーは1554年7月25日、ウィンチェスター大聖堂で結婚した。数日のうちに、メアリーは妊娠した——というより、すくなくとも彼女はそう思った。出産に向け

敬虔なカトリック教徒だった女王メアリー1世は、イングランドの教会をローマ教皇の管轄にもどしたいと切望し、それに抵抗した約300人のプロテスタントが火あぶりに処された。

権力の
なせる業

臆病者の後悔

メアリーの治世では、全部で約300人が火あぶりの刑に処された。ほとんどは一般の男女だったが、なかには非常に社会的地位のある者もいた。ヘンリー8世とエドワード6世の治世にカンタベリー大主教をつとめたトマス・クランマーは、1555年10月16日、火刑に処された。クランマーはそれまで火あぶりを恐れていた。

彼はそれを避けるため、プロテスタントになったことを間違いだったと認め、その供述書に署名もした。しかし、クランマーはそれでも火刑を宣告された。彼は自分がいかに臆病だったかを悟り、それを埋めあわせようと決意した。火がつけられると、彼はその手を炎の中に突っこみ、手が完全に焼け落ちるまでそのままにした。それは彼が供述書に署名するのに使った手だった。

ヘンリー8世のカンタベリー大主教だったトマス・クランマーは、この絵でロンドン塔の反逆者の門に立ち、後に火刑で勇敢な死をとげた。

て多くの準備がなされた。女王のお腹の子がはじめて生きているサインを示したとき、その胎動に感謝を捧げる礼拝が行なわれた。メアリーは誇らしげに、そして幸せそうにそこに座っていた。彼女は「皆に自分の身ごもった姿が見えるように」、その腹を突き出した。

「血まみれ」メアリー

しかし、イングランドをカトリックにもどそうとするメアリーの計画はうまく行かなかった。彼女はあまりの抵抗に、反対者たちを公然と火あぶりにした。それが間違いだった。火刑は見苦しさを増し、見物していた群衆からは怒号が飛んだ。女王メアリーへの憎しみも強まり、彼女は新しいあだ名――「血まみれメアリー」――をつけられた。

フェリペは火刑をやめさせようとした。彼はメアリーが人びとを火あぶりにすればするほど、憎まれることを知っていた。しかし、フェリペの制止にもかかわらず、彼女は火刑をやめようとしなかった。

女王にとっての打撃

だが、女王にはひどい屈辱が待ち受けていた。彼女の出産予定日は1555年5月23日頃だった。ところが、その日がすぎても、出産の兆候は表れなかった。6月末になっても何も起こらなかった。女王は最初から妊娠しておらず、すべては彼女の想像にすぎなかったのではないかという声がささやかれた。

当初、メアリーはそれを信じようとしなかった。しかし、何カ月たっても何も起こらないため、結局、彼女はそれが自分の誤解だったことを認めた。メアリーは身ごもっていなかったのである。彼女はひどく落ちこんだ。

ところが、彼女が夫のフェリペをもっとも必要としたこのときに、彼はイングランドを去ることに決めた。メアリーは彼を引き止めたが、フェリペはイングランドとイングランドの人びと、そして彼らの女王にうんざりしていた。1555年8月22日、彼はみずからの領土であるスペイン領ネーデルラントへ旅立った。メアリーは彼が去るのを見て号泣した。

解放された幸せな夫

やがて、フェリペがネーデルラントでおおいに楽しんでいるという噂がイングランドにとどいた。彼はパーティーに行ったり、結婚式に出たり、明け方まで踊ったりして遊び暮らした。彼はほかの女性と浮気もしていた――要するに、彼は牢獄から解放されたように自由を謳歌していたのである。そんな話を誰もメアリーに伝える勇気はなかった。しかし、彼らが女王に伝える勇気がなかったのはそれだけではなかった。メアリーの医師たちはそのとき、彼女の「妊娠」の真相をつきとめた――彼女は子宮に腫瘍ができていた。

フェリペはメアリーにすぐイングランドへもどると約束していたが、もどるつもりはなかった。メアリーはますます落ちこみ、女王としての職務を果たせなくなった。彼女はひきこもり、まるでフェリペが死んだかのように彼を悼んだ。

女王の喜び

時がすぎても、フェリペにもどるようすはなかった。ところが1556年、父親の国王カルロスがスペイン王位を退いたため、息子のフェリペがスペイン、そして豊かで広大なスペイン領アメリカの国王フェリペ2世となった。

PHILIPPE II. CATHOLIQVE ROY D'ESPAGNE,
DES INDES, ET MONARQVE DV NOVVEAV MONDE
Moncornet ex.

メアリーは何時間も昏睡状態におちいり、口を開くと、夢で小さな子供たちを見たと話した。司祭が臨終の秘跡を授けに来ると、彼が祈りを唱えている間に女王は息を引きとった。嫌われ者の「血まみれメアリー」が死んだという知らせが伝わると、イングランド中の人びとがそれを祝った。

　その莫大な領土を守るため、フェリペには金が必要だった。そしてその金のために、彼はイングランドを必要とした。フェリペは1557年、ついに帰国した。メアリーは喜んで彼を迎えたが、その喜びはすぐに消え失せた。フェリペは必要な金と軍隊と船を手に入れると、さっさと姿を消した。メアリーは二度と彼に会うことはなかった。彼女の唯一の慰めは、自分がふたたび妊娠したと信じることだけだった。しかし、それはまたしても想像妊娠で、フェリペはイングランドにいるあいだ、一度も妻に近寄らなかった。実際には、メアリーの腫瘍が再発したのだった。

憎まれ君主の最期

　1558年11月には、メアリーはもう死の床にあった。彼女は何時間も昏睡状態におちいり、口を開くと、夢で小さな子供たちを見たと話した。司祭が臨終の秘跡を授けに来ると、彼が祈りを唱えている間に女王は息を引きとった。

　嫌われ者の「血まみれメアリー」が死んだという知らせが伝わると、イングランド中の人びとがそれを祝った。彼らは通りで歌い踊り、鐘を鳴らした。その後何年にもわたって、メアリーが死去した11月17日はイングランドの公の祝日とされた。

スペインのフェリペは、不本意ながらも女王メアリーとの政略結婚に同意したとき、彼女より11歳も若かった。その後、国王フェリペ2世となった彼は、メアリーのプロテスタントの異母妹、女王エリザベス1世の不倶戴天の敵となった。

第9章 テューダー朝 Ⅳ

妖精の女王《グロリアーナ》と流血

こうして、エリザベスが弱冠25歳でイングランド女王となった。だが、王位にいたるまでの道のりは険しく、女王メアリーはエリザベスを執拗に追いかけ、ロンドン塔に幽閉した。

エリザベス1世の豪華な刺繍がほどこされたローブやみごとな宝石は、王国の弱さを隠し、彼女をより力強く見せた。

スペイン国王カルロスはエリザベスの処刑を望み、エリザベスをプロテスタントと考えていたイングランドのカトリック教徒も彼女を憎んだ。彼らはエリザベスをその素姓ばかりか、女王としても正式に認めなかった。

しかし、エリザベスの命は、王位につく前よりもその後のほうがずっと危険にさらされた。彼女には多くの敵が待ちかまえていた。イングランドの北部国境ではスコットランド人が問題を起こし、フランスとスペインのカトリックの王たちはイングランドへ侵攻し、エリザベスの王位を奪おうとしていた。教皇ピウス５世もエリザベスの公然の敵となり、1570年に彼女を破門した。

人びとの支持を得た寛容さ

エリザベスの抱える問題は国内外のカトリック教徒ばかりではなかった。当時、イングランドは弱小国で、その兵力は標準以下だった。国民は25年におよぶ宗教紛争によって疲弊・混乱し、何百人もの人びとがその信仰のために処刑されていた。そのため、国民は女王エリザベス１世を長年にわたる苦難からの救済者とみるようになった。

幸運にも、エリザベスはまさに彼らが必要としていた人物だった。宗教問題において、彼女はプロテスタントのエドワード６世やカトリックのメアリー１世のような間違いは犯さず、中立を保った。彼女自身、宗教にそれほど関心がなく、信仰を理由に誰かを罰するようなことはなさそうだった。

こうした宗教的寛容は、みずからを臣民にとって魅力的に見せようとするエリザベスの戦略の一部だった。彼女は華麗なショーを演じ、君主としてかつてないほど公に姿を現した。

エリザベスはイングランド議会にこう言った――「われわれ王室は世間の衆目にさらされる舞台のようなものです」

一方、エリザベスに結婚の意志がなかったにもかかわらず、彼女にはいくつもの縁談がもちこまれた。しかし、彼女はどの求婚者にも明確な態度を示さなかった。その１人であるアランソン公フランソワは、何年もかけて彼女を口説いた。エリザベスより21歳も若かったアランソンは、ずんぐりした冴えない男で、あばた顔に不恰好な鼻をしていた。

エリザベスから「蛙」と呼ばれてもなお、彼は女王が本当は自分と結婚する気があると信じていた。しかし、彼女は「イエス」とも「ノー」とも言わず、ただアランソンをじらし続けた。哀れなアランソンはエリザベスが40代になってもまだ彼女と結婚しようとしていたが、結局、彼は女王を手に入れられなかった。エリザベスはどの求婚者もそっけなく拒絶し、誰のものにもならなかった。

女王の結婚恐怖症

エリザベスのそんな態度にはいくつかの理由があった。第一に、彼女は結婚を恐れ、出産も恐れていた。16世紀当時、出産は女性にとってまだ大きな危険をともなうものだった。エリザベスは1537年、ジェーン・シーモアが産後に命を落としたのを見ており、1548年にはキャサリン・パーも同じようにして亡くなっていた。

この19世紀の版画で、レスター伯の妻エーミー・ロブサートが階段の下で死んでいる。エーミーは女王と結婚しようとした夫に殺されたといわれた。

王者の横顔

処女王グロリアーナ

国中を旅するエリザベスの「行幸」を見て、王室の金庫が破産しかかっているとは誰も思わなかっただろう。女王に随行する廷臣たちは立派な装いで、彼らの馬も豪華に飾られていた。一行の真ん中にいたエリザベスは壮麗な輿に乗り、贅沢な錦のガウンを身にまとい、極上の装飾品とまばゆいばかりの宝石に包まれていた。

彼女を見るために行く先々で人びとが集まった。彼らは通りすぎるエリザベスの華麗な姿に興奮した。人びとは女王を人間というより偶像として見なすようになった。これはまさにエリザベスが望んだことだった。

さらに、劇作家や画家、バラード歌手たちも、エリザベスの魅惑的なイメージを後押しした。たとえば、エドマンド・スペンサーは、女王を彼の寓意小説『妖精の女王』のヒロイン、「グロリアーナ」にした。画家は、宝石と豪華な衣装に包まれた彼女の華麗な肖像画を描いた。

エリザベスは、フランシス・ドレーク卿やジョン・ホーキンズ卿といった有名な船乗りたちも感化した。太平洋を横断し、アメリカのスペイン領を襲撃・略奪した彼らを、スペイン人は海賊と呼び、イングランド人は英雄と呼んで歓迎した。

エリザベス1世に捧げられた写本によるこの絵は、行列の中にある女王を描いている。

華やかな栄光に包まれたエリザベスの輝かしい女王のイメージは、その宣伝の賜物だった。しかし、エリザベスが臣民のためにしようとしないことが１つあった――結婚である。大臣たちも、君主は王位継承者をもたなければならないとしてうるさく迫った。しかし、彼女はイングランドと「結婚」したのだと言い、「処女王」のままでいることを望んだ。

1580年、エリザベス１世が世界一周航海を終えたフランシス・ドレーク卿に、彼の船ゴールデン・ハインド号の甲板でナイト爵を授けた有名な場面。

しかし、エリザベスが恐れていたのはそれだけではなかった。父親の国王ヘンリー８世は、自分の妻のうちの２人を処刑した。最初の１人はエリザベスの実母アン・ブーリン、もう１人は国王の５人目の妻で、幼いエリザベスと仲が良かったキャサリン・ハワードである。エリザベスの異母姉の女王メアリーは、スペインのフェリペとの結婚をめぐって臣民の間に敵をつくった。エリザベスが結婚を危険なものと考えるのも無理はなかった。

報われぬ恋

もう１つの理由として、エリザベスには、女王になるずっと以前から心を寄せる相手がいた。ロバート・ダッドリーは彼女の幼なじみで、２人はすでに子供の頃からおたがいに好意をもっていたらしい。しかし、ダッドリーの家系はひどい目にあっていた。父親のノーサンバーランド公ジョン・ダッドリーは、女王メアリーの王位を奪おうとした罪で処刑され、祖父のエドマンド・ダッドリーも1510年に反逆罪で処刑されていた。

そうした家系をもつロバート・ダッドリーがエリザベスと結婚できるはずはなかった。彼女はダッドリーを寵臣とし、彼にたくさんの贈り物やレスター伯の称号を与えた。しかし、ロバート・ダッドリーには秘密があった。1550年、ダッドリーはエーミー・ロブサートという女性と結婚していた。彼はエーミーをオックスフォードに隠し、自分はほとんどの時間を宮廷ですごした。もしかしたら、エリザベスは彼女のことを知らなかったかもしれない。

結婚を妨げたスキャンダル

ところが、1560年９月８日、エーミー・ロブサートは変死をとげた。外出からもどった召使いたちが、階段の下で死んでいる彼女を発見した。彼女の首は折れており、自殺の可能性もあった。実際、エーミーは乳癌を患っていた。しかし、すぐにこんな噂が広まった——エーミーは女王と結婚しようとするロバート・ダッドリーに殺されたのではないか。ダッドリーはときどき妻のもとを訪れていた。死ぬ直前、エーミーはおそらく夫に会えることを期待して、新しいドレスを注文していた。だが、ダッドリーはその訪問中に彼女を殺したらしい。

彼が犯人だという証拠は何もなかった。ただ、そのスキャンダルの影響はあまりに大きく、エリザベスはロバート・ダッドリーを宮廷から追放しなければならなかった。しばらくすると彼はもどり、ふたたびエリザベスの寵臣となったが、２人の結婚は不可能だった。

それでもなお、ダッドリーは女王との結婚を望んでいたようだ。1563年、エリザベスは彼に従妹のスコットランド女王メアリーとの結婚を提案した。当時、メアリーはエリザベスの王位継承者だったため、うまく立ちまわれば、ロバート・ダッドリーはイングランド王になれる可能性があった。しかし、彼はメ

1560年９月８日、エーミー・ロブサートは変死をとげた。外出からもどった召使いたちが、階段の下で死んでいる彼女を発見した。彼女の首は折れており、自殺の可能性もあった(…)

アリーとの結婚をこばんだ。ダッドリーは希望をすてず、ロンドンでエリザベスのそばにとどまることを選んだ。

スコットランド女王メアリーは大きな問題をもたらした。彼女はカトリック教徒で、フランスとスペインはエリザベスから王位を奪い、彼女をイングランド女王にすることを望んでいた。イングランドのカトリック教徒たちもそう望んでいた。問題はさらにエスカレートし、退位を余儀なくされたメアリーは、1568年には南へのがれ、そこでエリザベスの保護を求めた。

エリザベスがメアリーを保護すると、メアリーは自分がスコットランド王位に復帰できるようエリザベスに支援を求めた。エリザベスはそのことを検討すると同意したが、簡単には賛成できなかった。逃亡中のメアリーをスコットランドにもどすことは、彼女をイングランドに置くことよりも厄介だった。そこで、エリザベスは時間かせぎを続けた。

メアリーは自分の計画を何度も押し進めたが、結局、息子のスコットランド王ジェーム

1568年、スコットランド女王メアリーはロッホ・リーヴェン城に幽閉され、退位を余儀なくされた。彼女はなんとか脱出したが、イングランド以外に彼女が避難できる場所はなく、彼女はそこでエリザベスの囚われ人となった。

権力のなせる業

愛、嫉妬、復讐、そして殺人

スコットランド女王メアリーは、美しく魅力的な若い女性として描かれることが多い。しかし、それは事実ではない。メアリーはロマンティックなヒロインどころか、無知で愚かで、無分別な人間だった。彼女は間違ったことばかりし、あきらかに16世紀のスコットランドが必要とした女王ではなかった。たえず騒乱の中にあったスコットランドで、メアリーは領主たちを抑えきれず、状況を悪化させるばかりだった。たとえば1565年、彼女はダーンリー卿ヘンリー・ステュアートと結婚したが、領主たちは彼を憎んでいた。そのうえ、メアリーは彼らと敵対する者の中から寵臣をつくり、結果としてすくなくとも１人が不慮の死をとげた。

女王メアリーの「寵臣」の１人は、彼女のイタリア人秘書デーヴィッド・リッチョだった。夫のダーンリー卿は彼に嫉妬し、リッチョをメアリーの愛人と信じこんでいた。そこでダーンリーはほかの者たちと共謀し、リッチョの殺害をくわだてた。事件が起こったのは1566年３月９日の晩、エディンバラのホーリールードハウスだった。妊娠６カ月だった女王がリッチョと彼女の女官の１人と夕食をとっていると、ダーンリー卿と他の共謀者たちが部屋へ押し入ってきた。彼らはリッチョを捕らえ、椅子からひきずり下ろした。リッチョはメアリーのスカートをつかみ、「女王様、お助けください！　お助けください！」と叫んだが、メアリーにはどうすることもできなかった。リッチョが隣の部屋へ連行されるとき、彼女はピストルを向けられていたからだ。

スコットランド女王メアリーは女王エリザベスを退け、殺害し、イングランド王位を奪おうとする陰謀の中心にいた。

この19世紀の絵は、嫉妬に駆られたメアリーの夫ダーンリー卿とその乱暴な貴族たちによる、1560年のデーヴィッド・リッチョ殺害を描いている。

リッチョは体中を短剣で56回も刺され、血まみれになって死んだ。その後、陰謀者たちはメアリーを捕虜としたが、彼女は恩赦を約束することで彼らを鎮めた。殺害から２日後、彼女はスコットランド王家の墓がある礼拝堂の地下道を通ってホーリールードを脱出した。そこから、彼女はダンバーまで約30キロを馬で逃亡した。

やがて、メアリーがリッチョの敵討ちとしてダーンリーの殺害をくわだてているという噂が流れた。実際はそれ以上で、メアリーはスコットランドの貴族、ボズウェル伯ジェームズ・ヘップバーンと恋愛中だった。これがダーンリー卿を始末するためのもう１つの理由だった。

ボズウェルはダーンリーが死ぬように策を立てたらしい。1567年２月10日の夜、メアリーは結婚式に出席するため、エディンバラ近くの自宅、カーク・オ・フィールドを出た。しかし、病気だったダーンリーは自宅に残った。

その夜のあるとき、カーク・オ・フィールドで大きな爆発があった。建物は倒壊したが、ダーンリーはその爆発では死ななかった。逃げようとした彼を陰謀者たちが待ち受けており、ダーンリーは家の外で絞殺死体となって発見された。３カ月後、メアリーはボズウェルと結婚し、すでに双子を妊娠していた。しかし、ボズウェルを憎んでいたスコットランドの領主たちにとって、その結婚は我慢の限界を超えるものだった。結果として、メアリーは逃亡を余儀なくされ、ボズウェルも彼女とともに去った。

1567年７月24日、ロッホ・リーヴェン城でメアリーは退位させられ、その後、彼女は流産した。スコットランドは今や危険な場所となり、メアリーはイングランドへ向かった。1568年５月16日、彼女はそこに到着したが、一方のボズウェルはデンマークへのがれ、彼らが再会することは二度となかった。ボズウェルは精神に異常をきたし、1578年にデンマークの牢獄で死亡した。

ズ6世によって挫かれた。冷酷で狡猾な男に成長した彼は、母親が現役でいることを望まなかった。つまり、メアリーに次いで2番目のイングランド王位継承者である彼は、うまく立ちまわれば、1つばかりか2つの王冠を手に入れることができた。

安全な捕らわれの身

メアリーをスコットランドへもどさないとなれば、エリザベスは彼女をどうするべきか。エリザベスはメアリーを自宅軟禁とし、快適な生活と召使いを与えた。しかし、彼女はつねに監視され、その家に置かれたイングランドのスパイは彼女が受けとった手紙や伝言を読むことができた。さらに重要なことに、彼らはその送り主をつきとめることができた。

当然ながら、カトリック教徒やその他の同調者がメアリーを救出しようとする恐れがあった。予防措置として、エリザベスはメアリーの住まいを転々とさせたが、カトリック教徒たちをだますことはできなかった。だが、彼らのメアリー救出作戦はいずれも失敗に終わった。

救出者をかわすことは、エリザベスの国務大臣フランシス・ウォルシンガム卿の仕事だった。ウォルシンガムはじつは秘密諜報員で、しかも凄腕だった。彼は異国の宮廷に53人もの情報要員を置き、さらにヨーロッパ中に18人の手下を抱えていた。彼らがヨーロッパの42の町や都市から提供する情報により、ウォルシンガムはつねにメアリーの救出とエリザベスの死を望む陰謀者たちの一歩先を読むことができた。メアリーを憎んでいたウォルシンガムは、彼女を「あの悪魔のような女」と呼び、メアリーの破滅を人生の目的としていた。

メアリーはエリザベスへの陰謀については何も知らないと主張した。だが、実際のところ、彼女はそれに深く関与していた。エリザベスに対する最初の重大な陰謀は、1571年に起こった。それはイタリアのフィレンツェ出身のカトリック教徒で、銀行家のロベルト・リドルフィによるものだった。リドルフィはメアリーがイングランド王位につくことを望み、彼のヨーロッパの支持者たちもそうだった。そのなかにはスペイン国王フェリペ2世と教皇も含まれていた。

陰謀をくわだてたエリザベスの敵

リドルフィは約6000人の軍隊とともにイングランドへ侵攻しようとくわだてた。一方、イングランド東部のノーフォークの反乱者たちはエリザベスを誘拐し、彼女を人質にしようとした。メアリーをカトリック教徒のノーフォーク公トマス・ハワードと結婚させるという計画もあり、そうなれば、彼らはイングランドとスコットランドの両方を統治することができた。

しかし、リドルフィはみずからの計画をだいなしにした。彼はそのことをまずい相手に話してしまった。くわだてはエリザベスの主要大臣バーリー卿ウィリアム・セシルの耳にとどき、彼はリドルフィに尾行をつけた。バーリーのスパイたちは、リドルフィが送った伝言や彼が書いた手紙を入手した。その手紙

バーリー卿ウィリアム・セシルは、メアリー1世とエリザベスの両方に仕え、1558年に女王となったエリザベスは彼を国務大臣に任命した。バーリーはその死までの40年間、エリザベスの政策の中心的立案者だった。

は暗号で書かれていたが解読され、すべてが明らかになった。

メアリーを救った情け深い女王

いわゆる「リドルフィの陰謀」は未遂に終わった。ノーフォーク公も反逆罪で訴えられ、1572年に処刑された。しかし、リドルフィは処罰をまぬがれ、メアリーも同じだった。エリザベスの大臣たちはスコットランド女王の処刑を求めたが、彼女は拒否した。流血――とくに王族の――を好まなかったエリザベスは、もう1人の女王に対する死刑執行令状にどうしても署名できなかった。

ただ、これは得策ではなかったかもしれない。メアリーが生きているかぎり、エリザベスへの陰謀は続く。しかし、フランシス・ウォルシンガム卿には独自の計画があった。それは彼が二重スパイとなり、みずからイングランド女王に対する「陰謀」をくわだてるというものだった。ウォルシンガムの計画はメアリーを巻きこんだ。彼はメアリーが無知で虚栄心が強く、陰謀の中心になるのが好きなのを知っていた。ウォルシンガムは彼女がかならず自分の陰謀にだまされると考え、実際に彼女を陥れた。そしてその罪が明らかになれば、エリザベスはメアリーを処刑せざるをえなくなる。

だが、この計画はほかの秘密諜報作戦とは違った。ウォルシンガムがメアリーを始末しようとしている一方で、スペインはイングランド侵攻の準備を進めていた。スペイン国王フェリペは、エリザベスが女王になったときからイングランド侵攻を望んでいた。今がそのチャンスだった。

しかし、フェリペは知らなかったが、彼の防衛前哨部隊はすでに破られていた。スペインにいるイングランドのスパイは、フェリペの無敵艦隊のことを熟知していた。ただ、エリザベスに対するウォルシンガムの「陰謀」と合わせて、イングランドが二重の危険にさらされていることは確かだった。

惚れっぽい男

ウォルシンガムはその陰謀を率いるカモを必要とした。アンソニー・バビントン卿はそれに打ってつけの男だった。バビントンは弱冠25歳の隠れカトリック教徒で、彼のような「若者」の間では、スコットランド女王を崇拝することが流行していた。バビントンも彼女に夢中だった。

ある日、バビントンはメアリーから手紙を受けとった。美しい女王の配慮に舞い上がった彼はすっかりうぬぼれた。しかし、それは先手をとるための策略にすぎず、バビントンはまんまとそれに引っかかった。彼はスコットランド女王とひそかに手紙や小包をやりと

ある日、バビントンはメアリーから手紙を受けとった。彼はすっかりうぬぼれた。しかし、それは先手をとるための策略にすぎず、バビントンはまんまとそれに引っかかった。

スコットランド女王メアリーを描いた19世紀の版画。世評によれば非常に美しかったという彼女は、1587年の処刑後、悲劇のヒロインとなった。実際のメアリーは愚かで、女王としての威厳に欠け、政治的陰謀を好むという致命的傾向をもっていた。

1586年、メアリーはエリザベスに対する陰謀容疑により、ノーサンプトンシャーのフォザリンゲー城で裁判にかけられた。その法廷に自分を裁く権限はないとして、彼女は無罪を主張したが、それにもかかわらず、死刑を宣告された。

りしはじめた。手紙にはイングランドにおける隠れカトリック教徒の活動報告も含まれていた。

1586年5月末、メアリーの代理人の1人、ジョン・バラードが秘密のくわだてのことをバビントンに話した。それはイングランドのカトリック教徒が反乱を起こし、続いてイングランドが侵攻され、最後にエリザベスが殺されるというもので、ついには軟禁から解放されたメアリーがエリザベスに代わって王位につくはずだった。

徹底した罠

当初、バビントンはこのくわだてに恐れをなし、イングランドを出ようと決意した。彼は国外からエリザベスへの陰謀をくわだてる

エディンバラのホーリールードハウス宮殿は、スコットランド女王メアリーの公邸だった。国王ジェームズ4世（1473-1514）の治世に建設が始まり、その後、数回にわたって増改築された。

ほうが得策と考えた。しかし、イングランドを離れるためには、フランシス・ウォルシンガム卿から特別な旅券を得る必要があった。

すると、ロバート・ポリーという人物がその書類を得るための手助けを申し出た。ポリーはウォルシンガムの工作員の１人で、彼はバビントンに近づき、バビントンも彼を信用するようになった。ポリーはバビントンからくわだての詳細をうまく聞き出し、その情報をウォルシンガムに伝えた。

一方、バビントンはメアリーに手紙を書き、くわだてのことを話した。もちろん、ウォルシンガムはそれがスコットランド女王の手に届く前に読んでいた。ウォルシンガムは２人の手紙のやりとりに絶対確実な方法——手紙をビールの樽に隠す——を考えた。メアリーがバビントンへの返事を書くと、彼女の手紙はそうしてこっそりもち出された。手紙を読んだウォルシンガムは、ついにメアリーを目的の場所へ行かせる時が来たと悟った。彼はその手紙に絞首台の絵を描いた。

だまされ、死を宣告された者たち

バビントンはロンドン北部のセント・ジョンズ・ウッドに隠れていた。しかし、すぐにウォルシンガムの工作員に見つかり、バビントンはロンドン塔へ連行された。正気を失うほどおびえていた彼は、やがて自分の命のためならなんでも話し、誰でも裏切る男であることが判明した。

反逆罪の裁判で、バビントンは罪のすべてをジョン・バラードになすりつけた。しかし、それは彼にとってなんの役にも立たなかった。バビントンは絞首の後、内臓をえぐられ、四つ裂きにされる刑を宣告され、バラードも同じだった。この残酷な刑にぞっとしたバビントンは、女王エリザベスに慈悲を請うた。彼はもし自分をその罰から救ってくれるならと、ある友人に1000ポンドもの大金を差し出したが、これもうまくは行かなかった。

1586年9月20日、バビントンとバラードは特別に建てられた巨大な絞首台へとロンドンの街をひきずられていった。バビントンはバラードが反逆者への死の拷問に苦しむようすを見せられたが、このぞっとするような措置のあいだ、彼はなんとか勇気を奮い起こした。バラードが死んだとき、彼はひざまずいて祈るのではなく、帽子を手にして立っていた。自分の番が来ると、彼は堂々と最期をとげた。

エリザベスは残虐な死刑にショックを受けた。まだ7人の陰謀者が処刑を待っていたことから、エリザベスは彼らをバラードやバビントンと異なり、生きているうちは絞首台から降ろさないように命じた。つまり、彼らが完全に死んでから、内臓をえぐり、体を四つ裂きにするようにした。

翌10月14日、スコットランド女王メアリーがノーサンプトンシャーのフォザリンゲー城で裁判にかけられた。メアリーは終始、反抗的だった。その法廷に自分を裁く権限はないとして、彼女は自由を求める以外に、何も認めようとしなかった。

「私は一臣民としてではなく、敵に対抗するための支援と援助を得る約束の下に、この王国へやって来ました。(…)私は拘束や幽閉ではなく、心から自由を望みます。(…)私が一部のむこうみずな男たちのくわだてに関与するはずがありましょうか。彼らの計画は私の関知するところではありません」

いうまでもなく、彼女はしらじらしい嘘をついていたが、裁判官たちはだまされなかった。10月14日、メアリーは反逆罪で有罪となり、死刑を宣告された。エリザベスの秘書のウィリアム・デーヴィソンがその死刑執行令状を作成したが、エリザベスはやはり、それに署名するのをこばんだ。しかし、ウォルシンガムやバーリーといった大臣たちも、今度は彼女をその務めからのがれさせなかった。

彼らは女王エリザベスに執拗にくい下がった。もしメアリーを生かしておけば、将来の反逆者たちを増長させることになると彼らは主張した。また、彼らはいずれスペインがイングランドに侵攻してくることを女王に思い出させた。もし侵攻が成功すれば、メアリーがイングランド女王となるだろう。

最終的にはそれが功を奏した。メアリーがスペイン国王フェリペ2世の傀儡として自分の代わりに王位につくのは、エリザベスにとって耐えがたいことだった。彼女はついにその令状に署名し、1587年2月8日、スコットランド女王メアリーは正式に処刑された。

王者の横顔

斬首台での勇敢さ

1587年2月8日、メアリーは大きな十字架を抱えた侍従の後ろから、フォザリンゲー城の大広間に入った。彼女は黒いドレスに赤いペチコート、頭と肩にはヴェールをまとっていた。彼女の死を見るために300人の人びとがそこに集まっていた。

そのうちの1人、ロバード・ウィンフィールドは当時の状況をこう記している。

「彼女は死を恐れるようすもなく、じつに決然とした態度でクッションにひざまずいた。(…) 斬首台を手探りすると、彼女は頭を下ろし、両手で顎を斬首台に入れた。(…) 台にそっと頭を置き、両腕を伸ばすと、「神よ、あなたの手にこの身をゆだねます」と3回か4回叫んだ。

「斬首台にじっと伏している彼女を、死刑執行人の1人が片手で軽く押さえた。(…) 死刑執行人は斧を二度ふり下ろし、彼女の首を切り落とした。(…) 胴体から離れたその首を、彼は全員に見えるように高く掲げた。(…) 首が切り落とされてから15分、彼女の唇はわずかに動いていた」

「死刑執行人の1人は、彼女の服の下で小さな犬が這いまわっているのを見つけた。犬は外へひっぱり出されたが、それでも死体から離れようとせず、血に染まった彼女の首と肩の間に横たわった」

ロンドンでは、処刑を祝って鐘が鳴り、篝火が焚かれた。しかし、女王エリザベスはメアリーが死んだと知ると、ヒステリーを起こした。彼女は泣き叫び、体を激しく揺さぶって、大臣たちを「犯罪者」と呼んで責めた。だが、バーリー卿は女王に芝居じみたふるまいはやめるように言った。彼は誰もそんなふざけた態度に納得する者はいないと言った。エリザベスがメアリーを憎んでおり、その彼女からやっと解放されて喜んでいるということは、誰もが知っていた。

スペインの敗北と数千人の犠牲者

翌年、132隻の船を率いた無敵艦隊がイングランド侵攻に向けてスペインを出た。国王フェリペは、その「イングランド計画」の成功を確信していた。しかし、彼は間違っていた。イングランド海軍には奥の手があった。

７月31日に無敵艦隊がイギリス海峡に入ったとき、イングランド艦隊は距離をとり、スペイン船を機銃掃射した。何隻かが大破し、多くは炎に包まれて、何千人ものスペイン人が命を落とした。

さらに、イギリス海峡の天候が荒れはじめ、暴風がスペイン艦隊を海峡の東端へと追いやった。彼らはそこからスコットランドの北端をまわり、なんとかスペインへもどった。だが、無敵艦隊の132隻のうち、帰国できたのはわずか60隻で、３万人の乗組員のうち、３分の１以上——１万1000人——が死んだ。

イングランドは思わぬ大勝利をおさめた。人びとは踊りや篝火、花火でそれを祝い、大量のビールで女王に乾杯した。一方、エリザベス自身はより静かに勝利を祝い、彼女は11月24日、ロンドンのセントポール大聖堂で感謝の礼拝を行なった。

エリザベス１世は、躊躇しながらも結局、1587年のフォザリンゲー城でのスコットランド女王メアリーの処刑に同意した。それはイングランドでの約20年におよぶ亡命・幽閉生活の劇的な最後だった。

第10章 ステュアート朝 I

円頂党と国王殺し

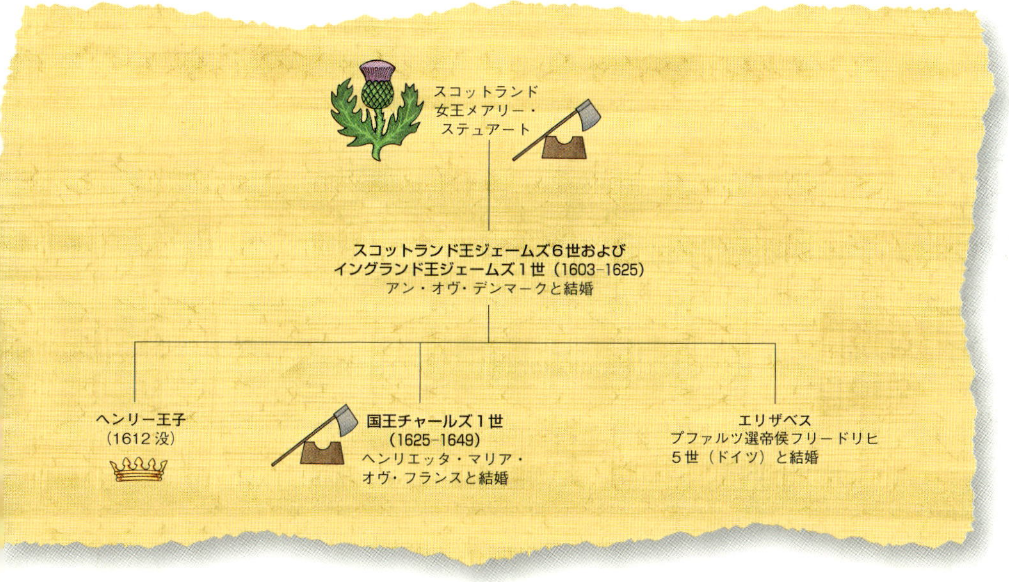

女王エリザベスは、ほかのどのテューダー朝の君主よりも長生きした。彼女は髪と歯を失っても、気力だけは失わなかった。1601年、彼女が67歳のとき、寵臣エセックス伯ロバート・デヴァルーが彼女に反乱を起こした。

チャールズ1世は公開処刑された最初にして唯一のイングランド王だった。1649年1月30日、ロンドンのホワイトホールには王の斬首のための特別な処刑台が建てられた。

激怒したエリザベスは、撃てるものなら撃ってみろといわんばかりに、ロンドンの街へ飛び出そうとしたが、大臣たちがかろうじてそれを引き止めた。

しかし、1602年末には、エリザベスはすでに体調を崩していた。彼女は何かを食べようとも、薬を飲もうともせず、眠ることさえこばんだ。彼女は眠ると死ぬような気がしていた。彼女に残された命は長くなかった。テューダー朝最後の君主エリザベスは、1603年3月24日、椅子に座ったまま息を引きとった。彼女が後継者——スコットランド王ジェームズ6世——を指名したのは、亡くなる直前のことだった。イングランドとスコットランドの2つの君主国を結びつける歴史的事件として、彼はステュアート朝初代国王のイングランド王ジェームズ1世となった。

新国王への熱狂的歓迎

1603年5月、ジェームズはロンドンへ出発した。少しでも早く到着したかった彼は、約60キロの距離を4時間たらずでやって来た。それは当時としては速旅だったが、あまりにも速すぎた。ロンドンへ来る途中、ジェームズは落馬してけがを負った。医師たちによれば、鎖骨が折れていた。

ついにロンドンに着いたジェームズは、大きな歓迎を受けた。何千人もの人びとが新国王の都入りを見ようと集まり、深夜まで祝宴が続いた。しかし、その新しい君主が異様な風貌であるばかりか、ひどく不快な個人的嗜好や癖をもつことがわかると、人びとの興奮は冷めていった。

大胆なくわだての失敗

国王ジェームズは、すぐに自分がどうにもならない状況にあることを知った。そうした落胆の後、ガイ・フォークス率いるカトリック教徒の一団が、有名な1605年の火薬陰謀事件をたくらんだ。それは国王ジェームズと大臣らが出席している国会議事堂を爆破するという非常に大胆な計画だった。

しかし、そのくわだては未遂に終わった。ガイ・フォークスは大量の火薬とともに国会議事堂の地下室にいる現場を押さえられた。陰謀者たちは反逆罪で絞首の後、内臓をえぐられ、四つ裂きにされた。それ以来、毎年11月5日はガイ・フォークスの日となり、イングランドでは祝祭が行なわれている。通りにはフォークスの人形が飾られ、子供たちは「ガイのために1ペニーを」と通行人に寄付を求める。また、イングランド全土で花火が打ち上げられる。

一方、ジェームズは魔術を信じていた。女王エリザベスの時代に魔術法というものがあったが、それはジェームズにとって十分なものではなかった。彼はその法令を変更し、魔女が行なう黒魔術にカニバリズムを含めた。

「もし悪魔を呼び出す呪文やまじないを行なったり、(…) 死人やその皮膚、その骨などを墓からもち出し、それを魔術に使ったりすれば、(…) その者は死刑に処される」

紳士を好む国王

ジェームズは結婚し、子供もいたが、同性愛者でもあった。彼は愛人となる美青年を探して、よく宮廷をうろつきまわった。気に入った者がいると、ジェームズは彼の両頬に濡れた唇を押しつけ、宮廷から丸見えのところ

王者の横顔

不快な習慣をもつ変人

イングランドの人びとは、国王ジェームズがひどく奇妙な人物であることを知った。彼は異様な風貌で、ひょろりとした脚をしていた。口のわりに舌が大きく、食べたり話したりするとそれが飛び出し、よだれも垂らした。あまり入浴しないため、手はいつも垢で黒ずみ、身なりもだらしなかった。

また、ジェームズは暗殺を恐れていた。実際、1、2世紀の間に多くのスコットランド王が殺されていた。そのため、彼はつねに短剣から身を守るためのパッド入りの服を着用し、不恰好に膨れていた。その上、国王ジェームズ1世にはいくつかの驚くべき癖があった。彼は人前で自慰行為をしたり、廷臣たちの前でこんな下品な冗談を言ったりした――「神にかけて誓うぞ！　私は絶対に尻を出して、あいつらにも見せてやる」。狩りに出かけると、彼は殺した動物のはらわたに足を突っこみ、その血と混ざりあった。

しかし、その不快な外見や癖を別にすれば、ジェームズ1世はその時代にはめずらしく、宗教に寛容だった。当時の王はたいていそうではなかった。イングランドのプロテスタントはカトリックを嫌悪し、迫害を恐れたカトリックの多くは身を隠していた。ジェームズはこうした現状を打破しようと決意し、カトリック教徒が堂々とその信仰に従えるような法令を出した。しかし、あまりにも多くのカトリックが表面化したため、ジェームズは怖くなり、すぐさまその法令をとり下げた。結局、事態はふりだしにもどった。

この絵で、国王ジェームズ1世は実際より小奇麗に見える。彼はほとんど体を洗わなかったため、いつもあちこちかきむしり、悪臭がした。

で愛撫した。

王のこうした扱いを受けた１人が、バッキンガム公となった美男のジョージ・ヴィラーズだった。ヴィラーズは狡猾で、国王の愛人になれば、高い爵位が得られるばかりか、富と権力を得られることを知っていた。ジェームズはバッキンガムを熱愛し、人前で彼をなでまわした。王は彼を「愛しのスティーニー」と呼び、手紙でも「最愛の人」と呼びかけた。バッキンガムが海外任務で国を離れると、ジェームズはこう手紙を書いた――「私は胴着の下の胸に青いリボンでスティーニーの絵をつけています」

ガイ・フォークスは大量の火薬をもっているところを現行犯逮捕された。彼は火薬陰謀事件の指導者ではなかったが、それ以来、イングランドでは毎年11月５日は彼の記念日となった。

しかし、王の口説き文句がいつも歓迎されるとはかぎらなかった。たとえば、ジェームズに唇を「辱められた」ホランド伯は、顔をそむけ、唾を吐いた。それを見ていたジェームズの廷臣たちも気分が悪くなった。後の歴史家トマス・バビントン・マコーリーは、国王ジェームズを「よだれを垂らした間抜けな臆病者」と呼んだ。これはそう的はずれではない。

遅かれ早かれ、王は現金がきれるだろう。そのとき、議会は反撃の機会を得られる。王は金を湯水のごとく使った。戴冠式に２万ポンドを費やし、妻のアンも高価な服や宝石を山のようにもっていた。

「神に選ばれた王たち」

イングランドの人びとは、王のこうしたふるまいにはなんとか我慢できた。風変わりな王は過去にも何人かおり、それでもイングランドは生きのびた。しかし、彼らが我慢できなかったのは、ジェームズがスコットランドからもちこんだ非常に危険な考え方だった。これは王権神授説というもので、ジェームズは神によって王に任命されたという信念である。彼の行為を裁けるのは神だけで、1610年、ジェームズは自分が法の適用を受けない存在であることを議会に伝えた。

ジェームズはこう言った――「君主制国家はこの世で最高のものである。神のすることに疑いをさしはさむことが冒瀆であるように、(…) 王のすることに疑いをさしはさむことは臣民を扇動することだ」。彼はさらにこう続けた――「王はこの世における神の副官として、神の玉座に座るばかりか、神自身によってさえ王は神と呼ばれる」

これは憂慮すべき発言だった。かつてこれほどの高慢を許されたイングランド王はいなかった。議会とその前身であるイングランドの諸侯たちは、長い戦いの末、君主に提言する権利を獲得した。ところが今、国王ジェームズは議会に「くたばれ」といっているも同然だった――王はバッキンガム公「愛しのスティーニー」を彼の唯一の助言者に選んだ。

国庫を資金にした贅沢三昧

ジェームズは議会の主要な権限――国王に金を付与する権利――の抜け道を探し、ほかの方法で資金を得た。彼は輸入品に税金を課し、貴族に融資を受け入れさせ、役職を最高値入札者に売却した。これらはすべて違法だった。

議会は激怒した。しかし、彼らは落ち着いて待った――遅かれ早かれ、王は現金がきれるだろう。そうなったとき、議会は反撃の機会を得られる。王は金を湯水のごとく使った。戴冠式に２万ポンドを費やし、妻の王妃アンも高価な服や宝石を山のようにもっていた。ジェームズは廷臣に現金をばらまき、宮廷での娯楽はつねに必要以上に豪華だった。当時もっとも人気のあった仮面劇には大金がかけられ、そうした仮面劇の多くは国王ジェームズの宮廷で上演された。

驚くべき王の転身

1621年、とうとう金に困ったジェームズは

議会の召集を余儀なくされた。議員たちは念願のチャンスをものにした。長いあいだ、彼らはジェームズのカトリック志向に不満をもっていた。イングランドを徹底したプロテスタントにしたかった彼らは、なによりもジェームズとカトリック教国スペインとの親交を断ちたかった。彼らの要求は、「異議申し立て《プロテステーション》」という形で議事録にくわえられた。激怒したジェームズは、その議事録をとり寄せ、プロテステーションと記されたページを切りすてた。議会はそのプロテステーションによって何ができるかを知っていた。

ところが、国王ジェームズはまったく突然に屈服した。1624年、彼は議会がずっと求めていたもの——外交政策における発言力、カトリック志向の終わり、そして戦争を起こす権利さえも——を彼らに与えた。

「もし私が議会の助言に従って開戦を決意したら、金のことは君たちにまかせよう。私はいっさい口をはさまない」

ついに勝利をおさめた議会は、王に3万ポンドもの大金を付与することを決めた。ジェームズの転身はそれだけ驚きに値するものだった。しかし、それには理由があった。彼はまだ57歳だったが、もう若くはなかった。卒中を患っていた彼は衰弱し、長くは生きられなかった。議会にそれが求めるものを与えたのは、静かな余生を送るための唯一の方法だった。ジェームズは1625年3月27日、ハートフォードシャーのシアボールズにある田舎の別荘で死去した。

イングランド王ジェームズ1世は、スコットランド王ジェームズ6世でもあった。この絵は大礼服をまとい、即位の宝器としての宝珠と王笏、そして王権の表章をもつ彼の姿を描いている。

13年前、ジェームズは跡とりのヘンリー王子を腸チフスで亡くしていた。これはその両親ばかりか、イングランドにとっても悲劇的な喪失だった。

わずか18歳のヘンリーは聡明な青年だった。彼は議会と対立するのではなく、協力するという進歩的な考えのもち主で、敬虔なプロテスタントでもあった。ヘンリーが王位につけば、彼の父親が引き起こした問題はすべて解決されるだろうといわれていた。しかし、それはかなわなかった。

できそこない

イングランドがヘンリーの代わりに迎えたのは、国王ジェームズの再来だった。ジェームズの次男の国王チャールズ1世は、身長140センチという非常に小柄な人物だった。彼は頑固で内気な愚か者で、死ぬまで吃音があった。もっと悪いことに、彼は父親と同じく、バッキンガム公を愛人として受け継いだ。さらに悪いことに、チャールズはまたしても「王権神授説」の信奉者だった。議会はチャールズの言葉に縮み上がった——「私はみずからの行動責任を神に対してのみ負っていると明言する」。それは父親ジェームズの影響だったのかもしれない。

チャールズが戴冠した1626年2月2日は、不吉なことばかりだった。王笏の先端にある鳩の羽の片方が折れ、戴冠の指輪から宝石が抜け落ちた。そしてなにより恐ろしいことに、地震が起きた。迷信深い人びとは将来に問題が生じると予感した。

実際、問題が生じた。ジェームズ1世の治世では、議会は彼と激論を戦わせたが、つねに王としての彼には忠実だった。しかし、チ

ャールズの議会は違った。それは過激なプロテスタントの清教徒で占められていた。彼らは国王チャールズ、というよりどの王に対しても我慢するつもりはなかった。彼らにとって、王はすべて暴君だった。

公爵嫌いの団結

チャールズは非常に危険な立場に置かれた。しかも、彼は臣民に税金を課す——一部は違法——という父親ゆずりの策を用いることで、事態をさらに悪化させた。また、チャールズはバッキンガム公にのぼせ上がり、事実上、彼が王を支配し、ひいてはイングランドを支配することとなった。

公爵はひどく憎まれていた。彼を中傷する詩が書かれ、下品な歌が歌われ、扇動的な論説が書かれた。そして1628年６月28日、「公爵を憎む」会のために、暴徒たちがロンドンに集結した。近くの劇場で舞台が終わり、誰かがその扉から公爵の医師ジョン・ラムが出てくるのを見つけた。暴徒たちは怒号した。ラムは避難場所を求め、居酒屋から居酒屋へと必死に逃げまわったが、暴徒たちに襲われ、歩道で殴り殺された。

公爵の医師を殺害することは、公爵自身を殺害することの次善の策だった。しかし、それはバッキンガムに個人的な恨みをもっていたジョン・フェルトンという男には十分ではなかった。

この肖像画のチャールズ１世は、長いかつらとつば広の帽子をつけ、非常にしゃれて見える。馬が頭を下げ、馬丁が片方に傾いた姿勢をとることで、王の身長が140センチしかないという事実が巧みにごまかされている。

バッキンガム公爵ジョージ・ヴィラーズはひどく憎まれていた。彼を中傷する詩が書かれ、下品な歌が歌われた。1628年６月28日、「公爵を憎む」会のために、暴徒たちがロンドンに集結した。

英雄的殺人者

1627年、バッキンガムはフェルトンを海軍指揮官にするのをこばんだ——しかも、それについて非常に侮辱的なことを言った。フェルトンは復讐を誓った。1628年８月23日、フェルトンはポーツマスのグレーハウンドインの外で、バッキンガムを待ち伏せた。バッキンガムがちょうど朝食を終えたところにフェルトンがかけ寄り、彼の胸を刺した。その一撃で、バッキンガムは地面に倒れこみ、命を落とした。

ジョン・フェルトンはその罪のために絞首刑にされたが、彼は国民的英雄となった。ロンドン市民はバッキンガムが死んだと聞くと、歓声を上げ、浮かれ騒いだ。同じくバッキンガムを追放したいと思っていた議会もまた喜んだ。彼を失った国王チャールズは、とうとう１人になった。

この頃、王と議会の論争はエスカレートし、すでに両者の衝突は必至だった。実際、議会では1629年３月２日、チャールズ支持派と反対派が庶民院本会議室で乱闘騒ぎを起こした。

チャールズはすぐに議会を解散させ、以後11年間、議会なしで統治を続けた。彼は国王

バッキンガム公は、彼に個人的な恨みをもっていたジョン・フェルトンという男に殺された。フェルトンは英雄となり、バッキンガムの死は国王チャールズを意のままにしていた彼を嫌う多くの人びとに歓迎された。

ジェームズと同じ方法で金の収支を維持した。彼の金策のなかでもっとも憎まれたのは、「船舶税」だった。船舶税は国家の危機に際して海軍を増強するため、沿岸の町に課せられる税金とされていた。しかし、チャールズがその税金を要求したとき、国家の危機はなく、しかも、彼はそれを内陸の町にも課した。

だが、船舶税も十分ではなかった。1640年、チャールズはスコットランドの反乱に対する戦争に30万ポンドを必要とした。彼は議会を召集したが、状況は何も変わっておらず、以前の対立がそのままあった。議会は王に課税をやめ、カトリックにより厳しい態度でのぞみ、大臣たちを議会の支配下に置くように求めた。しかし、国王チャールズは屈しなかった。それどころか、彼は議会をふたたび解散させた。

船舶税をはじめとする税も続行された。王への反感は増し、議会は我慢の限界を超えた。1641年11月23日、ついに159対148の僅差で大諫奏が庶民院で可決された。

大諫奏はジョン・ピムと4人の議員たちによって起草された。それには国王チャールズによる権力乱用の手段がいくつもあげられていた。約6週間後の1642年1月4日、国王チャールズは強固な護衛とともに、みずから庶民院へ出向いた。目的は大諫奏の5人の起草者を逮捕することで、彼らはその後、反逆罪で起訴されるはずだった。

チャールズは下院議長のウィリアム・レントールにこう言った。

「議長殿、お許しをいただけるのなら、あなたの椅子を少し拝借させてもらいたい」

議長の椅子は一段高くなった演壇にあった。王はそこに立ち、目の前の面々を見渡した。しかし、ジョン・ピムと彼の4人の仲間たちはいなかった。彼らはその日、庶民院へ行かないように警告を受けていた。

チャールズは彼らの居場所をレントールにたずねた。レントールはこう答えた――「恐れながら陛下に申し上げますが、下院は私に指図するのが好きで、私はそれに仕えるためにここにいるのでございます」。要するに、レントールは何も明かすつもりはなかった。

負けを悟った王は、「そうか、逃げられたか。彼らがここへもどりしだい、すぐに私のところへ寄こしてもらいたい」と言い、その場を去った。ジョン・ピムたちは1週間後にもどったが、誰も彼らを国王チャールズに引き渡そうとはしなかった。

王党派と円頂党

今や内戦は必至のようだった。国王チャールズとその王妃ヘンリエッタ・マリア、そして彼らの子供たちは、ロンドンからサリー州のハンプトンコート宮殿へ避難した。イングランドの三度目にして最後の内戦は、1642年8月22日に始まった。その日、国王チャールズはノッティンガムで「王旗を掲げた」。それは彼を支持する王党派と円頂党の議会派との戦いとなった。

戦争は国王チャールズと王党派に有利に始まった。彼らはウォーリックシャーのエッジヒルで初戦を勝ちとった。しかし、その後はどちらも決定的な勝利のないまま、ほとんどが引き分けに終わり、包囲攻撃が延々と続いた。

内戦では家族のなかでも支持が分かれた。王の側につく者もいれば、議会の側につく者もいた。しかし、多くは選択の余地がなかった。王党派と議会派はどちらも徴兵制度を導入し、男子は強制的に戦いへ駆り出された。1643年、議会派の指導者の1人、オリヴァー・クロムウェルは女性の一団を軍務につかせた。彼女たちは「乙女軍団」として知られ、その任務は議会のために戦う「若者を奮起させる」ことだった。

だが、兵士の多くは戦争に行きたがらなかった。ある軍隊は募兵係のユーレス中尉を居酒屋で襲った。彼らはユーレスに店の看板の角材の上を這わせた。彼は殴られ、石をぶつけられ、ごみの山に投げ入れられたが、まだ

1642年、国王チャールズ1世は、王権乱用として自分を訴えた5人の議員を逮捕するため、議事堂へ向かった。イギリスの君主が下院へ入ることを禁じる伝統はここから始まった。

イングランド内戦時、攻撃を受ける王党派の砦で、大砲の集中砲火に耳をふさぐ女性の姿。内戦はしばしばなにより残酷なものとされ、この内戦も多くの一般大衆に恐怖をもたらした。

死んではいなかった。彼はよろめきながらなんとかそこを出たものの、ふたたび襲撃者に見つかり、今度は頭を殴打されて死んだ。

新型軍の突撃隊

クロムウェルは地方の資産家で農場主だった。彼はヘンリー８世の悲運の大法官トマス・クロムウェルと同じ家の出身だった。当初からその内戦で戦っていた彼は、すぐに議会軍の重要な事実に気づいた。議会軍は訓練と統制に欠けており、そんな軍隊ではこの戦争に勝てるわけがなかった。

1645年、クロムウェルは新型軍の創設にとりかかった。これははるかに専門的な軍隊で、彼らは厳しい訓練を受け、規律ある生活を送り、激しい戦闘をこなした。こうしたことが大きな変化を生み、1645年６月14日、新型軍はノーサンプトンシャーのネーズビーの戦いに勝利した。これは国王チャールズにとって終わりの始まりだった。彼はヘレフォードに避難したが、自分に勝ち目がないことを悟った。

権力のなせる業

勇敢なブリリアナ

夫が戦争へ出ていくと、妻たちは残って家を守った。ブリリアナ・ハーリーもその1人だった。ブランプトン・ブライアンは、イングランド西部のヘレフォードシャーにある彼女の自宅で、王党軍によって6週間包囲された。ハートフォード侯爵率いる王党派は降伏を命じたが、彼女はそれをこばんだ。

やがて、ハーリー夫人とその召使いや従者たちは恐ろしい状況に追いやられた。まず食料が不足した。王党派の兵士たちは彼女の家をとり囲む広大な敷地に入りこみ、牛や羊、雄牛を盗んだ。彼らは小屋や建造物を燃やした。また、ハーリー夫人の召使いの1人、エドワード・モーガンを殺し、料理人も射殺した。

王党派はブランプトン・ブライアンに大砲を撃ちこみ、その屋根の大半を破壊した。雨漏りのため、家中の部屋がずぶ濡れになった。

それでも、ハーリー夫人は反撃に出た。彼女のもとには50人の兵士しかいなかったが、彼女は彼らに王党派の防御を破るように命じ、奪われた食料もほとんどとり返した。しかし、そうした奮闘のせいで彼女の命は失われた。1643年10月29日、彼女は卒中を起こし、その2日後に亡くなった。結局、王党派も断念し、屋敷から撤退した。

スコットランドの慈悲にすがる王

チャールズは髪を短く切り、つけ髭をして召使いを装い、北のスコットランドへ向かった。イングランド王であると同時にスコットランド王でもあったチャールズは、スコットランドが自分を助けてくれることを期待した。

しかし、スコットランドの長老派教会は、チャールズが彼らの条件に同意しないかぎり、助けるつもりはなかった。彼らはイングランドにおける長老派の信仰を要求したが、チャールズにとってこれは受け入れがたいものだった。長老派は王がその土地の最高権力者として臣民に責任があると考えていたが、王権神授説を信じるチャールズはそれを否定した結局、スコットランドは我慢しきれず、彼をイングランドへ追い返した。

議会はチャールズをハンプトンコート宮殿に軟禁した。しかし、番兵に殺されるのを恐チャールズは髪を短く切り、つけ髭をして召使いを装い、北のスコットランドへ向かった。スコットランド王として…チャールズは、スコットランドが自分を助けてくれることを期待した。

イングランド内戦をはじめとする戦いの再現は、イングランドの歴史愛好団体の間で一般的な活動である。17世紀の舞台背景を再現するには、服装や髪型、武器についての徹底した調査が必要になる。

権力のなせる業

イングランドの女性狙撃兵

国王チャールズは女性が戦いに出ることを禁じた。それでも、やはり戦う女性たちもいた。ジェーン・エングルビーもその１人で、農夫の娘だった彼女は男装し、1644年のマーストンムーアの戦いで夫とともに戦った。ほかにも、チェスターやレスターなどの町で、狙撃兵として働く女性たちがいた。ウィンダムという女性は、サマセットのブリッジウォーターの包囲で、円頂党の指導者の１人、オリヴァー・クロムウェルを狙い撃ちしたが失敗した。もし彼女がそこで彼を殺していたら、内戦は違った展開になっていたかもしれない。

1644年7月2日のマーストンムーアの戦いに敗れたことで、王党派はイングランド北部での支持を失った。ルパート王子の手下は大敗し、彼は豆畑に隠れていなければならなかった。

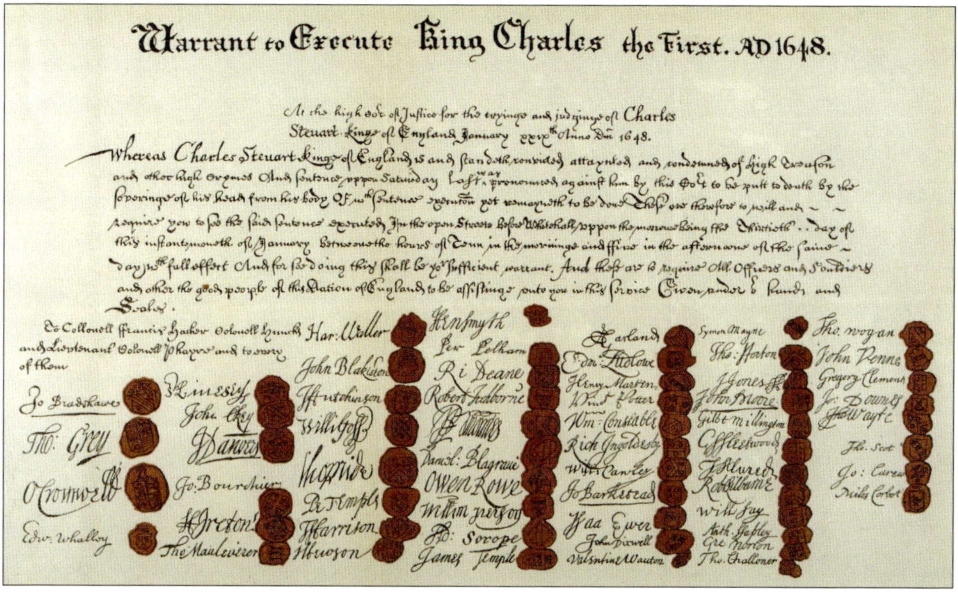
Warrant to Execute King Charles the First. AD 1648.

At the high Cort of Justice for the tryinge and judginge of Charles Steuart Kinge of England January xxixth Anno Dni 1648.

Whereas Charles Steuart Kinge of England is and standeth convicted attaynted and condemned of High Treason and other high Crymes And sentence uppon Saturday last was pronounced against him by this Cort to be putt to death by the severinge of his head from his body Of wch sentence execucon yet remayneth to be done These are therefore to will and require you to see the said sentence executed In the open Streete before Whitehall uppon the morrowe being the Thirtieth day of this instante moneth of January betweene the houres of Tenn in the morninge and Five in the afternoone of the same day wth full effect And for soe doing this shall be yor sufficient warrant And these are to require All Officers and Souldiers and other the good people of this Nation of England to be assistinge unto you in this service Given under our hands and Seales.

To Collonell Francis Hacker Collonell Huncks and Lieutenant Collonell Phayre and to every of them

Jo Bradshawe　Tho: Grey　O Cromwell　Edw: Whalley　M Livesey　John Okey　J Danvers　Jo: Bourchier　H Ireton　Tho Mauleverer　Har: Waller　John Blakiston　J Hutchinson　Willi Goffe　Tho Pride　Pe Temple　T Harrison　J Hewson　Hen Smyth　Per Pelham　Ri Deane　Robert Tichborne　H Edwardes　Daniel Blagrave　Owen Rowe　William Purefoy　Ad: Scroope　James Temple　A Garland　Edm Ludlowe　Henry Marten　Vint Potter　Wm Constable　Rich Ingoldesby　Will Cawley　Jo Barkstead　Isaa Ewer　John Dixwell　Valentine Wauton　Symon Mayne　Tho: Horton　J Jones　John Moore　Gilbt Millington　G Fleetwood　J Alured　Robt Lilburne　Will Say　Anth Stapley　Gre Norton　Tho Challoner　Tho Wogan　John Venn　Gregory Clement　Jo Downes　Tho Wayte　Tho Scot　Jo Carew　Miles Corbet

オリヴァー・クロムウェルをはじめとする59人の議会派兵士たちの署名が入った、国王チャールズ１世の死刑執行令状。さらに多くの者たちがウェストミンスターホールでのチャールズの裁判に召喚されたが、彼らのほとんどは国王への死刑宣告にしりごみしていた。

れた彼は、1647年11月11日、夜にまぎれて脱走した。彼は全速力で馬を南へ走らせた。３日後、チャールズはイングランド南岸沖のワイト島にあるカリズブルック城に到達し、城主に保護を求めた。

１年後の1648年12月１日、陸軍将校たちが城にやって来て、国王チャールズを無理やり連行した。結局、彼はイングランド南岸のハースト城に幽閉された。そこは細長い隙間のような窓があるだけの、狭くて暗い部屋だった。

イングランド初の臣下による国王裁判

一方、オリヴァー・クロムウェルは、王にロンドンのウェストミンスターホールで裁判を受けるように命じた。イングランド王がその臣下によって裁判にかけられるのははじめてで、裁判は1649年１月20日に始まった。

チャールズは「無制限かつ非道な権力を築こうという邪悪なたくらみから、(…) 現在の議会とそれが代表する国民に対して不実で不当な戦端を開いた」として訴えられた。裁判官たちは王をその肩書きではなく、ただ「チャールズ・ステュアート」と呼んだ。

チャールズは反論しようとしなかった。彼はその法廷に自分を裁く権限がないと考えていた。

「私は自分がここでどのような権力をもち、(…) 法的な意味でどのような権限をもつか

を知っている。(…) 思い出してもらいたい。私は君たちの王であり、法的に認められた君主である。(…) この世のいかなる上級裁判権も王を裁くことはできない」

しかし、法廷は影響されなかった。彼らはチャールズを有罪とし、あとは判決を言い渡すのみだった。判決は死刑で、オリヴァー・クロムウェルをはじめとする59人の兵士たちが死刑執行令状に署名した。やがて、ロンドンのホワイトホールのバンケティングハウスの外に、巨大な処刑台が建てられた。

1649年1月30日は身をきるような寒い日だった。チャールズは防寒のために2枚のシャツを求めたが、それは彼いわく、「私はこの厳しい寒さに体を震わせるだろう。立会人のなかには、それが恐怖によるものだと思う者もいるかもしれない」からだった。

大勢の人びとが見守る中、チャールズは処刑台へつれていかれた。チャールズの最後の呼びかけからも、彼がなお王権神授説を信じていることは明らかだった。

「私は君たちに、［国民の］自由と解放は政府をもつことにあり、その法律によって彼らの生活や財産はもっとも守られるといわなければならない。国民は政府に参画するためにあるのではなく、政府は彼らとはなんの関係もない。臣民と君主はまったく別物なのである」

チャールズは首切り台に頭をのせた。死刑執行人の斧がふり下ろされ、彼は王の頭を一撃で切り落とした。ある目撃者はこう記している——「そのとき、居あわせた何千人もの人びとから大きなうめき声がした。それは今まで聞いたことがなく、もう二度と聞きたくないようなものだった！」

8日後、議会は王の称号と役職を廃止し、5月19日には君主制も廃止された。イングランドはその歴史上、最初で最後の共和国となった。

ヴィクトリア朝時代の無名の画家によるこの絵は、後の護国卿オリヴァー・クロムウェルが、処刑された国王チャールズ1世の遺体を見つめる姿を描いている。王の頭は、納棺される前にふたたび遺体にとりつけられたのだろう。

第11章 ステュアート朝 Ⅱ

陽気でもない君主国

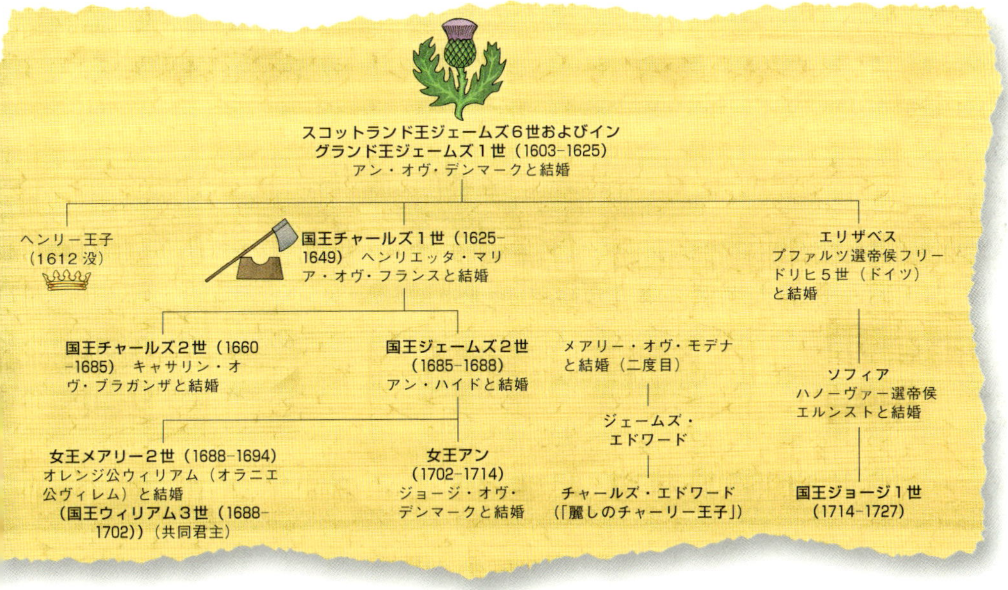

イングランド共和国は清教徒が牛耳る議会によって統治された。清教徒は、彼らが邪悪で不道徳と考えるものすべてを排除しようとする「興醒まし」だった。

国王チャールズ2世の戴冠式で用いられた王冠、宝珠、剣といった王権の表章は、その儀式のために新造される必要があった。議会が既存の王権の表章を売りはらったためだ。

姦通は死刑を意味し、決闘も殺人罪に問われる恐れがあった。とくにののしり、博打、酒酔いを標的とした清教徒は、日曜日と断食日にはパブを閉め、ののしりには罰金を科した。金額はののしった人物によって異なり、公爵は30シリング、男爵は20シリング、地方の大地主は10シリングで、その他は3シリング4ペンスとされていた。ただし、それは初犯にかぎってのもので、どの罰金も二度目は倍額になった。

禁じられた娯楽

清教徒はつねに不道徳とその温床に目を光らせていた。劇場——「悪徳と不品行の巣窟」——が閉められたのもこのためだった。熊いじめや闘鶏といった伝統的な娯楽も禁じられ、5月柱《メイポール》のダンスも「淫らで野蛮」としてやめさせられた。

染めた服も禁じられ、レースやリボン、飾りボタンを身につけているところを見られるのも違法だった。清教徒は長髪にも眉をひそめた。イングランドとその国民は、清教徒による統治のあいだ、ひどく憂鬱な時をすごした。

王の「魔力」を渇望する大衆

しかし、清教徒が君主制を廃止したのは大きな間違いだった。君主制と君主制への愛着はイングランドの伝統に深く根づいており、それには魔力のようなものがあった。人びとがあまりにも君主を恋しがるため、1657年、議会は異例の提案をした——それは当時護国卿だったオリヴァー・クロムウェルを国王として迎えるというものだった。しかし、彼はその考えを一笑に付した。クロムウェルは人びとが年老いた王など望んでいないことを知っていた。彼らは「本物」を求めていた。それは国王チャールズ1世の息子で、亡命中のチャールズ王子を意味した。

さらに、清教徒の統治には深刻な弱点があった。それは彼らがクロムウェル1人に頼っていたということで、彼が1658年に死去すると、清教徒の体制は崩壊した。

「怠け者ディック」の下での無政府状態

護国卿としてのクロムウェルの跡を継いだのは、息子のリチャードだった。しかし、リチャード・クロムウェルは父親のような人物ではなかった。彼が統治をまかされていた1年8カ月のあいだ、イングランドは無政府状態におちいった。もっとも悪い事態の1つは、多くの兵士が賃金未払いになったことだ。彼らはイングランドをさまよい、食料や金など必要なものを盗んでまわった。

リチャード・クロムウェルはまったくの役立たずで、「怠け者ディック」というあだ名をつけられた。自分の力では事態を収拾できないと悟ったクロムウェルは、1659年5月16日、ロンドンから姿を消した。彼はパリへ、それからイタリアへのがれ、ジョン・クラークという偽名さえ使った。彼の妻も二度と彼に会うことはなかった。

怠け者ディックが去ると、イングランドを統治する者は誰もいなくなった。そこで王を帰国させることが急務となり、チャールズは

イングランドに「王のオーク《ロイヤル・オーク》」という名のパブが何百軒とあるのは、1651年10月14日、ウースターの戦いに敗れたチャールズ2世がオークの木に隠れたという逸話にちなんでいる。

ROYAL OAK

11年間の亡命の末、チャールズ２世は至福の瞬間を迎えた。彼の船はドーヴァーに向かって進み、そこで彼はイングランドの土を踏み、王に復帰した。チャールズはその臣民から熱烈な歓迎を受けた。

11年ぶりに復位した。1651年、彼は力ずくで王位を奪おうとして、失敗していた。軍隊が10月14日のウースターの戦いに敗れると、チャールズは潜伏を余儀なくされた。オリヴァー・クロムウェルは彼の逮捕に1000ポンドの懸賞金をかけ、チャールズは追っ手からのがれるためにオークの木に隠れなければならなかった。現在、イングランドに「王のオーク《ロイヤル・オーク》」という名のパブが多いのは、この名残である。

王の勝利の帰還

1651年の敗北後、チャールズは正体を隠すため、顔を黒く塗り、身をやつした。クロムウェルの手先の激しい追跡をかわし、町を転々とした彼は、なんとか船でフランスへもどった。しかし、それから９年後、ついにチャールズにとって記念すべき瞬間がやって来た――陸軍高官のモンク将軍が彼に王としての帰還を求めたのである。1660年５月29日、30歳の誕生日を迎えたチャールズは意気揚々とロンドンに入った。何千人ものロンドン市民が彼を歓迎するために集まった。日記作家のジョン・イーヴリンは次のように記している。

「勝利のパレードでは２万人以上の騎兵と歩兵がその剣をふりかざし、えもいわれぬ喜びに歓声を上げた。街中に花がふりまかれ、鐘が鳴り響いた。通りはタペストリーで飾られ、噴水にはワインが流れ、(…) ラッパや音楽が聞こえ、無数の人びとが群がっていた。(…) そのため、彼らは（ロンドン）市を通過するのに午後２時から夜の９時まで、７時間もかかった」

その夜、テムズ川の向こうでは花火やイルミネーションがみられ、人びとは一斉に小舟や艀船に乗りこんだ。その数はあまりにも多く、イーヴリンは「川を歩いて渡ることもできるほどだった」と書いている。

一方、国王チャールズは彼なりの方法で帰還を祝った。９カ月後の1661年２月15日、彼の多くの愛人の１人だったバーバラ・ヴィラーズが女の子を出産した。アン・パーマーと名づけられたその女の子は、王の15人の非摘出子の１人だった。

「かわいくて機知に富んだネル」

愛人をつくることは、亡命中のチャールズにとってほとんど唯一の楽しみだった。彼は女性をえり好みしなかった。彼の目に留まった豊満な美女であれば、誰でも王のベッドへ招かれた。そのなかでもっとも身分が低く、もっとも魅力的だったのがネル・グウィンである。ロンドンのイーストエンドにあるスラム出身の彼女は、裕福な地域で魚を売り歩くのが最初の仕事だった。やがて、彼女はロス夫人という売春宿の女主人に見出され、わずか12、3歳で娼婦になった。

しかし、彼女はふつうの娼婦ではなかった。ネル・グウィンは生き生きと相手を楽しませる魅力をもっていた。後に日記作家のサミュエル・ピープスは、彼女を「かわいくて機知に富んだネル」と呼んだが、まさにそのとおりだった。一方、野心家でもあった彼女は、ほかの少女のように売春宿で使いすてにされるつもりはなかった。ロンドンの舞台が彼女に出世のチャンスを与えた。

国王チャールズの帰還後、劇場が再開され、斬新で刺激的な「復古喜劇」が上演された。清教徒はこうした下品で思わせぶりな劇をかたくなに非難したが、国王チャールズはそれが大好きだった。彼は1663年に開業したキングズハウスという最新の劇場にしばしば足を運んだ。そこではじめて、彼は観客にオレンジを売っていたネル・グウィンに出会った。

魅力的なネルは、周囲の男性たちからいつも熱い視線を向けられていた。その１人が俳優のチャールズ・ハートで、彼はネルがすばらしい女優になると直感した。当時、女優はイングランドの舞台で非常に新鮮な存在で、それまで女役は男性が演じていた。

ライバルの愛の夜をだいなしにしたネル

もう１人の女優に、国王チャールズの愛人の１人だったモル・デーヴィスがいた。モルはネル・グウィンを嫌い、ネルも彼女を嫌っていた。モルへの腹いせに、彼女は意地悪ないたずらを思いついた。1668年初めのある夜、モルは国王チャールズとベッドをともにしようとしていた。しかし、その数時間前、ネルはモルに用意しておいた砂糖菓子を食べさせた。モルはその砂糖菓子に下剤のヤラッパがたっぷり入っていることを知らなかった。

その夜、ヤラッパが効きはじめた。モルは激しい下痢に襲われ、セックスどころではな

かった。王がどう思ったかはわからないが、彼はおそらく、その冗談とそれをしかけた愉快な若い女性を面白がったのだろう。彼はすぐにネルを自分の愛人名簿にくわえた。

チャールズの遊び心に訴えたもう１つの「いたずら」――こちらのほうがずっと劇的――は、1671年、ロンドン塔から戴冠用宝玉を盗み出すというくわだてだった。その「泥棒」はアイルランドの鍛冶屋の息子、トマス・ブラッド大佐だった。ブラッドの人生は鮮烈で、1670年、彼はアイルランド総督のオーモンド公爵を誘拐した。死刑を宣告されたブラッドは、ロンドンのタイバーンで絞首刑にされようとしているところを土壇場で執行猶予になった。ブラッドは逃亡し、彼の逮捕について1000ポンドの懸賞金がかけられた。しかし、彼は捕まらず、今度は戴冠用宝玉を盗み出すことになった。

血盟《ブラッド》の義兄弟

ブラッド大佐は牧師を装い、ロンドン塔の宝物館の館長トールボット・エドワーズと親しくなった。彼らの友情はたがいの家族を結婚させるほどに深まり、その結婚式が1671年５月９日、ロンドン塔で行なわれることになった。

その日、ブラッドは２人の共犯者とともに塔へやって来た。トールボット・エドワーズは、ブラッドが司祭平服の下から木槌を取り

ネル・グウィンは、チャールズ２世の多くの愛人のなかでもっとも有名で、もっとも飾り気のない女性だった。チャールズがロンドンの劇場ではじめて彼女と会ったとき、彼女はそこで観客にオレンジを売っていた。その後、ネルはイングランド屈指の大女優となった。

ブラッド大佐は王冠を奪い、司祭平服のポケットにおさまるようにそれを木槌で平らにした。共犯者の１人は宝珠を奪い、それを尻の下に隠した。もう１人の共犯者は、王笏をやすりで半分に削ろうとしていた。

出し、それで彼の頭を殴ろうとするまでなんの疑いももっていなかった。意識を失ったエドワーズは床に倒れた。

ブラッドは王冠を奪い、司祭平服のポケットにおさまるようにそれを木槌で平らにした。共犯者の１人は宝珠を奪い、それを尻の下に隠した。もう１人の共犯者は、王笏をやすりで半分に削ろうとしていた。

ちょうどそのとき、エドワーズの息子のウィスが思いがけなくやって来た。彼は父親が血を流して床に倒れているのを見つけると、警鐘を鳴らした。これを聞いたブラッドと共犯者たちはあわてて逃げ出そうとしたが、結局、捕まった。

面白がる陽気な王様

その話を聞いた国王チャールズは非常に面白がり、ブラッドに恩赦を与えた。また、王はブラッドに年500ポンドもの年金を与え、彼を宮廷へ招いた。「陽気な王様」チャールズが復位したことで、イングランドに「お遊び」がもどったというわけだ。

しかし、陽気な王様の治世は楽しいことばかりではなかった。当時、彼の父親の死刑執行令状に署名した者たちへの残酷な復讐が行なわれた。王を死に追いやった者たちのうち

権力のなせる業

死してなお復讐

死者に対しても復讐があった。国王が帰還する前に死んだ清教徒たちは掘り起こされ、遺体を穴に投げ入れられた。そのなかにはオリヴァー・クロムウェルとジョン・ブラッドショーもいた。ブラッドショーはチャールズ1世の裁判で裁判長をつとめた人物で、この2人には特別な罰が与えられた。

1661年1月30日、彼らの遺体はロンドンのマーブル・アーチ近くのタイバーンへ簀子そりで引かれていった。彼らはそこで日没まで絞首台につるされた後、首を切り落とされ、ウェストミンスターホールの頂上にさらされた。クロムウェルの首は強風に吹き落とされるまで、25年間もそこにあった。

若きチャールズ2世の肖像画。彼は父親のチャールズ1世が処刑される前年の1648年、フランスへのがれた。

の10人は、1660年10月20日、ロンドンのタイバーンで絞首の後、内臓をえぐられ、四つ裂きにされた。その1人のある兵士は、内臓をえぐられている間に起き上がり、死刑執行人を殴ったという。

議会を排除するための巧妙な計画

国王チャールズには晴らすべき恨みがほかにもあった。彼の人生の主眼は、「二度と国外へ逃亡しないこと」だった。ようやく手に入れた王位を保持するためなら、彼はなんでもするつもりだった。その最重要項目が議会の排除だった。

国王はいつも議会に資金を頼っていた。議会は王の政策に不満であれば、支払いをこば

この絵が示しているように、タイタス・オーツはたんなるさらし台よりもずっと卑劣な罰を受けた。偽証罪で有罪となった彼は1685年に終身刑に処されたが、1688年に国王ジェームズ2世が退位した後、釈放された。

むことができた。この事態を打開するためには、王は独自の資金源を手に入れる必要があった。1670年、チャールズはフランス国王ルイ14世とドーヴァー条約を結んだ。議会はこの条約によって、チャールズがルイのヨーロッパでの戦争を助けるものと考えていた。しかし、そこには秘密の条項があり、ルイはチャールズに莫大な金を与えることに同意していた。議会が疑いを抱くと、チャールズは嘘をつき、秘密の条約などないと断言した。ただ、そう話す彼の両手は震えていた。

とはいえ、ルイの金によってチャールズの望みはかなった。1681年、彼は議会を解散させることに成功し、その後、死ぬまで議会なしで統治した。これは一石二鳥だった。議会はもはや支払いをこばむことで王を脅すことはできず、チャールズの弟ヨーク公ジェームズが王位継承者となることも阻止できなかった。

ジェームズはカトリック教徒だった。彼は自分が王になったら、イングランドをカトリック教会にもどすつもりだった。これは議会の反発を招き、ジェームズを王位継承者から排除しようとするくわだてがいくつもなされたが、いずれも失敗した。ジェームズの最大の支持者は国王チャールズ自身であり、彼はジェームズが正当な王位継承者である以上、王になるのは当然だと主張した。

カトリックの国王ジェームズ2世は、イングランドをローマ教皇の管轄にもどそうとして、大きな混乱と激しい反発を招いた。彼は父チャールズ1世のような運命――首切り台で処刑――はまぬがれたが、生涯の亡命を余儀なくされた。

陰謀と計略

しかし、反チャールズ派の陰謀者たちも黙ってはいなかった。1678年、タイタス・オーツとイスラエル・トンジという2人の男が「カトリック教徒陰謀事件」をくわだてた。この陰謀は完全なでっち上げだったが、不安に駆られた人びとの多くはそれを事実と思いこんだ。

その「陰謀」の首謀者は、国王チャールズを暗殺しようとするカトリックのイエズス会の司祭たちで、目的はカトリック教徒のジェームズを確実に王にさせることだった。やがて、カトリック教徒陰謀事件はロンドンの行政官の耳に入った。彼は詳しく調査し、それがまったくの嘘であるという結論に達した。とはいえ、タイタス・オーツは偽証罪で裁判にかけられ、終身刑を言い渡された。

翌年の1683年、ある一団が「ライハウス事件」という別の陰謀をくわだてた。こちらは本気で暗殺を考えており、彼らは国王チャールズばかりか、ジェームズも標的にしていた。2人が死ねば、カトリックの王がイングランドの君主になる危険はなくなると彼らは考えた。

その陰謀者の1人が、国王チャールズの最初の非嫡出の息子、モンマス公ジェームズだった。彼は虚栄心が強く、愚かで野心的だった。モンマスは自分が王になることを望み、これをそのための手段と考えた。

その陰謀の拠点となったのが、ハートフォードシャーのホッデストンにあるライハウス農場だった。熱心な競馬ファンだった国王チャールズは、ニューマーケットの競馬大会の常連だった。彼らはロンドンからニューマーケットへ向かう道中、ライハウスの近くの細

権力のなせる業

残酷好きなジェフリーズの野蛮な判決

「血の裁判」で裁判官のジェフリーズがくだした残酷な判決は、今も無慈悲で異例の処罰の代名詞となっている。

モンマスの反乱に対する報復は、その指導者の処刑だけに終わらず、さらに恐ろしい罰が続いた。一連の裁判で、モンマスを支持した300人の者たちが死刑を宣告された。その1人が70歳になるアリス・リールで、彼女は2人の反乱者をかくまったとして、火あぶりの刑を言い渡された。

その裁判は「血の裁判」として知られるようになり、ジェームズ2世のもっとも残忍な代理人の1人であるジョージ・ジェフリーズが、ブリストルでその裁判の議長をつとめた。すでに血に飢えたサディストとして知られていたジェフリーズは、裏取引で利益を得ていた。彼は反乱者の何人かに恩赦を売ることで一儲けした。しかし、それでも何百人という者たちが体罰を受け、さらに何百人もが過酷なアメリカの植民地送りにされた。それは大規模な報復だった。

道を通った。陰謀者たちは、国王チャールズとその弟ジェームズが競馬の帰りにその道を通るとき、彼らを待ち伏せして殺すつもりだった。

しかし、思わぬ事態が起こった。チャールズとジェームズがニューマーケットにいるとき、そこで火事が発生し、レースがとりやめになった。これは彼らがニューマーケットを出発し、予想よりずっと早くその細道を通ることを意味した。もちろん、そのおかげで彼らは命びろいした。

陰謀者たちはいずれも逮捕された。その1人だったエセックス伯は裁判の前に自殺したが、ほかの3人は反逆罪で有罪となった。証

これはハートフォードシャーのホッデストン近くにあるライハウスで、1683年、ニューマーケットでの競馬から帰る途中の国王チャールズとその弟ヨーク公ジェームズを殺そうとした共和主義者の陰謀の拠点となった。

拠のほとんどはでっち上げで、検察側の証人の何人かには偽証の疑いもあった。それでも、陰謀者たちはモンマスを除いて斬首刑に処された。モンマスは国王チャールズに気に入られていたため、処刑をまぬがれた。

新しい王、くりかえされる反乱

２年後の1685年２月５日、チャールズが死去し、彼がかねてから望んでいたように、弟のジェームズが国王ジェームズ２世となった。しかし、その直後、モンマスがふたたびその王位を奪おうとして、新国王に対する武装反乱軍を率いた。1685年７月６日、モンマスの軍隊はサマセットのセッジムアの戦いで大敗した。彼はなんとか戦場から逃げ出し、潜伏した。

１週間後、モンマスは排水溝に隠れているところを見つかった。彼は反逆罪で訴えられ、７月15日に処刑された。しかし、処刑人のジャック・ケッチは不器用だった。彼はモンマスの首に５回も斧をふり下ろしたが、それでもモンマスの息の根を止められず、モンマスの体はまだぴくぴく動いていた。ケッチはうんざりして斧を投げすて、「私には無理だ。ど

Gulielmus Rex Maria Reg

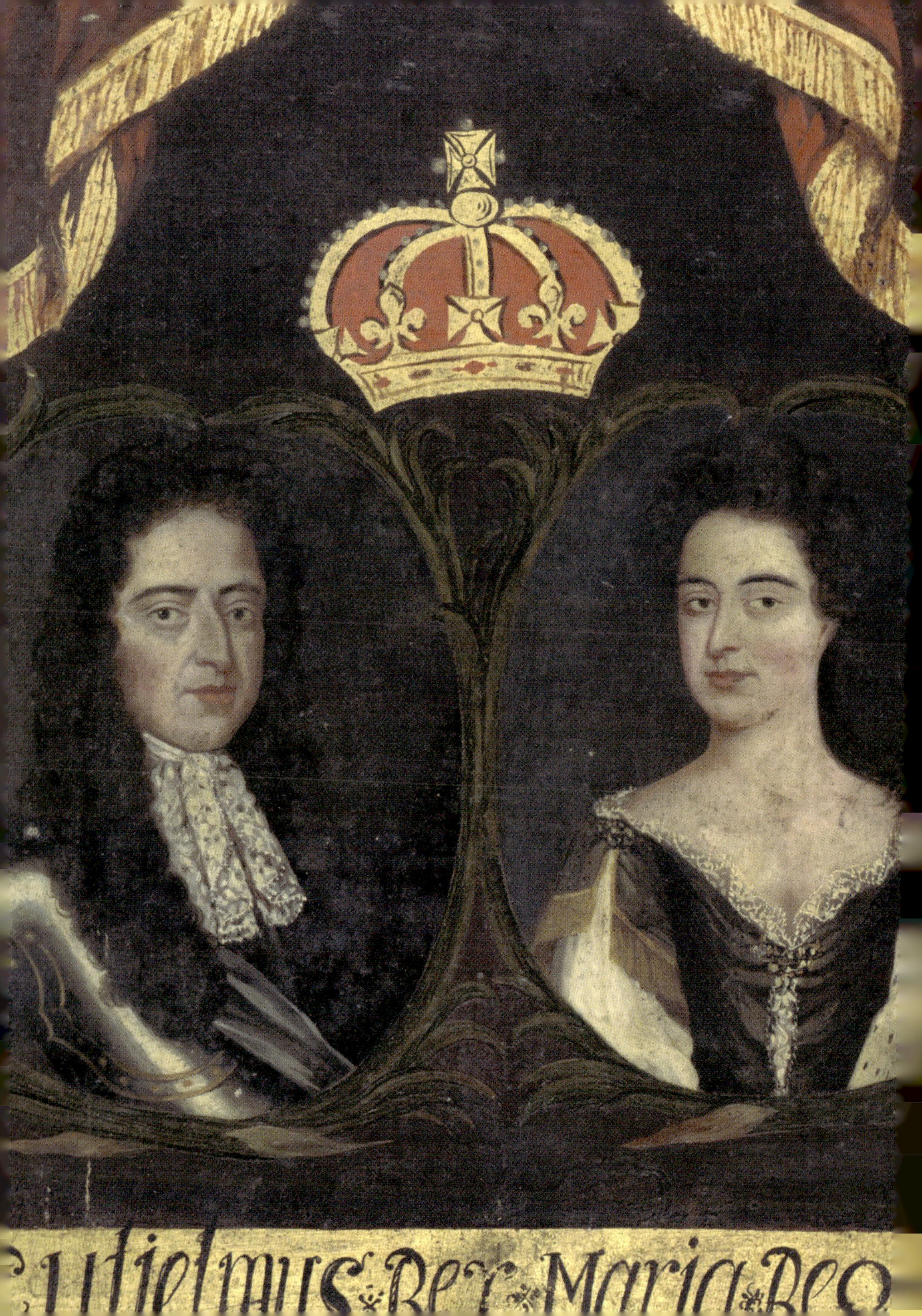

この絵は、国王ウィリアム３世と女王メアリー２世の共同君主を描いている。ウィリアムは国王ジェームズ２世による「カトリック」政策の「脅威」からイングランドを救うため、議会に招かれた。

うしてもできない」と言った。結局、モンマスの首はナイフで切り落とされた。

国王チャールズはジェームズの王位継承を確実にしようと懸命だったが、彼はいざジェームズが王となったらどうなるかを知っていた。彼はジェームズが３年たらずで破滅を招くと予想し、その予想は的中した。

ジェームズはさっそくイングランドをカトリックに復帰させようとした。王はカトリック教徒に重要な官職や公職を与え、プロテスタントを騒然とさせた。さらに、イングランドの教会をローマの管轄にもどすために教皇と交渉を始め、彼らの怒りをかった。

ジェームズの反対者たちにとって唯一の希望は、彼の２人の娘メアリーとアンだった。２人はどちらもプロテスタントで、メアリーは高名なオランダのプロテスタント、オレンジ公ウィリアム（オラニエ公ヴィレム）と結婚していた。そのため、当面はカトリックのジェームズに我慢しなければならないとしても、いずれはプロテスタントの女王――おそらく２人の――が彼の跡を継ぐことになっていた。

意外な展開

ところが1688年、事態を一変させる出来事が起こった。６月10日、国王ジェームズの２人目の妻メアリー・オヴ・モデナが、結婚15年にして息子のジェームズ・エドワードを出産した。長い年月の末の男児の誕生には誰もが驚き、その両親さえも驚いていた。これはジェームズ２世の敵を警戒態勢に入らせるものでもあった。

息子が生まれたとなれば、父親の王位継承者はジェームズ・エドワードとなる。それはイングランド王位にカトリックの君主が永遠に続くことを意味した。それはなんとしても避けなければならなかった。そこで、ジェームズを消し去るため、７人の高名なイングランド人の一団がオレンジ公ウィリアムに秘密の伝言を送った。それはウィリアムにイングランドへ軍隊をもたらし、ジェームズを追放するように求めるものだった。

イングランドの救出

それは命がけの手段だった。これらの男たちが反逆罪を犯すことになるのは明白だった。しかし、イングランドをカトリックの「脅威」から救おうとしている彼らを、誰も訴えようとはしなかった。

1688年11月５日、オレンジ公ウィリアムはデヴォン州トーベイに上陸した。彼がロンドンへ進軍すると、ジェームズの軍隊は後退し、兵士たちは逃亡しはじめた。みずからの連敗を知っていたジェームズは、父親のチャールズ１世と同様、自分も処刑されるのではないかと怖くなった。

もはやメアリーが王位につくことになんの障害もなかった。ただ、彼女の夫ウィリアムはたんなる女王の配偶者になることを望まなかった。

権力のなせる業

虐殺を招いたかんちがい

1692年1月の悲惨な出来事は、単純な場所のかんちがいとそれに続く悪天候が原因だった。マクドナルド氏族の首長であるアリスデア・マクレーンは、ウィリアムとメアリーに忠誠を誓うため、間違ってフォート・ウィリアムという場所へ行ってしまった。自分の間違いに気づいた彼は、すぐに正しい場所――インヴェラリ――へ向かったが、吹雪で進行が遅れた。彼がようやくインヴェラリに到着したのは、1月6日だった。

政府は彼の言い訳や弁明に耳をかそうとしなかった。それどころか、彼らは残忍な報復をした。1692年2月13日、アーガイル連隊の兵士たちはグレンコーでマクドナルド一族を虐殺した。彼らは一族を撃ち、刺し、殴って殺した。指揮官のロバート・キャンベルは、マクドナルド家の7人の捕虜を一列にならばせ、順番に彼らを撃ち、みずからの銃剣でとどめを刺した。

アリスデア・マクレーンは、ベッドから起き上がろうとしたところを背中から撃たれた。死者の遺体は糞を塗りつけられ、近くの川へ投げ入れられた。アリスデア・マクレーンの妻の指は、彼女の指輪を盗もうとした兵士たちによって噛みきられていた。

1692年、スコットランド高地のグレンコーで、マクドナルド氏族がアーガイル連隊の兵士たちに虐殺され、同地はイギリスで生じたもっとも恐ろしい殺戮の現場となった。

そこでジェームズは逃亡をはかった。1688年12月11日、彼はイギリス海峡を渡ってフランスへ逃げようとしたが、彼の女装は漁師に見破られ、イングランドへつれもどされた。

だが、ウィリアムと議会はジェームズの帰国を望まなかった。彼らにとって、ジェームズは国外へ逃げたほうが都合がよかった。ジェームズはふたたび逃亡のチャンスを与えられ、1688年のクリスマスの日、彼は二度目の挑戦でなんとかフランスへ到達した。

王位にこだわるウィリアム

もはやジェームズの娘メアリーが王位につくことになんの障害もなかった。ただ、彼女の夫ウィリアムはたんなる女王の配偶者ではなく、王になることを望んだ。彼は国王になれないのなら帰国すると言って議会を脅し、

この絵で階段を下りている「女性」はじつは女性ではなく、女装して逃亡をはかった国王ジェームズ2世である。ジェームズは最初の逃亡でその扮装を見破られたが、二度目は助けを借りて逃げきった。

イングランドをやきもきさせた。

議会はメアリーが真の王位継承者であるとしながらも、それに同意せざるをえなかった。議会はメアリーを退けるわけにはいかず、王位はウィリアムとメアリーの両方に与えられた。彼らは国王ウィリアム３世と女王メアリー２世となり、それはイングランドが同時に２人の君主をもった最初で最後の時だった。

しかし、議会はそれを無条件で許したわけではなかった。彼らは王権神授説をわめきちらし、好き勝手をする君主にはうんざりしていた。

1689年、議会は「立憲」君主制を創設することにより、この問題を解決した。これは君主が戦争を起こしたり、税を引き上げたりする権限の一部を失うことを意味し、彼らの収入は議会が付与する金のみとされた。立憲君主制を簡単にいえば、君主は君臨すれども統治せずということである。実際、それは君主が二度と問題を起こさないように、議会が「調整する」ということだった。

ウィリアムとメアリーにとっての最優先事項は、前国王ジェームズを完全に追放することだった。1690年、ジェームズはアイルランドに軍隊をもたらしたが、ウィリアムは７月１日のボイン川の戦いで彼をかるがると破った。ジェームズはフランスへ逃げ帰り、二度と侵攻しようとしなかった。

1689年には、スコットランドがジェームズの側に立ち、新しい国王と女王に対して反乱を起こした。結局、彼らは敗れたが、イングランドはスコットランドを信用せず、スコットランドの氏族はウィリアムとメアリーに対する忠誠を誓うように命じられた。その期限は1692年の元日だった。ところが、ひどい誤解が生じ、そのために恐ろしい虐殺が起こった。

スコットランドはグレンコーの虐殺について国王ウィリアムをけっして許さなかった。しかし、ウィリアムにはさらに深刻な問題があった。彼には子供がおらず、女王メアリーが1694年に天然痘で死去した後は、その可能性も失われた。ウィリアムは悲しみに打ちひしがれた。一見、彼は冷たい人間のようだったが、メアリーが天然痘だと知らされたとき、ウィリアムは泣きくずれ、ショックのあまり、しばらく身動きできなかったという。

ウィリアムは再婚もしなかったため、メアリーの妹アンが彼の後継者となった。メアリーと違って、アンはたくさんの子供――全部で17人――を産んだが、いずれも体が弱く、幼くして亡くなった。最後のグロスター公ウィリアムはほかの子供より長生きしたが、1700年、彼も11歳で亡くなった。脳水腫を患い、病弱で愚鈍だったウィリアムだが、その命があるかぎり、彼はプロテスタントのステュアート王朝最後の希望だった。

英雄的もぐらに乾杯するスコットランド

２年後の1702年２月21日、ウィリアム３世はロンドン近郊のリッチモンドパークで乗馬中、馬がもぐら塚につまずき、けがをした。当初、ウィリアムの医師たちは鎖骨が折れただけと考えたが、その事故はもっとずっと深刻だった。ウィリアムの手は腫れ上がり、彼は文書に署名することもできず、代わりに刻印を用いたほどだった。医師たちはあらゆること――オクリカンキリの粉末、真珠の強心剤、炭酸アンモニウム――を試したが、どれも効き目はなかった。とうとうウィリアムは

ジェームズ２世の次女の女王アンは、ステュアート朝最後の君主だった。1694年、姉の女王メアリー２世が死去すると、アンはその継承権を放棄し、義兄の国王ウィリアム３世に王位をゆずった。彼女は彼が死去した1702年にその跡を継いだ。

3月8日に死亡した。その後何世紀にもわたって、スコットランドの人びとは、そのもぐら――「ビロードの黒い上着を着た小さな紳士」――に祝杯を捧げた。というのも、それが憎らしい王の死のきっかけとなったからである。

女王アン――淑女たちの恋人

こうして、地味で鈍感で頑固なアンが王位を継ぎ、ステュアート朝最後の君主となった。アンは結婚してたくさんの子供を産んだが、同性愛者でもあったようで、彼女の側近は女性ばかりだった。女王アンの「志向」については下品な論説が書かれた――「高名な女王アン、イギリスの王笏が揺れるとき、彼女は教会のそばで汚い女中を愛撫する」。アンは女性同性愛の関係において「女役」だったようだ。彼女はもっとも有名な側近で、非常に気の強いマールバラ公爵夫人サラ・チャーチルに完全に支配されていた。彼女とその夫ジョン・チャーチルは、20世紀の首相ウィンストン・チャーチルの祖先にあたる。

彼らは女王アンを意のままに動かした。アンとサラは幼なじみで、サラはその友情を利用してあらゆる称号や褒美を手に入れた。こうした称号には多くの金や土地がともなった。サラは夫のために公爵の地位も巧みに手に入れ、彼は1689年にマールバラ公爵となった。その後、アン女王の時代に、公爵はフランスに対して4つの輝かしい勝利をおさめ、彼はイングランド最高の兵士としての名声を得た。オックスフォードシャーのブレニム宮殿は、その褒美として彼のために特別に建てられたものだ。

女王アンはステュアート朝最後の君主だった。彼女は跡継ぎを残せなかったため、国中で激しい議論が生じた。最終的に彼女の後継者となったジョージ１世は、王位継承順位第52位でしかなかったが、すくなくともプロテスタントだった。

うまくいかなくなったゲーム

女王アンは虚飾や仰々しさを嫌い、宮中の堅苦しいしきたりも苦手だった。そのため、彼女はサラ・チャーチルとゲームをすることで気晴らしをした。アンは自分を「フリーマン夫人」、サラは自分を「モーリー夫人」と呼び、２人は自分たちが女王や側近ではなく、おしゃべりや噂話、カード遊びに興じる一般女性のようにふるまった。

これが間違いだった。サラはそのゲームに本気になった。アンはやや臆病で、地味で不器用だった。一方、サラは美人で、自分でもそれを知っていた。彼女はやがて、女王に平気であれこれ命令したり、威張りちらしたりするようになった。

ただ、これは長くは続かなかった。1707年、アンとサラは大げんかし、怒ったサラは宮廷を飛び出した。そのけんかは深刻で、サラと彼女の夫はイングランドを去り、アンの死後までもどらなかった。

しかし、すでにサラ・チャーチルにとって代わろうとする者がいた。アビゲール・マサム夫人はサラの親戚で、実際、マサム夫人が女王アンの「女官」に任命されるように手配したのはサラだった。サラはすぐにそれが間違いだったことに気づいた。アビゲール・マサムは嫌な女で、彼女はアンにサラの悪口を言い、しだいに女王の寵愛を得るようになった。

サラはひどく腹をたてた。彼女は「マサム

女王アンはソフィアを嫌っていた。彼女は宮廷でソフィアの名を口にすることさえ禁じた。そのため、彼女はソフィアが1714年6月に死去すると喜んだ。

夫人はまったくの恩知らずで、あの女を屋根裏部屋からつれだし、飢え死にから救ってやったのは私です」と書いた。

しかし、アビゲールは7年にわたって女王アンの一番の側近だった。その間、彼女は金銭取引による利益で私服を肥やし、陰謀によって将来の側近候補を女王から遠ざけた。だが、アンが死去すると、マサム夫人の権力は一夜にして消え失せた。

アンはひどく体調を崩していた。それはたび重なる流産や死産によってさらに悪化し、子供たちの死も彼女をひどく落ちこませた。1708年には、夫のジョージ・オヴ・デンマークも死去し、彼を敬愛していたアンは二度と立ちなおれなかった。

アンに子供がいないことはたんなる個人的な問題ではなかった。それは国家の問題でもあり、実際、危機的な状況だった。ステュアート家のカトリック教徒がまだ生きており、依然としてイングランド王位を狙っていた。彼らの王位継承を阻止するためには、プロテスタントの後継者を見つける必要があった。もっとも近縁なのはドイツのハノーファー選帝侯妃ソフィア（ゾフィア）で、彼女の母親のエリザベスは、ステュアート朝初代君主、国王ジェームズ1世の娘だった。

しかし、女王アンはソフィアを嫌っていた。彼女は宮廷でソフィアの名を口にすることさえ禁じた。そのため、ソフィアが1714年6月に死去すると、これで彼女がイングランドの女王になることはないとアンは喜んだ。ところが、それから3カ月もしないうちに、アン自身もこの世を去った。

王位を得たドイツのジョージ

こうして、イングランドのハノーヴァー朝初代君主として王位を継いだのは、ソフィアの息子でハノーファー選帝侯のジョージ（ゲオルク）だった。ジョージは議会が望んでいたプロテスタントだった。それは1715年、ジェームズ・エドワード・ステュアートとその追随者のジャコバイトたちが王位を奪おうとして失敗したとき、イングランドが彼への忠誠を保つのに十分な理由だった。

ただ、ジョージにはほかに臣民の心をとらえるものがなかった。彼らはそれまで卑劣な王や頭のおかしい王、暴君や強奪者、軟弱な王たちには耐えてきた。しかし、イングランドの人びとがやがて知ることになるように、ハノーヴァー朝の王はそのいずれでもなかった。

第12章　ハノーヴァー朝　I

愛人と狂気――反目する家族

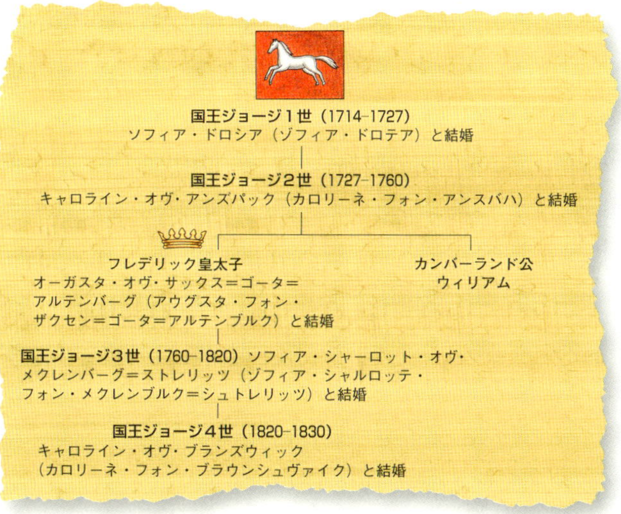

ハノーヴァー朝の王たちは、１人を除いて全員がイングランドでもっとも粗野な君主に数えられた。彼らの態度はひどく不愉快で、礼儀を知らなかった。

ジョージ２世は、1741年にデッティンゲンの戦いへと
軍隊を率いたイングランド最後の王だった。当時、彼
は60歳で、この絵が示すよりもずっと年老いていた。

イングランドの人びとが君主に品位と威厳を求めた時代に、ハノーヴァー家の王たちはその言葉の意味をまったく理解しなかった。

さらに悪いことに、国王ジョージ1世以降、ハノーヴァー家の君主はいずれもその跡継ぎと激しく衝突し、これが一族の悪しき伝統となった。これはただの親子げんかではなく、壮絶な争いだった。たがいに実質的な被害を与えようと画策し、実際にそうなった。

2人のおぞましい恋人をもつ粗暴な男

イングランドの人びとは、ジョージ1世の正体を知ってショックを受けた。彼は赤ら顔に目の突き出した愚鈍な男だった。また、ほとんど英語を話さず、人生で3つのこと——女性と馬と食べ物——にしか関心を示さなかった。

ジョージは2人の愛人とともにイングランドへやって来た。1人はメルシナ・オヴ・シューレンバーグ（メリュシーナ・フォン・シューレンベルク）、もう1人はシャーロット・ソフィア・ケルマンズ（シャルロッテ・ゾフィア・ケルマン）で、どちらも信じられないほど醜かった。だが、国王ジョージは2人をとても気に入っていた。彼は機会あるごとに宮廷で彼女たちを見せびらかし、やがて、この3人組はイングランド中の笑い種となった。

2人の愛人は滑稽なほど対照的だった。シューレンバーグはもうすぐ60歳という痩せぎすの女で、「5月柱《メイポール》」と呼ばれた。一方、ケルマンズはよろめくほどの脂肪の塊で、ロンドン南部の地域にちなんで「エレファント・アンド・キャッスル」と呼ばれた。どちらも「醜悪な中年女」として知られたが、ケルマンズにはさらに刺激的な噂があった。それは彼女が国王ジョージの片親違いのきょうだいではないかというものだった。

ジョージ1世は、ヘンリー8世以来初の離婚したイングランド王となった。1682年のジョージの結婚は最初から失敗で、彼の離婚をめぐる悲劇はいつまでも噂の種となった。ジョージとその妻ソフィア・ドロシア・オヴ・ツェレ（ゾフィア・ドロテア・フォン・ツェレ）は、幼い頃から仲が悪かった。しかし、2人は政略結婚させられ、両家はそれによって新たな領地を獲得した。

地獄の結婚生活

不幸にも、ソフィア・ドロシアは結婚に幸せを求めていた。しかし、現実はそれとは正反対だった。ジョージは陰気で愚鈍で、冗談の通じない男だった。一方、ソフィアは頭が良く、非常に快活でかわいらしい女性だった。ジョージは彼女を理解せず、理解しようともしなかった。彼は戦争でしばしばハノーファーを留守にし、本国にいるときも愛人と浮気ばかりしていた。

まだ若く、気性の激しいソフィアはそんな状況に我慢できなかった。1686年、第2子を妊娠していた彼女は、ジョージの書斎に飛びこみ、愛人たちを追い出すように迫った。激怒したジョージはソフィアを絞め殺さんばかりにつかみ、激しく揺さぶった。彼女はヒステリーを起こしたが、1687年3月、幸いにもぶじに女の子を出産した。

女王に恋した王子様

この頃、スウェーデンの伯爵フィリップ・フォン・ケーニヒスマルクがハノーファーの

ハノーヴァー朝初代君主、国王ジョージ1世のこの肖像画は、同じくドイツ人のゴッドフリー・ネラー卿による絵の模写である。国王ジョージは大礼服にアーミンの毛皮のローブをまとい、王冠をかぶっている。

ジョージはソフィアにもひどい復讐をした。1694年、彼らは離婚し、ソフィアは息子や娘に会うことを禁じられた。

宮廷にやって来た。ケーニヒスマルクはジョージとは何もかも違っていた。22歳の彼は非常にハンサムで魅力的だった。男性にも人気があり、女性には憧れの的だった。軍人だったケーニヒスマルクは仕事でハノーファーへ来ていたが、代わりに彼はソフィア・ドロシアの愛人となった。2人は1688年、ハノーファーでの舞踏会でたがいに一目惚れした。ケーニヒスマルクはピンクと銀のスーツ、ソフィアは美しい白いドレスに花の髪飾りをしていた。

それはとてもロマンティックな出会いで、2人は魔法にかかったようだった。やがて、ケーニヒスマルクはソフィアにすっかり心を奪われ、毎日、ときには1日に二度も、彼女に熱烈なラブレターを書いた。

当初、ソフィアは彼を遠ざけようとした。彼女は愛人をもつことがいかに危険かを知っていた。しかし、結局、彼女は押しきられ、1691年のあるとき、2人は結ばれた。それは

ハノーファー選帝侯の別荘であるヘレンハウゼン宮殿は、1666年に建設が始まり、1680年以降に国王ジョージ1世の母親の選帝侯妃ソフィア（ゾフィア）によって完成された。ヘレンハウゼンは1943年に空襲で破壊されたが、建てなおしはされなかった。

すぐに噂となり、ジョージ一族の知るところとなった。彼らはソフィアを監視下に置いた。

恋人たちの悲劇

1694年7月1日の夜、2人はハノーファーのライネ宮殿にあるソフィアの部屋で会っていた。ケーニヒスマルクはソフィアにかけ落ちを迫った。ところが、彼はソフィアの部屋へ入っていくのを誰かに見られたらしかった。だが、彼が出てくるのを見た者は1人もおらず、実際、ケーニヒスマルク伯爵はそれから忽然と姿を消した。

彼に何が起こったのか。噂によれば、彼はジョージの命令によって殺害され、その死体は切りきざまれて、王室の別荘ヘレンハウゼンの床下に埋められたという。

ジョージはソフィアにもひどい復讐をした。1694年12月28日、彼らは離婚し、ソフィアは息子や娘に会うことを禁じられ、アールデン城に幽閉された。彼女は1726年に亡くなるまでの32年間、そこから出られなかった。

ただ、ソフィア・ドロシアはジョージを死ぬまで悩ませた。彼はソフィアがアールデンから逃亡することを恐れ、離婚にかんする文書もすべて破棄した。彼の前でソフィアの名を口にすることは許されなかった。

父親を失墜させる息子

ジョージの息子で跡継ぎのジョージ・オーガスタスは、最後にその母親と会ったとき、わずか11歳だった。しかし、彼は母親をけっして忘れず、同時に父親をけっして許さなかった。妻のキャロライン（カロリーネ）とともにイングランドへ来たとき、彼はソフィア・ドロシアの肖像画を自分たちの部屋に隠しておいた。ジョージ・オーガスタスはイングランドの人びとからも非常に好かれた。父親と違って、彼は英語を話し、キャロラインも優雅で美しかった。2人が人びとに人気があったのは当然だった。

一方、国王ジョージはそうではなかった。彼が臣民に人気があったことは一度もなく、王とその愛人たちはいつも物笑いの種にされていた。下品な論説が書かれたり、彼をばかにした風刺画が新聞にのせられたりした。しかし、ジョージ・オーガスタスとキャロラインにそうした苦労はなく、彼らは行く先々で歓迎された。

やがて、王は2人に嫉妬するようになり、腹いせにひどい仕打ちをした。1717年のクリスマスを前に、彼はジョージ・オーガスタスとキャロラインにロンドンのセントジェームズ宮殿を去るように命じた。さらに悪いことに、王は彼らに4人の幼い子供たちを置いていくように命じた。不幸にも、末の男の子はその直後に生後4カ月で亡くなった。検死の結果、心臓に欠陥があったことがわかったが、それでも両親は国王ジョージを責めた。

ロンドン中心部の対立宮廷

ジョージ・オーガスタスとキャロラインはロンドンに新居をかまえた。それは国王ジョージやその大臣たちを嫌う政治家などにとって格好の集会所となった。ただ、レスターハウスでは王への陰謀がいくつもくわだてられたというが、もしそうだとしても、実際には何も起こらなかった。しかし、対立する「王宮」は父と息子の憎しみを増幅した。

2人はけっして心から和解することがなかった。彼らは周囲を安心させるため、人前で

美しく快活なソフィア・ドロシア・オヴ・ツェレ（ゾフィア・ドロテア・フォン・ツェレ）は、後の国王ジョージ１世から妻として無視され、その不貞に対してひどい代償を払わされた。彼女はアールデン城に幽閉され、1726年に死去するまで32年間をそこですごした。

国王ジョージ２世の肖像画。故郷のハノーファーを愛したジョージは、その長い治世を通じてイングランドを嫌い、同国ではあまり遠出もしなかった。ただ、当初は不人気だった彼も、最終的には臣民の尊敬を得た。

この絵はカロデンの戦いの後、敗れたジャコバイトの反乱者たちがタワーヒルで処刑される場面を描いている。それはジョージ2世の三男カンバーランド公ウィリアムの決定的勝利だった。

大げさに親愛の情を示したが、それは本心ではなかった。さらに、1726年11月2日にソフィア・ドロシアがアールデンで死去すると、そうした演技を続けることもむずかしくなった。

ソフィアの死の知らせがロンドンにとどいたとき、国王ジョージは愛人たちと芝居見物に出かけ、いかにも楽しんでいるようすを見せた。18世紀はたしかに愛情深い時代ではなく、粗野で無慈悲な時代だった。それでも、観客は王のあまりに無神経なふるまいにショックを受けた。

ジョン・ウットンによって描かれたロバート・ウォルポール卿——田園を背景にして、地方の大地主のなりをしている。ウォルポールは一般にイギリスの初代首相とされ、ジョージ1世とジョージ2世の主要大臣を計20年にわたってつとめた。

予言された王の死

国王ジョージとソフィア・ドロシアは奇妙な結びつきをもっていたようだ。ジョージは自分たちについてのある予言を耳にした——それは片方が死ぬと、もう片方も1年以内に死ぬというものだった。1727年6月、国王ジョージがハノーファー選帝侯領を訪れようとしたとき、彼の4輪馬車にソフィア・ドロシアの書いた手紙が投げ入れられたという。それはその予言を彼に思い出させるものだった。

手紙は正しかった。ハノーファーへ向かう途中、王は脳卒中に襲われた。6月11日、一行はなんとかオスナブリュックに到着したが、同夜、国王ジョージは息を引きとった。

知らせは4日後にイングランドへとどいた。首相のロバート・ウォルポールは、ジョージ・オーガスタス――国王ジョージ2世――にそれを知らせるため、ロンドンからはるばるサリー州リッチモンドまで馬を飛ばした。しかし、新国王はその知らせになんの感情も示さなかった。

王国をののしる新国王

ジョージ2世は、まっさきに母親ソフィア・ドロシアの肖像画を隠し場所からもってこさせ、誰にでも見える場所に飾らせた。新国王はその父親とは違い、ずっと親しみやすく、ずっと寛大なはずだった。しかし、それはたんなる見せかけにすぎなかった。実際、国王ジョージはイングランドも、イングランドの人びとも、イングランドの何もかもが嫌いだった。

「もし私がここを出てハノーファーへ行けるなら、首相や議会や国土がどうなろうと知ったことか！」と、彼は気持ちを爆発させたこともあった。

いうまでもなく、ハノーファーは彼の聖地だった。そこでなら、彼は「いまいましい庶民院」から解放され、神授王権によって絶対君主として統治することが許されただろう。

王妃とウォルポールの隠れた統治

ジョージの妻の王妃キャロラインは、夫にとって貴重な財産だった。彼女は美しく、聡明で魅力的だった。ジョージはキャロラインを敬愛し、人前でも彼女に触れずにはいられ

これらの細密画は国王ジョージ3世と王妃シャーロットの肖像を描いたものである。1761年に結婚した2人はたがいに献身的で、15人の子供をもうけて大家族を築いた。国王ジョージは愛人をもたなかったという点で異例のイギリス君主だった。

なかった。キャロラインが彼を尻に敷くことは容易だったはずだが、ジョージはそうさせなかった。彼は誰に対しても自分が主人であるように見せたかった。しかし、そう思っているのは彼だけだった。

実際には、キャロラインが首相のロバート・ウォルポールとともに王を意のままにあやつっていた。２人は内々に最新の政治問題を話しあい、政府の方針を決めていた。ウォルポールが国王ジョージと宮廷で会談するとき、王妃キャロラインは同室で静かに刺繍をしていた。

２人の男たちはキャロラインを背後に話をしたが、王妃とウォルポールの間では秘密の合図が決められていた。ウォルポールは王と話しているとき、帽子をいじったり、かぎ煙草を吸ったり、ハンカチを取り出したりした。それに対して、キャロラインは扇をもち上げたり、針に糸を通したりして、合図を送り返した。ジョージはそれに少しも気づかなかった。ウォルポールと政策についての意見がまとまると、彼はそれを自分で考えたことのように思った。

しかし、ジョージとキャロラインにも意見が一致するところがあった。それは２人が長男のフレデリック王子をひどく嫌っていたということだ。彼らは王子が1728年にハノーファーからイングランドへやって来た当初から、彼をうとんじるようになった。

残忍な弟をもつ優しい王子

フレデリックは両親の望むような王位継承者ではなかった。彼は戦いよりも詩を書くことを望むようなタイプで、音楽の才能もあり、軍事には向かなかった。国王ジョージにしてみれば、フレデリックは軟弱で、三男のカンバーランド公ウィリアムのほうがはるかに有望だった。

ウィリアムは総じて軍人らしかった。彼は非常に粗野でもあり、1745年の二度目のジャコバイトの反乱では、その残酷さからひどい悪名を得た。当時、イングランド王位の復活を求めるステュアート家から、ジェームズ・エドワードの息子で「麗しのチャーリー王子」として知られるチャールズ・エドワードが立ち上がった。

カロデンの殺戮

その反乱は1746年のカロデンの戦いで衝撃的な結末を迎えた。チャールズを支持したスコットランド高地人が、おもにスコットランド低地の兵士たちによって何百人も虐殺された。さらに処刑や大量殺戮が続き、スコットランドの家々は略奪され、焼失し、地域全体が破壊された。

麗しのチャーリー王子は、フローラ・マクドナルドという女性の助けを借りて、なんとかヨーロッパへ逃げもどった。彼女は王子を「ベティー・バーク」というアイルランドの糸紡ぎ女に変装させた。やがて、スコットランド人はウィリアムをその残虐行為から、「虐殺者カンバーランド」と呼んだ。心優しいフレデリックなら、おそらく弟のようなふるまいはしなかったはずだ。フローラ・マクドナルドがロンドンへ連行され、塔に幽閉されたときも、フレデリックは彼女に手を差し伸べ、彼のおかげでフローラは自由の身となった。

当然ながら、王は自分の憎らしい跡継ぎがスコットランドの敵を助けたことが気に入らなかった。やがて、歴史がくりかえされた。国王ジョージとフレデリックは激しく対立し、フレデリックは父親の宮廷や王宮から締め出された。フレデリックと妻のオーガスタ（アウグスタ）のもとでは、2人を中心に対立する宮廷が形成され、それを知った国王ジョージは烈火のごとく怒った。

「あいつは非道だ。かつてないほどの悪党だ」と彼はわめきちらした。「私の長男は最低最悪の嘘つきだ。(…) この世で一番の人でなしだ。あんな奴、いなくなってしまえばいいのに！」

愛されもせず、哀悼もされない王子

悲惨なことに、フレデリックは父親のその望みをかなえた。1751年、フレデリックは急病におちいった。庭仕事の最中、雨でびしょ濡れになった彼は胸膜炎になり、胸膜炎から肺炎になった。そして1751年3月20日の夜、彼は突然、自分の胸ぐらをつかみ、「死ぬ！」と叫んだ。数分後、フレデリックは息を引きとった。44歳だった。

ある無名の詩人はフレデリックとハノーヴァー家について次のような言葉を残した――「ここにフレッドが横たわっている。生きていたのに死んでいる。もしそれが彼の父親だ

後の摂政太子および国王ジョージ4世となるジョージ皇太子は、どんな王族の親も恐れるような厄介な跡継ぎだった。彼は無責任な変節者の浪費家で、威厳に欠け、利己的で不道徳だった。

フレデリックと妻のオーガスタ（アウグスタ）のもとでは、2人を中心に対立する宮廷が形成され、それを知った国王ジョージは烈火のごとく怒った。

ったなら、むしろそのほうがよかった。もしそれが彼の弟だったなら、ほかの誰かよりましだった。もしそれが彼の妹だったなら、誰も彼女の死を悲しむことはない。もしそれが一世代全員だったなら、国にとってはなによりだった」。息子の死を知らされたとき、トランプをしていた国王ジョージは何事もなかったようにゲームを続けた。彼はフレデリックの死を喜んでいた。国王がそう命じたのかもしれないが、フレデリックには王位継承者にふさわしい葬儀は行なわれなかった。王族はもちろん、イングランドの貴族や主教は誰も参列せず、簡単な儀式があっただけで音楽もなかった。

フレデリックの王位継承者としての跡継ぎは、彼の長男で13歳のジョージ王子——後の国王ジョージ3世——だった。ジョージはハンプトンコート宮殿に祖父と住むことになったが、王はしばしばその頑固な孫に「かわいげがない」と不満を言った。ジョージはつねに反抗し、そのたびに横面を張り飛ばされた。

風紀の改善

ジョージ王子は幼い頃から父と祖父を見て多くを学んでいた。2人とも妻には献身的だったが、浮気者でもあった。幼いジョージは自分が王になったら、そうしたふるまいを一掃しようと心に誓っていた。宮廷での浮気や不品行、賭け事や贅沢はいっさい禁じられた。

ジョージ3世はみずからその先導役となった。1760年に22歳で王になった彼には、10代の頃からの恋人、サラ・レノックスがいたが、彼はすぐに彼女をあきらめた。サラは貴族階級——彼女の兄はリッチモンド公だった——で、その身分は王妃になるほど高くなかった。サラをあきらめることはジョージにとって大きな苦痛だったが、彼はイギリスの王としての威厳を重んじた。そのため、彼が1761年に結婚した女性は、サラよりずっと身分の高い王女シャーロット・オヴ・メクレンバーグ＝ストレリッツ（シャルロッテ・フォン・メクレンブルク＝シュトレリッツ）だった。国王ジョージは57年間の結婚生活を通じて、彼女につねに誠実だった。

雑多な息子たち

ジョージとシャーロットは15人の子供——7男8女——をもうけた。しかし、ジョージがそれで古き良き家族の価値をとりもどそうとしているのだとしたら、それは悲しい誤解だった。王はいわゆる邪悪な世の中から娘たちを守ったが、息子たちは不名誉そのものだった。

その1人であるクラレンス公ウィリアムは、わずか13歳で王妃の女官の2人を誘惑した。その後、彼は愛人で既婚の女優ドロシア・ジョーダンとの間に10人の庶子をもうけた。もう1人の息子、カンバーランド公アーネストは実の妹ソフィー王女との間に子供をつくった。末息子のケント公エドワードは、フラ

王者の横顔

必死の「治療」

国王ジョージの奇病は顎の痛みから始まり、あまりの痛みに彼は眠ることもできなかった。続いて、彼は胃のもたれ、うずくような背中の痛み、そして息苦しさに悩まされた。症状はさらに悪化し、視力が衰え、耳も聞こえなくなった。彼はたえず意味のわからないことを話しはじめ、木々や死んだ先祖に話しかけた。やがて、王妃シャーロットは夫と２人きりでいるのが怖くなった。顔は血管が浮き出し、目は怪しく光り、口からは泡を吹いた。

王の医師たちは途方にくれた。もしかしたら、５年前に終結した独立戦争でアメリカの植民地を失ったことが影響していたのかもしれない。ジョージは王としての自分の失敗にひどく落胆し、それが彼の心に影響をおよぼしたのかもしれない。ただ、原因はどうあれ、あきらかにいえることが１つあった――医師たちは王が精神に異常をきたしたと判断した。そこで偽医者のフランシス・ウィリス師が呼ばれた。ウィリスはとっておきの「荒療治」を用意していた。まず、彼は王を椅子にしばりつけて脅迫した。国王ジョージは震えあがり、激しく泣き出した。

ウィリスの戦略は続いた。国王ジョージは症状――嚥下障害や食欲減退、発汗――が出るたびに、拘束衣を着せられ、ベッドにしばりつけられて、何時間もそこに放置された。

ウィリスは「悪い体液を排出する」として王の脚に水疱をつくった。水疱は国王ジョージに大きな苦痛をもたらしたが、それをはがすと、彼はふたたび拘束され、水疱をつけなおされた。やがて、国王ジョージはウィリスが自分を殺そうとしているのではないかと思いはじめた。彼は治癒を祈り、もし治らないのならと死を祈った。

しかし、どういうわけか、国王ジョージは回復しはじめた。1789年初めには、あの奇妙な独り言も治まり、性格も元どおりになった。彼はふたたび自分で髭を剃れるようになり、ナイフとフォークで食事もできるようになった。やがて、王は正常にもどった。

俳優ナイジェル・ホーソーンは、国王ジョージ３世の病気とその後の回復を感動的に描いた1994年の映画で、王の苦しみを生々しく演じた。

ンス人の愛人、マダム・ローランと30年も同棲を続けた。さらに、ほかの２人の息子も風変わりで素行が悪く、しばしば貴族院で問題を起こした。彼らは暴言と無礼な仕草によって退場させられたこともあった。

もっともできの悪い息子

そんな息子たちのなかでも最悪なのが長男のジョージ皇太子で、彼以上の不良はないほどだった。虚栄心が強く、傲慢で身勝手だった彼は、何人もの不適切な愛人とベッドをともにし、そのなかには既婚女性もいた。彼は17歳ですでに博打や飲酒、スキャンダルに染まってた。

それでもたりないといわんばかりに、皇太子はやたらと贅沢をした。「金を使え！　使って使いまくれ！」というのが彼のモットーだったのかもしれない。1787年、彼はとうとう22万ポンドもの借金におちいった。これはたんなる個人的問題ではなく、王室の威厳にかかわる問題だった。商人や債権者たちが支払いを求めて皇太子の家のドアをどんどん叩くというのはひどく不面目で、彼らに貸付を断わられるというのも不面目だった。

国王ジョージには息子の借金を支払うだけの資金がなかった。そのため、皇太子は議会に救済を求め、負債を肩代わりしてもらわなければならなかった。ところが、彼はそれでもこりなかった。皇太子は浪費を続け、しゃれ男を気どって衣服に大金を費やした。彼は建設計画や宝石、盛大なパーティーや金のかかる女たちも大好きだった。

あらゆる規則を破る息子

そして1784年、ジョージ皇太子は最大の愚行を犯した。彼は夫と二度も死別した平民のマリア・フィッツハーバート夫人を熱烈に恋したのである。皇太子は彼女を自分の愛人にしようとしたが、敬虔なカトリック教徒で、立派な女性だった彼女はそれをこばんだ。つまり、夫人を妻にする以外に、彼女を得る道はなかった。そこで1785年、ジョージはマリアとひそかに結婚した。儀式をとり行なった牧師は、そのために債務者監獄から釈放された。

この結婚により、ジョージはイングランドの非常に重要な２つの法を破った。１つは1701年の王位継承法で、王位継承位にある者はカトリック教徒と結婚できないと定められていた。もう１つは1772年の王室婚姻法で、それは25歳未満の王族が君主の許可なく結婚することを禁じていた。ジョージはマリアと結婚したとき、23歳だった。そのため、彼は妻と公然と一緒に暮らすことができなかった。彼はときどき浮気心を出し、新しい愛人をつくったが、いつもマリアのもとへもどってきた。彼はマリアを「私の心の拠り所」と呼んだ。

マリアが皇太子にとって良き妻だったのは明らかだ。彼女は彼を教育しなおした。飲酒を控えさせ、人前で歯をほじるといった不作法もやめさせた。

一方、1788年、国王ジョージが重病におちいった。その原因は誰にもわからず、彼は完

国王ジョージ４世の妻キャロライン・オヴ・ブランズウィック（カロリーネ・フォン・ブラウンシュヴァイク）は、夫以上に非道だった。２人は娘のシャーロット王女が産まれた1796年まで、なんとか１年をともに暮らしたが、その後、キャロラインは一連の露骨な姦通やスキャンダルを重ねた。

国王ジョージ3世には、息子やその愛人たちのおかげで多くの非嫡出の孫がいた。しかし、彼にはハノーヴァー王朝を継続するための嫡出の孫が1人もいなかった。

全に回復するまで何カ月も、痛みをともなう奇妙な「いんちき療法」に耐えなければならなかった。

皇太子と取引する議会

1794年には、皇太子はふたたび大きな問題を抱えていた。彼はまたもや借金を重ね、今度は63万ポンドもの巨額の負債を背負って破産した。またしても、彼は議会に肩代わりを頼まなければならなかった。議会は了承したが、いくつかの条件をつけた。

国王ジョージ3世には、息子やその愛人たちのおかげで多くの非嫡出の孫がいた。しかし、彼にはハノーヴァー王朝を継続するための嫡出の孫が1人もいなかった。議会は皇太子に取引を提案した。それは議会が借金を肩代わりするのとひきかえに、彼が合法的に結婚し、嫡出の王位継承者を残すというものだった。

皇太子は追いこまれた。彼はそれに同意せざるを得ず、フィッツハーバート夫人と別れて、父親が選んだ女性と結婚することになった。王女キャロライン・オヴ・ブランズウィック（カロリーネ・フォン・ブラウンシュヴァイク）は王の姪で、皇太子の1番目の従妹だった。しかし、彼女は王が選びうる最悪の相手で、それは彼女の家庭環境からも明らかだった。キャロラインは不幸な家庭の出身で、両親はけんかがたえず、弟の2人には知的障害があった。

降りかかる困難

キャロラインはひどく甘やかされて育っていた。虚栄心の強い彼女は、言葉づかいが汚く、反抗的で不品行だった。それはまるで国王ジョージが息子を野獣と結婚させようとしているかのようだった。

一方、ジョージ皇太子はそんなこととは知らず、キャロラインが結婚式のためにイングランドへ来るまで、2人は一度も会わなかった。しかし、はじめて彼女に会ったとき、ジョージはショックを受けた。彼は従者のマームズベリー卿にこうもらした――「ハリス、気分が悪い。ブランデーを一杯くれないか！」

だが、皇太子がグリニッジで受けた衝撃は、その後の展開に比べればなんでもなかった。彼はまだ知るよしもなかったが、それはイングランドでもっとも非道な王室スキャンダルの始まりだった。

第13章　ハノーヴァー朝　II

大乱戦

国王ジョージ3世（1760–1820）ソフィア・シャーロット・オヴ・メクレンバーグ＝ストレリッツ（ゾフィア・シャルロッテ・フォン・メクレンブルク＝シュトレリッツ）と結婚

国王ジョージ4世（1820–1830）キャロライン・オヴ・ブランズウィック（カロリーネ・フォン・ブラウンシュヴァイク）と結婚

シャーロット

国王ウィリアム4世（1830–1837）アデレードと結婚

ケント公エドワード ヴィクトリア・オヴ・サックス＝コーバーグ（ヴィクトリア・フォン・ザクセン＝コーブルク）と結婚

女王ヴィクトリア（1837–1901）サックス＝コーバーグ＝ゴータ公アルバート（ザクセン＝コーブルク＝ゴータ公アルベルト）と結婚

一杯のブランデーでしばらくはその衝撃が和らいだというものの、酒の効果が消えたとき、恐ろしい現実はなおもそこにあった。はじめて会ったジョージの未来の花嫁は、ぞっとするような姿で彼の前に立っていた。

サセックス州ブライトンにあるジョージ皇太子の異国風の邸宅ロイヤルパヴィリオンは、インド風の外観と中国風の内装をもち、東洋建築に大きな影響を受けていた。

キャロライン(カロリーネ)はローブにマント、ビーバー帽という装いだった。ローブは繻子で縁どられた淡いグリーンの色調で、凝った輪と房の花綱で飾られていた。これは従者たちが、彼女のずんぐりした体型をなるべくめだたないように工夫したものだった。

美しく着飾った野暮ったい女

キャロラインの顔はけばけばしい化粧で覆われていた。その下には、滑らかで生き生きした肌と薔薇色の頬があったが、そのときの彼女は道化のようだった。おまけに、キャロラインは近くに寄ると悪臭がした。入浴を欠かさない潔癖なジョージは、彼女の体臭によろめいた。

ジョージはなんとか気をとりなおし、愛想よくふるまったが、それには相当の努力が必要だった。キャロラインを結婚前夜の晩餐会へつれていったときも、彼はやはり我慢を強いられた。彼女は下品な言葉で最近の噂話をしゃべり続け、そのなかには皇太子の新しい愛人、ジャージーのことも含まれていた。

しばらくして、その状況に耐えきれなくなったジョージは泥酔した。彼は1795年4月8日に行なわれた結婚式でも、まだ酔っていた。ジョージは初夜のほとんどを泥酔状態ですごし、暖炉のそばの床で眠った。しかし、どういうわけか(おそらく、彼はそのことをまったく覚えていなかっただろう)、彼は王としての務めを果たし、新皇太子妃キャロラインは結婚初夜に身ごもった。

努力する2人

一方、キャロラインもジョージにそれほど好感を抱いていなかった。かつての彼はほっそりしてハンサムでもあったが、33歳となった今、わがままと大食の年月がもたらした損害は大きかった。キャロラインは丸々と太った彼を見てがっかりした。

だが、おたがいに対する明らかな嫌悪感にもかかわらず、ジョージとキャロラインは一緒に暮らすための努力をした。彼らは1795年の夏と秋をイングランド南岸のブライトンパヴィリオンですごした。この贅沢な東洋風の建物——今もブライトンの名所の1つ——は、当時、ジョージのもっとも金のかかった豪華な邸宅だった。しかし、2人の滞在中、ジョージの飲み仲間が女たちをつれて押しかけ、ブライトンでの静かなハネムーンは騒々しい宴会に変わった。

これはジョージとキャロラインの歩みよりを助けることにはならず、2人はすぐに努力を放棄した。甘やかされて育ったキャロラインは反抗的でうぬぼれが強く、しっかり手綱を締めておかなければ、手に負えなくなるといわれていた。しかし、ジョージは彼女をあえて押さえつけようともしなかった。

1796年1月7日に娘のシャーロット王女が産まれると、ジョージはさっそくその結婚からのがれるための手を打った。彼がキャロラインの相続権を奪うことになる遺書を作成したとき、シャーロットは生後たった数日だった。

ジョージはジャージーとの情事の後、ふたたびマリア・フィッツハーバートへの思いを強めた。彼は半狂乱で、「神の御前にあって、今もいつまでも私のものである妻」への永遠の愛を誓う手紙を書いた。一方、キャロライン宛てのもう1つの手紙はまったく違う内容だった。それは「奥様」と始まり、完全かつ永久的な別居という彼の要望を述べたものだった。

ジョージとキャロラインは二度と一緒に住むことはなかった。しかし、彼らは離婚したわけではなく、これで2人の関係が終わったわけではなかった。2人はそれから25年間、おたがいへの憎しみに拘束されることになった。

王妃の火遊び

キャロラインは誰からも忘れ去られるような田舎へ引っこみ、そこで質素で静かな生活を送るような女性ではなかった。もともと粗野で大胆な彼女は、ロンドン南端のブラックヒースへ移ったが、それが問題だった。

まもなく、キャロラインはその露骨な行動で地元住民を驚かせるようになった。彼女は次々と「紳士の訪問者」を受け入れ、やがて複数の男と姦通しているという噂が広まった。キャロラインはウィリアム・オースティンという造船労働者の幼い息子を手中におさめ、彼が自分とジョージの息子であると主張した。幸い、政府当局はその話がいつわりだとつきとめ、反対にキャロラインの乱交にかんする証拠を集めようとした。しかし、あらゆる噂にもかかわらず、彼らは何も立証することが

漫画家たちはしばしばジョージ皇太子の風刺画を描いた。彼の巨体は日常的な大食によるものだった。また、彼はしゃれ男を気どり、異国風の服を着ていた。当時のこの風刺画は、同じく太りすぎの「友だち」と一緒の彼を描いている。

できなかった。

優柔不断な恋人

一方、ジョージのマリア・フィッツハーバートへの思いはふたたび薄れていた。彼はホレーシャ・シーモアという新しい愛人をつくったが、その後、またマリアのもとへもどった。彼女はジョージをこらしめるため、４年間、彼を寄せつけなかったが、1801年、彼女はふたたび彼とともに暮らすことを決めた。マリアはそれから10年間、なんとかジョージをつなぎとめていた――彼にとっては記録的だった――が、彼はまたもや浮気心を出し、ハートフォードという新しい愛人をつくった。

永遠に正気を失った王

1811年、国王ジョージ３世の病気が再発し、今度は永久的に正気を失った。彼は激しい発作に襲われ、何も食べようとしなかった。時間や空間、現実の感覚をすっかり失い、夢の世界に生きていた彼は、1783年に４歳で亡くなった息子のオーガスタスがまだ生きていると思いこんでいた。彼が覚えていたのはチェンバロの弾き方くらいだった。

今回はもはや絶望的だった。1812年、不治の精神障害と診断された王は宮殿に閉じこめられ、部屋を歩きまわったり、独り言を言ったり、戴冠用宝玉に触ったりして日々をすごした。

マリア・フィッツハーバートは国王ジョージ４世の生涯の愛人だった。彼は1785年、父親の許可なく彼女と結婚し、法律を破った。ジョージはときどき別の愛人をつくって彼女のもとを離れたが、いつももどってきた。

議会の反対により、皇太子は屈服を余儀なくされたが、ケンジントン宮殿の部屋からキャロラインを追い出すことでふたたび反撃した。また、彼は議会がなんといおうと、シャーロットを母親に会わせようとしなかった。

待ち受ける困難を悟ったキャロライン

ジョージはついに摂政太子に任命され、1811年２月６日に宣誓が行なわれた。しかし、彼にはキャロラインとの厄介な問題が残っていた。いろいろあったとはいえ、国王ジョージはキャロラインの味方だったため、王の発狂は彼女にとって大きな打撃だった。今、保護者を失った彼女は、自分を嫌悪する夫の手中にあった。彼はさっそくその状況につけこんだ。

彼は妻を出し抜き、娘に会わせないようにするため、シャーロット王女を心理兵器として利用した。一方、キャロラインはその挑戦を受けて立った。彼女は議会に協力者をつくり、彼らを使ってこの件を議会で討論させた。票決はキャロラインに味方した。

議会の反対により、皇太子は屈服を余儀なくされたが、ケンジントン宮殿の部屋からキャロラインを追い出すことでふたたび反撃した。また、彼は議会がなんといおうと、シャーロットを母親に会わせようとしなかった。

人びとの好意を勝ちとった王妃

これに対して、キャロラインは何度も公に

この漫画は「王の消灯器」を描いている。国王ジョージ４世は、紙でつくった円錐《コーン》をキャロラインとジャコバイトの一団――ステュアート家の復活を支持した者たち――に覆いかぶせ、最終的に恐ろしい妻に勝利した。

姿を現し、残忍な夫の被害者という役を演じてみせた。作戦はみごとに成功し、人びとは彼女に同情し、同時に摂政太子を非難した。

ジョージとキャロラインの争いは次なる段階へ進んだ。ジョージはシャーロット王女をオレンジ公子ウィリアム（オラニエ公子ヴィレム）と結婚させようとした。ウィリアムは不愉快な青年だったが、それでもシャーロットは父親に従うことを期待された。だが、母親と同様、頑固でおしゃべりだった彼女は、すぐにウィリアムの反感をかった。

シャーロットは、ロンドンのコノート宮殿のキャロラインの家へのがれた。しかし、キャロランはそこにはおらず、ブラックヒースにいた。摂政太子の弟たちがシャーロットの後を追い、父親に従うようにしつこく迫った。すでに娘とジョージとの争いにうんざりしていたキャロラインも、シャーロットにウィリアムと素直に結婚するように言った。

そこで、シャーロットはウィリアムに条件

を提示した。彼女はイングランド王位継承順位第２位にある者として、結婚後もイングランドにとどまることを要求した。さらに、彼女が望めば、いつでも母親のキャロラインを呼べるように求めた。だが、それが問題だった。ヨーロッパ中でもっとも不面目な義母と生活空間をともにするなど、ウィリアムにとっては耐えがたいことだった。彼はシャーロットの要求を拒否し、２人は婚約を解消した。

結局、シャーロット王女は1816年に別の王子、サックス＝コーバーグ＝ゴータ公レオポルド（ザクセン＝コーブルク＝ゴータ公レオポルト）と結婚した。しかし、彼女は男の子を死産した後、命を落とした。その知らせを聞いたとき、イタリアにいたキャロラインは娘のために深い喪に服した。イングランドでは、摂政太子がその訃報に気絶した。彼は意識をとりもどしたが、悲しみのあまり、葬儀に出席できなかった。

急を要する後継者探し

しかし、これはたんなる家族の悲しい喪失ではなく、国家の危機をもたらした。発狂した国王ジョージ３世のほかの後継者たちは、シャーロットの叔父や叔母といった年配者ばかりで、いずれも嫡子がなく、彼女がその世代唯一の王位継承者だった。

そこで、議会はシャーロットの４人の叔父たちに、結婚して正当な王位継承者をもうけるよう請願書を送った。それは彼らにとって愛人との別れを意味し、大きな苦痛だった。とはいえ、彼らはハノーヴァー家のために義務を果たし、妻を迎えて子供をもうけた。ただ、不幸にも赤ん坊の多くは亡くなった。

一時は摂政太子でさえキャロラインと離婚し、別の女性と再婚することを考えた。しかし、キャロラインがそうはさせなかった。ヨーロッパでの性的冒険を少しも反省していなかった彼女は、もしジョージが離婚訴訟を起こしても、断固として戦う覚悟だった。

ジョージは離婚の根拠を探すための委員会を結成したが、キャロラインはイングランド中で抗議の嵐を巻き起こした。彼女は抜け目なく行動し、皇太子の私生活を明るみに出した。同じく、キャロラインは別の方法も試みた。彼女はジョージが王になったとき、イングランド王妃としての身分を放棄する代わりに、多額の金を支払うように要求した。彼はそれをこばみ、離婚を断念した。こうして２人は夫婦のまま、ふたたびたがいに憎みあった。

哀れな老人の死

キャロラインはそれでもイングランド王妃になる方向にあった。国王ジョージ３世が生きているかぎり、それはまだ先のことと思われたが、1820年１月29日、国王ジョージが死去した。精神に異常をきたしていた彼は、耳も聞こえず、目も見えず、顎鬚も伸び放題という痛ましい姿になっていた。ときどき、青

新国王がそのための行動を起こす時間はかぎられていた。彼は戴冠式までにキャロラインを追放する必要があった。実際、王はのがれるために別の方法を使ったが、その間、戴冠式は延期された。

王者の
横顔

人を驚かせるのが大好きな パーティー・クイーン

1814年までに、夫と約20年も争ってきたキャロラインはどこか遠くへ行きたくなった。ちょうどナポレオン・ボナパルトとフランスに対するイングランドの22年にわたる長い戦争が終わろうとしており、タイミングもよかった。今ならヨーロッパを旅しても安全だった。イングランドでのごたごたにもかかわらず、キャロラインはまだまだ気力たっぷりで、自由を満喫したかった。

ただ、それはキャロラインにとって今まで以上にはめをはずすことを意味した。やがて、一連のきわどいスキャンダルがイングランドにとどいた。ボナパルト家はもはや落ちぶれていたが、キャロラインはわざわざ彼らを探し出した。一家と親しくなった彼女は、ナポレオンの義弟ヨアキム・ミュラを新しい恋人にさえした。

キャロラインは次にイタリアへ向かった。彼女は丸々としたその巨体を、大胆なドレス――襟ぐりがウエストまで切りこまれ、スカート丈も贅肉のついた膝よりずっと上――に押しこんだ。そして大きな黒いかつらをつけ、頬を真っ赤に塗り、スパンコールを貼りつけて、パーティーや祝賀舞踏会に現れた。

キャロラインはどこへ行っても注目の的だった。彼女は長いピンクの羽根飾りをつけて歩きまわり、貝殻のような形の4輪馬車に乗っていた。途中、キャロラインは突飛な友人を見つけた。バルトロメオ・ベルガミは怪しい生まれのイタリアの山師で、ぎらぎらした目に黒い巻き毛、特大の口髭をしていた。

夫と同じく、王妃キャロラインもしばしば風刺漫画や論説の材料となった。この絵で、彼女は恋人のバルトロメオ・ベルガミと、そして右の絵ではオルダーマン・ウッドの腕をとって戯れている。キャロラインはこれらの風刺画が出版された1821年に死去した。

ベルガミはキャロラインの秘書となり、もちろん、彼女の恋人となった。２人は地中海を旅し、中東へ行き着いた。キャロラインはロバに乗ってエルサレムを巡礼したが、小さなロバと彼女の巨体はまさに目を見張るような光景だった。

その後、キャロラインとベルガミはイタリアのペザーロに落ち着き、生活をともにした。

白いやつれた顔で宮殿の窓からぼんやり外を眺めているのが見られたが、彼はシャーロット王女の死のことも、息子たちの結婚のことも、1818年のシャーロット王妃の死のことも知らなかった。

キャロラインを厄介ばらいできなかったジョージ

摂政太子は国王ジョージ4世として父親の跡を継いだ。キャロラインもその権利上、今や王妃となった。しかし、ジョージは彼女を王位に近づけるつもりはなかった。

新国王がそのための行動を起こす時間はかぎられていた。彼は戴冠式までにキャロラインを追放する必要があった。実際、王はその非道な妃からのがれるために別の方法を使ったが、その間、戴冠式は延期された。彼は議会に刑罰法案の可決を求めた。これはキャロラインの数々の罪を暴くものだったが、失敗に終わった。彼女の乱交はつねに噂の種になっていたが、提出された唯一の証拠は状況証拠にすぎず、法案の可決は断念せざるをえなかった。キャロラインに味方していたロンドン市民は狂喜し、3日3晩、浮かれ騒いだ。

ロンドンの新たな祝杯

キャロラインはこの機に乗じて、意気揚々とイングランドへもどった。彼女は行く先々で祝賀や表敬を受けた。これに対して、ジョージ4世はひどい侮辱にさらされた。彼のロンドンの私邸、カールトンハウスの壁には卑猥な落書きがされた。さらに、「王妃は永遠に！　王は川底へ！」というスローガンが、ロンドンのロシア大使館の壁に落書きされた。状況を察したジョージ4世はロンドンを離れ、バークシャー州ウィンザーの別荘へのがれた。彼はそこで「キャロラインは永遠に」がおさまるのを待った。

9週間後、ジョージはもうロンドンにもどっても大丈夫と考えた。念のため、彼は近衛騎兵第1連隊を同行させたが、どうやら危機は去ったようだった。それどころか、ロンドンのドルーリーレーン劇場での芝居を見に行ったとき、彼は拍手喝采を受けた。同じことが、コヴェントガーデンでの別の芝居を見に行ったときにも起きた。

戴冠式への王妃の入場を禁じた王

王はついに戴冠式の日取り——1821年7月19日——を正式に決めなおした。イングランドの王妃には王に続いて特別な戴冠式があったが、今のジョージにはキャロラインを参加させないだけの自信があった。彼女の名前はすでに戴冠式で唱える祈りの言葉から削除されていた。彼女は名前をもとにもどし、当日はどのローブを着るのか、誰がそのトレーンをもつのか教えるようにしつこく迫った。

しかし、ジョージ4世は戴冠式を自分の独り舞台にすると決めていた。それでもあきらめなかったキャロラインは、式に押しかけようと決心し、ロンドンのウェストミンスター寺院へ向かう計画を立てた。それでもだめなら、彼女は騒ぎを起こすつもりだった。キャロラインはロンドン市民の間での自分の人気をあてにしていた。だが、彼女が醜態を演じ

国王ジョージ3世のこの絵は、1810年に即位50周年を迎えた72歳の彼を描いたものだ。しかし、このときすでに悲劇が近づいていた。国王ジョージはふたたび精神に異常をきたし、今度は永久に回復しなかった。

権力のなせる業

入場券のない王妃

戴冠式の日、ウェストミンスター寺院の内部は王室の重要行事のために錦やレース、絹や繻子、ビロードや羽根飾りによって豪華に飾られた。外部でも、大勢の見物人が興奮に包まれていた。戴冠式の記念品売りが大繁盛し、見物人の間をこそこそ動きまわるすりにとっても、「実入り」のいい日だった。

突然、寺院の入り口で騒ぎが起こった。そこにいたのはキャロラインだった。門衛は王からの命令により、入場券をもっていない王妃を中に入れようとしなかった。キャロラインは別の扉から入ろうとしたが、どれも閉まっていて入れなかった。扉では無表情な門衛が立ちはだかり、彼女が身分を告げても、少しも動じなかった。

キャロラインは騒ぎを起こさずにはいられなかった。しかし、人びとはそんな彼女にうんざりした。キャロラインは周囲に迷惑をかけ、せっかくの楽しみをだいなしにしていた。人びとは彼女を非難し、こき下ろした。キャロラインが扉という扉をまわり、必死に中へ入ろうとするあいだ、誰も彼女を助けようとしなかった。

やがて騒ぎが大きくなると、衛兵が呼ばれた。彼らは入り口の前に立ちならび、ついにはキャロラインの目の前で最後の扉が閉められた。キャロラインは怒りと恥ずかしさで顔を真っ赤にし、とうとう馬車でブランデンブルクハウスへ帰ることを余儀なくされた。2日後、彼女は王に怒りの手紙を書いた。

「王妃はこの朝に受けた公然たる侮辱の後も、王が次の月曜日には当然の権利として王妃に戴冠を認めると信じています」。しかし、返事はなかった。

王妃として承認されることを求めたキャロラインは、1821年、夫の国王ジョージ4世の戴冠式に押しかけた。王はなんとか彼女を阻止し、彼女は悔しい思いで帰宅を余儀なくされた。

ウィリアム４世は1830年に兄ジョージ４世の跡を継いだ。自分が王になるとは思っていなかった彼は、大喜びして馬車でロンドン中をかけめぐり、臣民と握手やあいさつをかわした。

るとわかっていた王は、彼女を寺院に入れないように措置を講じた。

攻撃的な王妃の最後

戴冠式から12日後、ジョージ４世はアイルランドへの公式訪問のため、王室専用船に乗った。1821年８月６日、その船がウェールズ北部のアングルシー島沖に停泊しているとき、キャロラインが死の床にあるとの知らせがとどいた。彼女はドルーリーレーンで病気になっていた。当時の治療はひどく荒々しく、患者の死を招くことも多かった。しかし、キャロラインの医師たちはそうした治療法しか知らず、彼女に出血させ、大量の甘汞《かんこう》やひまし油を飲ませた。

王妃の遺言

医師たちは彼女がなんとか回復すると思っていたが、彼女は８月７日に息を引きとった。このときばかりは、ジョージ４世も礼儀正しくふるまった。彼はキャロラインの葬儀の週はアングルシーにとどまり、５日間の公式追悼がすぎるのを待ってダブリンに入った。

しかし、キャロラインは遺言を残していた。本人の希望で、彼女の棺にはこんな言葉がきざまれた――「キャロライン・オヴ・ブランズウィック、イングランドの傷ついた王妃」。たとえイングランドの国王でも、これはどうしようもできなかった。

ジョージ４世は、その後10年にわたってイングランド王をつとめ、1830年６月26日にハンプトンコートで死去した。後継者は弟のクラレンス公ウィリアムで、彼は国王ウィリアム４世となった。

平然とした風変わりな王

国王ジョージ３世のほかの息子たちと同様、ウィリアムも少し変わった人物だった。64歳だった彼は外見も風変わりで、丸顔に真っ赤な頬、そして額に巻き毛をなで下ろすという王にはまったくふさわしくない髪型をしていた。彼の肖像がきざまれた記念硬貨では、額の巻き毛は描かれなかった。

その日、ウィリアムは朝の６時に起こされ、自分が王になったことを告げられた。彼はなんの感情も示さず、使者の手をにぎり、そのままベッドへもどった。彼が口にしたのは、「ずっと王妃と寝たかった」ということだけだった。当然、妻のアデレードもクラレンス公爵夫人からイングランド王妃になったばかりだった。

同じの日の午後、彼は帽子に小さな喪章をつけ、ウィンザーの乗馬に出かけた。しかし、ウィリアム４世は、彼がそう装っているほど王位継承に無関心ではなかった。三男だった彼は、自分が王になるとは夢にも思っておらず、実際にそうなったときは胸を躍らせた。

唯一の後継者ヴィクトリア

数日後、彼は馬車でロンドン中を走りまわった。あちこちで通行人を引き止めては、彼らと握手し、王になることの喜びを伝えた。それは当惑するような行為だったが、どこか微笑ましいものでもあった。

ジョージ４世の姪としてウィリアム４世の跡を継いだヴィクトリアは、1837年に18歳で王位につき、ハノーヴァー家の不祥事から王室の名誉を挽回しようと決意した。その結果、彼女の治世は道徳に厳しい時代となった。

ヴィクトリアの跡継ぎで将来の国王エドワード７世は、ハノーヴァー家の人間そのものだった。彼にとって厳格な道徳はなんの意味もなく、皇太子としても王としても、彼は国王チャールズ２世以来の浮気者だった。

残念ながら、ウィリアム４世はみずからの正当な跡継ぎをもたないまま王位についた。クラレンス公として、ウィリアムはシャーロット王女の死後、王室に急かされるようにしてアデレードと結婚した。彼らは２人の娘をもうけたが、どちらも幼くして亡くなり、その後は子供がいなかった。

ウィリアムの後継者は姪のヴィクトリア王女で、彼女は彼の弟のケント公エドワード――同じく王室に急かされて結婚した――の娘だった。ヴィクトリアの母親ヴィクトリア・オヴ・サックス＝コーバーグ（ヴィクトリア・フォン・ザクセン＝コーブルク）は、娘をハノーヴァー家の不面目な親戚の影響から遠ざけるため、彼女を厳しい管理下に置いていた。

案の定、ウィリアム４世はヴィクトリアの母親と対立した。彼の最大の願いは、姪のヴィクトリアが18歳の成人に達するまで長生きすることだった。もしそうできれば、彼は彼女の母親が摂政になるのを阻止することができた。そして王はそれを果たした。ウィリアム４世が1837年６月20日に死去したとき、ヴィクトリアはその前月の５月24日に18歳になっていた。

堅物のイングランド女王夫妻

当然ながら、ヴィクトリア王女は頑固で視野が狭かった。彼女はひどい堅物でもあり、杓子定規で融通がきかないところがあった。1840年、彼女は１番目の従弟で、彼女以上に堅物のサックス＝コーバーグ＝ゴータ公子アルバート（ザクセン＝コーブルク＝ゴータ公子アルベルト）と結婚した。彼は姦通など考えただけでも病気になると言った。

アルバートは妻の治世と２人の私生活をリードし、王室にはハノーヴァー家の退廃に代わって、厳格な清教徒式の道徳がもちこまれた。ヴィクトリア朝イングランドでは、家族の面目が重んじられ、ヴィクトリアとアルバートの９人の子供たちは新しい社会の模範となった。彼らはその両親が決めたように、王族としていかに堂々とふるまい、いかに清らかに暮らすかの手本となった。

しかし、この計画には１つの重大な欠陥があった。ヴィクトリアの跡継ぎで将来の国王エドワード７世は、ハノーヴァー家の人間そのものだった。彼にとって厳格な道徳はなんの意味もなく、皇太子としても王としても、エドワードは国王チャールズ２世以来の浮気者だった。彼は博打も、飲酒も、喫煙も半端ではなかった。彼の人生は両親をひどく悩ませ、２人の高尚な計画をだいなしにするようなスキャンダルの連続だった。

DIEU ET MON DROIT

第14章　サックス＝コーバーグ＝ゴータ朝

密室のスキャンダル

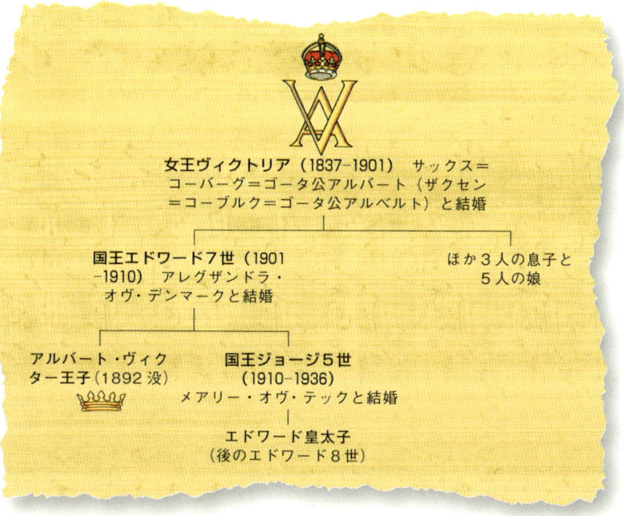

王室でバーティーの愛称で知られていたエドワード皇太子は、若い頃からスキャンダルの連続だった。1861年、彼は19歳でアイルランドのカラッハ駐屯地へ軍事訓練に送られ、そこで童貞を失った。

3世代の国王一家――（後ろから）王妃アレグザンドラと国王エドワード7世、将来のジョージ5世と王妃メアリー、そして彼らの息子エドワード（後の国王エドワード8世、1936年の王権放棄後はウィンザー公）。

バーティーは幼少時代を家族と家に閉じこめられてすごした。彼は非常に厳しい教育制度にしばられ、理不尽なほどの学習と努力を要求された。だが、バーティーは頭が悪かったわけではないが、学問に興味がなかった。本から学んだ知識を嫌う彼にとって、それはなんの意味もなさなかった。彼は癇癪を起こしたり、家庭教師を攻撃したりして反抗した。

「バーティーの堕落」

しかし、1861年、この抑圧された未熟な少年は、はじめて外の世界の本当の味を知った。なによりもまず、彼は陸軍将校になるための訓練を受けていた同世代の少年たちと出会った。彼らはバーティーが聞いたことのない習慣をもっていた。その１つが、軍の娼婦のネリー・クリフデンという若くてかわいい女優のサービスを利用することだった。

ある夜、カラッハの将校たちはネリーを皇太子のベッドに潜りこませた。当然の流れとして、ネリーは彼を男にした。しかし、それを知ったバーティーの両親はひどくショックを受けた。その事件は「バーティーの堕落」として知られるようになり、彼の生涯の汚点とされた。

責めを負ったバーティー

さらに王室に悲劇が続いた。「バーティーの堕落」からまもなく、父親のアルバート公が重病におちいった。医師たちにはその原因がわからなかったが、おそらく彼はウィンザー城の劣悪な配水管からチフスに感染したようだった。

アルバートは1862年12月14日、わずか42歳でこの世を去った。彼を崇拝していた女王ヴィクトリアは悲しみで半狂乱になった。彼女はその後40年間、死ぬまで喪に服していた。バーティーとその「堕落」がアルバートの死を招いたとして、ヴィクトリアは息子をけっして許さなかった。

しかし、アルバートが亡くなる前、「バーティーの堕落」を救う方法がすでに用意されていた――それは彼を逸脱させないように監視する、良識ある妻との結婚だった。

厳選された美女

ヨーロッパ中の王室でバーティーにふさわしい花嫁が探され、最終的に、18歳の王女アレグザンドラ・オヴ・デンマークが選ばれた。彼女はバーティーの両親がもっとも望んだ資質――美貌――に恵まれていた。ヴィクトリアはアレグザンドラの外見の美しさだけで、バーティーを改心させられると固く信じていた。やがて、ヴィクトリア――とアレグザンドラ――はそれが間違いだったことを悟った。

バーティーとアレグザンドラは1863年３月10日、ウィンザーのセントジョージ礼拝堂で結婚した。女王ヴィクトリアは全身黒装束で出席し、高い張り出し席から式に暗影を投じた。

ヴィクトリアはバーティーを結婚させることによって、自分が息子を野放しにしようとしていることに気づかなかった。彼はこれから自分の家をもち、自分の家族をもつことになる。実際、彼はロンドンのマールバラハウ

エドワード王子はその性的戯れや上流階級のスキャンダルへの関与により、両親とヴィクトリア朝の社会に衝撃を与えた。しかし、それほど堅物ではない者たちは、規則を破り、その罰をうまくのがれるバーティーにひそかに感心していた。

王者の横顔

多くの愛人をもつ遊び好きの王子

当然ながら、バーティーは遊び好きな上流階級の連中に惹きつけられた。彼は明け方まで踊ったり、博打や競馬に熱中したり、一晩中、軽薄なゲームに興じたりした。バーティーはそれを存分に楽しみ、アレグザンドラとは別居生活を送った。

アレグザンドラは子供たちと家に残り、多くの慈善活動を支援した。一方、バーティーは遊び暮らし、競馬に出かけたり、パリでフランス人の王女を愛人にしたり、オペラ界のスターや女優と公然と遊びまわったりした。彼はイングランドへもどるとき、フランスの人気歌手の半ポルノ写真までもち帰った。やがて、彼の庶子についての噂が広まり、次の愛人は誰で、どれだけ続くかについての賭けまで行なわれた。

バーティーはハノーヴァー家の人間そのものだったが、その先祖たちのように無責任ではなかった。彼は王家の威厳を強く意識し、それを維持する必要性を感じていた。

スとノーフォークのサンドリンガムの２つの邸宅をもち、1864年にはアルバート・ヴィクター王子――愛称エディー――が生まれた。なによりも、バーティーは自由な社会生活を送れるようになり、それはスキャンダラスとはいわないまでも、非常に放埒なものだった。

一方、女王ヴィクトリア自身もスキャンダルに巻きこまれていた。ヴィクトリアはもともと感情に流されやすい性格で、ときどきいきすぎた行為に出ることがあった。彼女は夫のアルバート公をただ愛していたのではなく、彼を敬愛し、崇拝していた。それは――当時の噂によれば――私的なスコットランド人の従僕、ジョン・ブラウンに対しても同じだった。ブラウンは寵臣以外の何ものでもなかったが、アルバートの死後、ヴィクトリアが彼とあまりにも親密になったため、２人は噂になった。

勇敢で尊敬を集める家来

ジョン・ブラウンは王室のスコットランドの私邸、バルモラルを拠点としていた。彼はふつうの家来ではなく、なみはずれた知性と人間性を見抜く眼力をもっていた。さらに、彼はヴィクトリアが好むような話し方をした。彼女は王族に媚びへつらう者が大嫌いだったが、ブラウンは自分の気持ちを率直に伝えた。しかも、彼はそれを失礼にならずにする方法を心得ていた。ヴィクトリアにとって、彼は王室に吹きこんだ新風だった。

ブラウンは非常に思慮深く、思いやりもあった。彼は白いヒースが好きなヴィクトリアのために、バルモラルの近くの田園でそれを探してきた。ヴィクトリアはお気に入りの家来からお気に入りの花束を受けとり、大喜びした。

ジョン・ブラウンはしばしば女王と２人きりになった。朝食後、彼女が寝室へ行き、毎日の務めとして「政府箱」にある機密書類に目をとおすあいだ、彼も同席していた。

ヴィクトリアはイングランド女王という高い地位にもかかわらず、誰かに頼るタイプの女性だった。彼女は気遣われることを望み、それを必要とした。ブラウンは彼女の要求のすべてにこたえた。彼は女王の忠実な供となり、彼女が望めばいつでもどこへでも随行した。

ブラウンは彼女の命も救った。1872年２月29日、バッキンガム宮殿へつながる庭園を通り抜けようとしたヴィクトリアは、アーサー・オコナーという男に狙撃されそうになった。そのとき、ジョン・ブラウンは男に跳びかかり、拳銃を叩き落して、警察が到着するまで彼を押さえつけていた。

その後、女王はブラウンの勇気ある行為に対して金の記章を授与した。

ジョン・ブラウンはしばしば女王と２人きりになった。朝食後、彼女が寝室へ行き、毎日の務めとして「政府箱」にある機密書類に目をとおすあいだ、彼も同席していた。彼女は自分の子供たちよりも、ブラウンと一緒にいる時間のほうが多かった。

ヴィクトリアの子供たちはそれに嫉妬した。彼らはブラウンを「お母さんの恋人」と呼び、ヴィクトリアとジョン・ブラウンがひそかに結婚しているという噂さえ信じていたらしい。しばらくのあいだ、女王を「ブラウン夫人」と呼ぶことが「身内の」冗談となった。

ふたたび夫を亡くした「ブラウン夫人」

女王への20年以上にわたる献身の後、ジョン・ブラウンは1883年に死去した。ヴィクトリアは、アルバート公が亡くなったときと同じくらいとり乱した。彼女はいきすぎた反応を示し、バルモラルにブラウンの彫像を建て、彼をたたえる詩を書こうとした。また、彼女はブラウンの部屋を亡くなったときのままにしておき、毎日、摘みたての薔薇を彼の枕もとに置くように命じた。その命令は18年間にわたって継続され、女王ヴィクトリアが1901年に死去するまで、毎日、彼の枕もとには新鮮な薔薇が供えられた。

当然、バーティーはジョン・ブラウンをめぐる「ばかげたロマンス」におおいに不満だった。同じく、ヴィクトリアもバーティーにはおおいに不満だった。もし王家の名を汚す者がいるとすれば、それは息子だと彼女は考えていた。

バーティーのニアミス

彼女がそう考えるのももっともで、バーティーはつねに危険な生活を送っていた。彼の行動はほとんど表ざたにされなかったが、いずれ隠しきれないスキャンダルが生じるのは必至だった。そしてそれは1870年に起きた。

その年の2月、ハリエット・モーダントは夫のチャールズ卿に複数の男と姦通したことを白状し、そのうちの1人にバーティーがいた。

バーティーは身の潔白を訴えた。彼はモーダント夫妻をよく知っており、ハリエットに何度か手紙を書いたことはあったが、自分たちはただの友人で、それ以上の関係ではないと主張した。不運にも、チャールズ・モーダント卿はイングランドのほかの貴族たちとは違った。彼らの多くは皇太子が自分の妻と寝たとしても気にせず、それを一種の敬意と見なした。しかし、チャールズ卿はバーティーの行為を許されないものと考え、離婚訴訟で皇太子を共同被上訴人にすると脅した。これは王室にとって大きな脅威だった。王族の行状が噂になることと、それが公の場で明らかにされることとはまったく別だった。

しかし、チャールズ卿の離婚訴訟は失敗に終わり、バーティーは命びろいした。それは彼の妻が有罪とされなかったからではなく、彼女が正気ではなかったと判断されたからだ。王族をはじめとする彼女の「愛人たち」は、ただの妄想にすぎなかったことが判明した。それは哀れな結末だったが、バーティーを窮地から救った。離婚訴訟の後、彼は人びとからの野次や非難にさらされたが、すくなくとも、法廷で「姦通者」として名指しされることは避けられた。

ただ、これで彼のトラブルが終わったわけではなかった。6年後、バーティーはまたもやトラブルに巻きこまれ、またもや幸運にも難をのがれた。1876年、エイルズフォード伯が離婚訴訟を起こした。今回、その共同被上訴人にあげられたのはバーティーではなく、マールバラ公の跡継ぎのブランドフォード卿だった。しかし、バーティーはエイルズフォード伯爵夫人に何度か手紙を書いていた。そのなかには、読み方によっては性的な意味にもとられかねない、非常に親密なものがあった。

ジュディ・デンチ演じるヴィクトリア女王とビリー・コノリー演じるジョン・ブラウンの『クイーン・ヴィクトリア 至上の恋』は、ヴィクトリアと彼女のハイランド高地の「従僕」との関係を描いた1997年の映画である。ヴィクトリアとブラウンは結婚しているという者もいた。

バーティーにとって不運なことに、ブランドフォード卿には気性の荒い弟のランドルフ・チャーチル卿がいた。ランドルフ卿は火花を散らして激怒し、バーティーの手紙を公表すると脅した。しかし、そこへマールバラ公が介入し、離婚訴訟をとり下げたため、バーティーはまたしても命びろいした。

バーティーのさらなる危機一髪

この頃、バーティーは王位継承者としてふさわしくないとする声があった。しばらくするとそうした声は消えていったが、1890年、バーティーはふたたび事態を悪化させた。その年の９月、彼は裕福な友人のアーサー・ウィルソン夫妻の別荘、トランビー農園に滞在していた。

９月８日の夕食後、賭けトランプのバカラを１ラウンドか２ラウンドやることになった。当時、イングランドではバカラは法律で禁じられていたが、それにもかかわらず、賭け金が置かれ、ゲームが始まった。

プレーヤーの１人に、多くの勲章をもつ著名な陸軍将校、ウィリアム・ゴードン・カミング卿がいた。カミングはバーティーの20年来の友人で、２人とも女遊びや賭け事が大好きだった。

その晩、ほかのプレーヤーたちはカミングがいかさまをしていると思った。当時、トランプでのいかさまはもっとも卑劣な社会的犯罪の１つとされ、ましてや皇太子のいる席ではなおさらだった。バーティーは何が起こったのかを知らされた。

トランビー農園にはバーティーの２人の廷臣が随行していた。まっさきに考えられたのは、「最悪の不祥事」から皇太子を守ることであり、廷臣の１人、オーウェン・ウィリアムズ少佐がその解決法を考えた。ゴードン・カミングは、二度とトランプはしないとする文書に署名させられた。それは彼が罪を認めたように聞こえるものだったが、仕方がなかった。

ゴードン・カミングは激しく抗議しながらも、その文書に署名した。彼は無罪を主張したが、署名すれば、このことにかんしてそれ以上問われることはないと保証され、受け入れた。

ところが、話はもれたようだった。1890年末、ゴードン・カミングはパリから匿名の手紙を受けとった。これはその話が秘密にされるどころか、「バカラ・スキャンダル」として盛んに噂されていることを明かしていた。誰がもらしたのかはわからなかったが、ゴードン・カミングは激怒した。彼は裁判で身の潔白を証明すると決心し、トランビー農園の主人のウィルソン夫妻に、いかさまとの非難を撤回するように求めた。そうしなければ、彼は２人を名誉毀損で訴えるといった。

事件はイングランドの民事裁判所で審理されることになった。これはバーティーが証人として召喚される可能性があることを意味した。王族が証言台に立つなど前代未聞であり、それ自体がスキャンダルだった。ゴードン・カミングには訴訟をとり下げるように必死の説得がなされたが、彼は聞き入れなかった。

訴訟は1891年６月１日、ロンドンの最高

1882年に撮影された皇太子バーティーと皇太子妃アレグザンドラの写真。アレグザンドラはその長い生涯を美貌で知られたが、彼女の外見的魅力をもってしても、夫の浮気は止められなかった。

裁判所で始まった。法廷の上の通路は新聞記者や見物人で満員になった。バーティーは裁判の２日目に証言台に立った。ゴードン・カミング本人を含めて、ほかの証人たちは検察側の弁護士から厳しい尋問を受けた。しかし、相手がバーティーとなると、尋問は急に甘くなった。彼らはバーティーをあまり追及せず、なるべく手早く証拠を集めようとした。

ところが、陪審のゴダード・クラークという男は、そんな煮えきらない尋問を許さなかった。彼は証言台を去ろうとするバーティーを呼びとめ、刺々しいロンドンなまりで、皇太子に弁護士たちが避けた質問をした――皇太子は実際にゴードン・カミングがトランプでいかさまをしているのを見たのか。

「いいえ」と皇太子は答えた。

「ゴードン・カミングに対するいかさま容疑について、(…) 殿下はどうお考えですか？」ゴダード・クラークはそれが知りたかった。

バーティーは、「私は言われたことを信じる以外にないと思いました」としか言えなかった。その下手な返答は彼を愚かに見せた。しかし、それはゴードン・カミングにとって不利な訴訟となり、陪審団は皇太子がその友人を有罪だと思うなら、そうに違いないと判断した。ゴードン・カミングは敗訴し、悲惨な結果となった。

バーティーが1890年に巻きこまれた「バカラ・スキャンダル」あるいは「トランビー農園スキャンダル」は、彼の友人のカミングがいかさまで非難されたこと、そしてバカラが違法だったことから社会に衝撃を与えた。皇太子の高潔さはほとんど省みられなかった。

下劣な裁判によって汚されたバーティー

カミングの社会生活はもう終わりだった。彼はクラブから追い出され、イギリス陸軍からも追放された。上流社会で彼に話しかけたり、彼のことを口にしたりする者はなく、彼は死んだも同然だった。それは彼が将来のイングランド王を下劣な裁判ざたに巻きこんだせいだった。

しかし、バーティーも罰をまぬがれたわけではなかった。彼は賭けをしたこと、悪友とつきあったこと、友人を裏切ったこと、そして悪い手本を示したことによって、新聞に激しく叩かれた。

「もし彼が私的な訪問においていかがわしい娯楽を1ラウンドでも楽しんだとすれば、真面目な大衆は（…）それを遺憾に思い、憤りを感じるだろう」と、ロンドン・タイムズは書きたてた。

これはバーティーの紋章——3本の白い羽根——をからかったドイツの新聞の風刺画に比べれば、甘いものだった。そこには皇太子としてのモットーも記され、その銘は「私は奉仕する」から「私は札を配る」に変えられていた。

フランスの新聞はその不祥事を最大限に利用した。彼らはバーティーが母親の宮廷を去り、長男のエディー王子に王位をゆずるのではないかとする噂を書いた。しかし、詮索好きなフランスの新聞さえ知らなかった事実として、エディーがイングランド王位につくことは大惨事にほかならなかった。なぜなら、彼は王室のもっとも暗く、恥ずべき秘密だったからだ。

> **ただ、エディーの両親がまだ試したことのない最後の治療法があった。彼らは息子の世話役になってくれるような常識的な良き妻を見つけようとした。**

まったく見込みのないエディー

1864年に誕生したエディー王子は、怠惰で軟弱で内気な青年に成長した。彼は集中力が少しも続かず、家庭教師もさじを投げた。しかも、本人はまったくそれを気にせず、誰かに注意されたり、命令されたりしても、にやにやするか、肩をすくめるだけだった。

あらゆる大家や専門家が呼ばれたが、原因はわからなかった。エディーの両親のバーティーとアレグザンドラは絶望していた。2人はいくつかの「治療法」を独自に試した。何かに関心をもつきっかけになるかもしれないと、エディーはケンブリッジ大学へ入れられたが、期待は打ち砕かれた。エディーの講師の1人は彼を「病的な機能不全」と言い、別の講師は「『読む』という言葉の意味がほとんどわかっていない」と言った。

次に、エディーは軍隊に入れられた。しかし、教官たちは彼がもっとも簡単な訓練さえできないことにすぐに気づいた。その後、エディーは1877年にダートマスの海軍兵学校の士官候補生となったが、結果は同じだった。

息子を落ち着かせる最後の試み

ただ、エディーの両親がまだ試したことのない最後の治療法があった。彼らは息子の世

話役になってくれるような常識的で堅実な良き妻を見つけようとした。これは女王ヴィクトリアがバーティー自身に用いたのと同じ手で、そのときは役に立たなかった。しかし、追いつめられたバーティーとアレグザンドラは、ほかにどうすればいいのかわからなかった。

王とケッペル夫人が田舎での週末のホームパーティーに招かれたとき、家の主人は２人にこっそり隣接する部屋を与えた。何が行なわれているかは誰もが知っていたが、それを口にする者は１人もいなかった。

実現しなかった結婚式

彼らが選んだ女性は、エディーの従妹で国王ジョージ３世の血をひくメイ・オヴ・テックだった。25歳のメイは若すぎることもなく、非常にしつけがよく、礼儀正しかった。彼女ならお目つけ役にぴったりだった。エディーとメイは1891年12月３月に婚約し、結婚式は翌年２月と決まった。しかし、それは実現しなかった。エディーは1892年１月７日、28歳の誕生日の前日にインフルエンザにかかった。翌日も、彼は誕生日の贈り物を見るために、よろめきながら階下へ行くのがやっとという状態だった。

それ以降、彼の体調はどんどん悪化した。後に、メイ王女はエディーの臨終の場面を思い出した。それはぞっとするような情景だった。悲嘆にくれる母親のアレグザンドラ、苦しみ続ける患者のエディー、どうすることもできない医師、そしてそれを見守る家族の面々が、特別に置かれた衝立を囲んでいた。エディーは１月14日午前９時45分、母親に手をにぎられたまま亡くなった。エディーの葬儀では、メイ王女の結婚式のブーケが棺に供えられた。

それはひどく悲しい出来事だった。エディーの短い生涯を浪費した両親は、悲しみのあまり、病にふした。しかし、今の悲劇も後の災難よりはましという思いが何人かの頭をよぎった。実際、女王ヴィクトリアを含めて、多くの人びとが、もしエディーが王になっていたら、イングランドの君主制は終わっていただろうと思った。

王になったバーティー

エディーの死により、弟のジョージ王子が父親の跡継ぎとなり、1893年にメイ王女と結婚した。８年後、ハノーヴァー朝最後の君主、女王ヴィクトリアが死去し、すでに60歳になろうとしていたバーティーが、サックス＝コーバーグ＝ゴータ朝初代国王エドワード７世となった。王朝名は、ドイツのザクセン＝コーブルク＝ゴータ公国出身だったアルバート公を記念してそう変えられた。

しかし、バーティーが新国王となって変わったのはそれだけだった。彼はあいかわらず放縦な社会生活を送り、毎年、春にはビアリッツ、暮れにはマリエンバードの保養地を訪

この写真は1901年、王位継承直前の皇太子を撮影したものである。王室の壮麗な儀式が大好きだった彼は、記章や勲章をつけたり、剣を手にしたり、羽根飾りつきの帽子をかぶったりして楽しんだ。

れた。さらに、猟期になれば狩りを楽しみ、競馬の観戦も欠かさず、ゴルフやトランプ、そして新たに自動車の運転にも夢中になった。

また、エドワード7世は1年を通じて盛大な晩餐会を主催した。メニューはたいてい、うみがめのスープ、鮭のステーキ、鶏肉、羊肉、やましぎのフォアグラ詰め、果物、氷菓、キャヴィア、牡蠣といったものだった。飲み物にはクラレット、シャンパン、ブランデーがたっぷり出された。晩餐会の最後には、高価な葉巻や巻き煙草が配られた。自身も大の愛煙家だった国王エドワード自身は、1日に葉巻12本と巻き煙草20本を吸い、さらには大酒飲みの大食漢でもあった。

おまけに、彼にはアリス・ケッペル夫人のような魅力的な愛人もいた。彼の浮気がすべてそうだったように、エドワードのケッペル夫人との情事は友人たちによって慎重に守られていた。2人が田舎での週末のホームパーティーに招かれたとき、家の主人は2人にこっそり隣接する部屋を与えた。何が行なわれているかは誰もが知っていたが、それを口にする者は1人もいなかった。

アレグザンドラの寛大な態度

もちろん、王妃アレグザンドラはケッペル夫人のことをすべて知っており、国王エドワードが夫人を心から愛していることも知っていた。1910年、王にとうとう長年の大食と贅沢三昧のつけがまわってきた。彼は何度も心臓発作を起こし、5月6日午後11時45分、アレグザンドラに見とられて息を引きとった。

しかし、王が亡くなる前、アレグザンドラは最期のお別れのために彼の親友の多くを呼び入れた。彼らのなかにはケッペル夫人もいたが、アレグザンドラは寛大にふるまった。

この写真のような晩年の女王ヴィクトリアは切手には使われなかった。イギリス初の郵便切手ペニー・ブラック（右）が発行された1840年当時から、63年間の治世を通じて、彼女の肖像は21歳の可憐な姿のままだった。

新国王の外交的名称変更

エドワードの跡を継いだのはジョージ王子で、彼は国王ジョージ5世となり、メイ王女は王妃メアリーとして知られるようになった。国王ジョージはサックス＝コーバーグ＝ゴータ朝の2代目君主だったが、1917年、その名称はふたたび変更されることになった。

当時、ドイツやその同盟国との大戦がくりひろげられ、フランスの戦場からは恐ろしい虐殺の噂がとどいていた。このため、イングランドではドイツへの敵意が強まり、王族はドイツ風の名称や肩書きをもつことに抵抗を感じるようになった。そこで、ジョージ5世は王室名をふたたび変更し、バークシャーにある王の居城にちなんでウィンザーとした。

権力のなせる業

もみ消された王子の特別な趣味

エディーはどうしようもない変人だった。彼にも趣味はあったが、それは――どう考えても――嘆かわしいものだった。エディーは20代前半ですでに梅毒にかかっていた。1889年、さらに深入りした彼は同性愛のスキャンダルに巻きこまれた。当時、同性愛はタブーとされ、イングランドの法律ではその行為自体が死刑に値する犯罪とされた。

それにもかかわらず、同性愛はロンドンで非常に盛んだった。クリーヴランド通り19番地にある男娼館は有名な出会いの場で、1889年、警察はボーフォート公の次男、アーサー・サマセット卿がそこを習慣的に訪れていることを知った。警察はサマセットに尾行をつけ、十分な証拠を手に入れた時点で彼を起訴しようとし

エディーとして知られるアルバート・ヴィクター王子は、王室にとって最大の悪夢だった。彼はその父親よりずっとひどいスキャンダルに巻きこまれた。

クリーヴランド通りの同性愛スキャンダルに巻きこまれたアーサー・サマセット卿の風刺漫画。エディーの関与を公にさせないため、サマセットは首相のソールズベリー卿から起訴されないように守られた。

た。しかし、サマセットはイングランドの貴族階級に属していた。裁判所がこの件になかなか腰を上げなかったのはそのためだった。事件をとりあげれば、ほかの多くの貴族たちが巻きこまれることになる。エディー王子もクリーヴランド通りにいたことがわかると、事件を裁判ざたにしないことがますます重要になった。

ただ、イギリスの新聞が沈黙を守る一方で、外国の新聞はそれほど寡黙ではなかった。彼らはクリーヴランド通りの記事に大見出しをつけ、いくつもコラムを組んだ。当時、エディーはインドを旅行中だったが、起訴に応じるために呼びもどされたとする者もいれば、虎狩りで都合よく死んだとする者もいた。

政府の隠蔽工作

実際のところ、大規模な隠蔽工作が行なわれた。議会でこの件についての討論があったが、エディーの名には触れず、サマセット卿はフランスへのがれた。首相のソールズベリー卿がサマセットをかばい、彼を法廷へつれもどすことを許さなかった。もちろん、サマセットをかばうことはエディー王子をかばうことを意味した。もしサマセットが裁判にかけられなければ、エディーの関与をめぐる事実も明らかにされることはない。

しかし、王室は真実を知っていた。エディーの父親のバーティーは内密の調査を進めていたが、つきとめた事実はあまりにも衝撃的で、いっさい公にはされなかった。ただ、それはエディーがいかに汚らわしい悪徳に深入りし、もしその事実が知られれば、世間にいかに大きな衝撃を与えたかを物語っている。

エドワード7世は演劇が大好きだった。この絵で観客席の最前列にいる彼は、デヴォンシャーのチャッツワース邸で行なわれた舞台を、愛人のケッペル夫人とデヴォンシャー公爵夫人の間に座って見ている。

国王ジョージは父親とは正反対だった。非常にひかえめで、贅沢な暮らしを好まなかった彼は、王妃メアリーに身も心も捧げた。彼はしばらく彼女に会わないと病気になるというほどの愛妻家で、１人も愛人をもたなかった。

彼は父親のエドワード７世を愛していたが、その生き方には強く反発していた。かつての若き国王ジョージ３世がそうだったように、彼は遊び人という王の恥ずべきイメージを払拭し、王室の名誉をとりもどそうと決意した。

しかし、ジョージ３世のときと同様、彼の計画はめちゃくちゃになった。その犯人はやはりジョージ３世のときと同様、息子の王位継承者だった。ジョージ５世の長男で跡継ぎのエドワード王子は、ほかの厄介な跡継ぎを１つにまとめたよりもさらに厄介だった。彼はもう少しで君主制を崩壊させるところだった。

正式な戴冠服をまとった国王ジョージ５世と王妃メアリー。1892年に父親の跡継ぎとして兄のエディーを引き継いだジョージ５世は、1910年５月６日のエドワード７世の死後、王位についた。

第*15*章 ウィンザー朝 I

手に負えない問題児

国王ジョージ5世が1910年に王位についたとき、イングランドの君主とその長男の対立はすでに約2世紀にわたって続いていた。ジョージとその息子で跡継ぎのエドワード王子も、同じく対立することとなった。

国王エドワード8世はウォリス・シンプソンを王妃にするつもりで即位した。しかし、彼は断固とした厳しい反対にあい、最終的に退位を余儀なくされた。

しかし、彼らの争いはかつてないほど深刻なものだった。これは王室の根幹を揺るがすような重大な事態を招き、王族自身がもはや終わりだと思った。

気のりしない王

そもそもの問題は、エドワード王子——王室ではデーヴィッドと呼ばれた——が王子という立場を嫌っていたことだ。彼は王室の仰々しい儀式にかかわることを望まず、王室の務めにもうんざりしていた。形式的なことや特権的なことが大嫌いだった彼は、なによりもふつうであることを望んだが、それは王族には無理なことだった。

そんなデーヴィッドが両親の国王ジョージ５世や王妃メアリーと衝突するのは当然だった。王室の務めは彼らの生活全般におよび、相当の自己犠牲——プライバシーの欠如、交友関係の制限——と規則の厳守をともなった。

もちろん、デーヴィッドは王室の規則などすてさりたかった。彼のそうした反抗心がはじめて公に示されたのは、1911年のことだった。その年、16歳になった彼は、ウェールズのカーナーヴォン城での盛大な儀式で皇太子に叙せられた。当時の写真で、彼はむっつりと不機嫌そうな顔をしている。その後、デーヴィッドは王家に生まれた者として、自由の限界に挑んだ。第１次世界大戦時、彼はフランスの最前線で戦うと言い出し、誰もが愕然とした——もしデーヴィッドが敵の捕虜になったらどうするのか、もし彼が殺されたらどうするのか。それはあってはならないことであり、王位継承者は絶対に守られるべき存在だった。

「ふつうの少年」として戦う皇太子

しかし、デーヴィッドは頑としてそれを受け入れなかった。彼はフランスへ渡り、すぐに前線へ向かうと、イギリスのほかの兵士たちとともに塹壕で敵の砲火を浴びた。

「皇太子はつねに戦いの真っ只中にいます」と、ある兵士はイングランドの故郷に手紙を書いた。「つい昨晩も、ドイツの砲弾が降りかかる中、僕のそばを通りすぎました」

そうした危険にもかかわらず、デーヴィッドは存分に楽しんでいた。彼はついに一般の人びとともにすごし、悩みをわかちあい、対等に話す機会を得た。当然ながら、国王はそれに不満だった。王族はつねに超然とした威厳を保つべきだというのが彼の考えだった。彼はデーヴィッドにこう言った——「お前は戦争であらゆる種類の人びとと交流できるが、それはお前が彼らのようにふるまっていいということではない。お前はつねに自分の立場というものを忘れてはならない」

しかし、もう手遅れだった。1918年、ドイツのツェッペリン飛行船によるロンドン爆撃の中、デーヴィッドは防空壕に避難していた。そこで、彼はフリーダ・ダッドリー・ウォードという若い既婚女性と出会った。デーヴィッドは彼女と熱烈な恋に落ち、やがて２人はほとんど同棲するようになった。

これは1911年のカーナーヴォン城での皇太子叙位式のときの写真で、デーヴィッドことエドワード王子が不機嫌そうな表情で両親の国王ジョージ５世および王妃メアリーと写っている。彼は後にその式服を「へんてこりんな衣装」と呼んだ。

ここに写っている軍服姿のデーヴィッドは、第１次世界大戦の塹壕で一般の若い兵士たちとの交流を楽しんだ。彼はなによりもふつうであることを望んだが、王家の生まれがそれを不可能にした。

贅沢な暮らしを楽しむ遊び人の皇太子

もちろん、王子が愛人をもつことは今に始まったことではない。しかし、フリーダ・ダッドリー・ウォードは、デーヴィッドが最後にはすっかりなじむようになった世界への入り口だった。それは彼の両親が納得するような「立派な」家柄による堅苦しい世界ではなかった。徹夜のどんちゃん騒ぎや流行のナイトクラブ、不品行、そしていかがわしい連中による「怪しい」世界だった。彼らのなかには、上流階級の仲間入りを狙う者や金めあての女たち、暴利を貪る大金持ちもいた。王によれば、これらは息子が関係をもつべき連中ではなかった。

デーヴィッドの両親は彼を海外旅行に出すことによって「矯正」しようとしたが、それも効果がなかった。帰国したデーヴィッドはあっさり元どおりになり、船を降りるとすぐにパーティーやナイトクラブへもどっていった。

しばらくすると、デーヴィッドは美しい米国人で、グロリア・ヴァンダービルトの姉のファーネス子爵夫人セルマを愛人にした。遊び好きの連中に顔が広かったセルマは、1931年、デーヴィッドをその中の２人、ウォリス・シンプソンと彼女の二度目の夫アーネスト・シンプソンに紹介した。

シンプソン夫人に恋した皇太子

当初、シンプソン夫妻はデーヴィッドの新しい知人にすぎなかった。しかし、1934年、米国へもどることになったセルマは、ウォリス・シンプソンの手を借りて「平凡な男」――彼女はデーヴィッドをそう呼んでいた――と別れた。それは安全な方法と思われた。

地味で貧相で、苦虫を潰したような顔のウォリスを、セルマはライバルとは思わなかった。

しかし、彼女は甘かった。セルマが去ると、デーヴィッドはウォリスと恋に落ちた。彼女はほかの女たちより女性らしく、包容力があり、ずっと意志が強かった。イングランドが世界恐慌による大打撃を受けていた当時、彼女はデーヴィッドとともに国民の窮状を気遣った。

「ウォリス、君は僕の仕事に関心をもってくれた唯一の女性だ！」と、デーヴィッドは彼女に言った。彼女はデーヴィッドがまさに望んでいた女性だった。

だが、ウォリス・シンプソンはデーヴィッドの両親が望んでいた女性ではなかった。それは彼女が米国人だったからではなく、彼女が離婚歴をもち、しかもデーヴィッドの熱意が高まるにつれ、ふたたび離婚をくりかえしそうだったからである。当時、離婚はイングランドでは不道徳とされ、王族は離婚経験者と知りあいになったり、話をしたりしないことになっていた。

ところが今、王位継承者のデーヴィッドは離婚歴があり、二度目の夫ともまだ夫婦関係にある女性と恋愛していた。その衝撃は大きかった。しかし、ウォリスとの恋は一時の気まぐれではなかった。エドワードは彼女と結婚し、彼女を王妃にすることを望んだ。

将来の国王に失望した父親

国王ジョージと王妃メアリーは途方にくれた。彼らはデーヴィッドにウォリスを王宮へつれてくることを禁じた。デーヴィッドは父親を頭の固い年寄りと思い、王は息子を礼儀知らずの若造と思った。そして王妃メアリーはウォリスを「女山師」と思った。これはウォリスに対する一般的な意見だったようで、彼女は財産めあてに結婚し、王室との結びつきによって多くのものを手に入れようとする尻軽女という烙印を押された。エドワードとウォリスの行動を監視していた政府諜報部も、あきらかにそう思っていた。2003年初め、彼らの報告書がはじめて公開され、ウォリスが自分に対するエドワードの熱意を巧みに燃え立たせていたことが明らかになった。彼女は皇太子と夫のアーネスト・シンプソンの両方に内緒で、ガイ・トランドルという自動車のセールスマンと浮気しており、さらに皇太子に近づいてくるほかの女たちをすべて追いはらった。一方、イングランドの国民は王室の危機が高まっていることを知らなかった。当時はテレビがなく、ニュース映画やラジオ放

国王エドワード８世の短い治世に、これを含めた切手がイギリスで１セットだけ発行された。

王となった今、エドワード８世は王族や王室関係者、そして彼の母親がウォリスを気に入らなくても平気だった。それどころか、彼はウォリスを周囲に見せびらかすようになった。

送も厳しく検閲されていた。外国の新聞はそのニュースでもちきりだったが、休日を海外ですごす人びとはほんのわずかだった。一般協定により、イングランドの新聞はその件について沈黙を守っていたが、遅かれ早かれ、事実は明るみに出る運命だった。

1936年１月20日、国王ジョージ５世が死去した。臨終にはデーヴィッドと王妃メアリー、そしてほかの王族たちが立ち会った。王妃は息子を新国王エドワード８世として認め、彼に膝をまげてお辞儀した。しかし、彼女は生前の夫の言葉が忘れられなかった――「あいつは１年もしないうちに身を滅ぼすだろう」。そして、そのとおりになった。

平然とパーティーを続ける王

彼はウォリスを周囲に見せびらかすようになり、しかも、その方法はひどく大胆だった。1936年５月、２人は地中海東部をめぐる船旅に「ナーリン号」というクルーザーを借り、何人かの「不適切な」友人を招いた。その後に起こったことは外国の新聞を猥談とスキャンダルで何週間もにぎわせた。ナーリン号の乗客は、王を含めて、あらゆる寄港地に酔って裸同然で現れた。船上では騒々しいパーティーが開かれ、国王エドワードとウォリスは人前でも平気でキスしたり、抱きあったりした。そうしたことはイングランド国王のふるまいとして、ひどく不名誉なものとされた。

しかし、王は少しも気にしなかった。自分のしたいことをした彼は、他人にどう思われようと関係なかった。

王妃メアリーはこう書いた――「彼は反対されるとますます意地になるばかりです。今はすっかり（シンプソン夫人に）のぼせ上がっていますが、情熱はいずれ冷めると期待しています」

ウォリスと結婚するための計画

ところが、情熱は冷めなかった。1936年７月、王とウォリスがナーリン号で船旅を続けているあいだ、彼女の離婚手続きは着々と進められ、審問は10月27日に法廷で行なわれることになった。単純計算すれば、国王エドワードの考えは明らかだった。離婚は半年後の1937年４月27日に成立する予定で、王の戴冠式は５月12日とされた。その間にエドワードとウォリスが結婚し、続いて王および王妃として戴冠するには十分な余裕があった。

国家的危機をもたらした王の恋愛

王のスキャンダルは深刻な国家的危機となった。首相のスタンリー・ボールドウィンが呼ばれ、シンプソン夫人をあきらめるように王を説得したが、失敗した。王の親戚も説得を試みたが、失敗した。カンタベリー大主教

ウォリス・シンプソンのこの絵は実物以上によく描けている。イギリスの人びとは、新聞に掲載された苦虫を潰したような顔の中年女性が、どうやってイングランド王位と王室を揺るがしたのか、ほとんど理解できなかった。

王室関係者によれば、これはイングランド国王にふさわしい写真ではなかった——上半身を露出した国王エドワード８世が、ナーリン号での地中海クルーズでウォリス・シンプソンと一緒に写っている。

これは1936年12月10日にエドワード８世が署名した王権放棄の文書である。エドワードは「RI（Rex Imperator／イギリス王兼インド皇帝）」として署名したが、その肩書きはこれが最後となった。彼の３人の弟、アルバート、ヘンリー、ジョージが証人としてその文書に署名した。

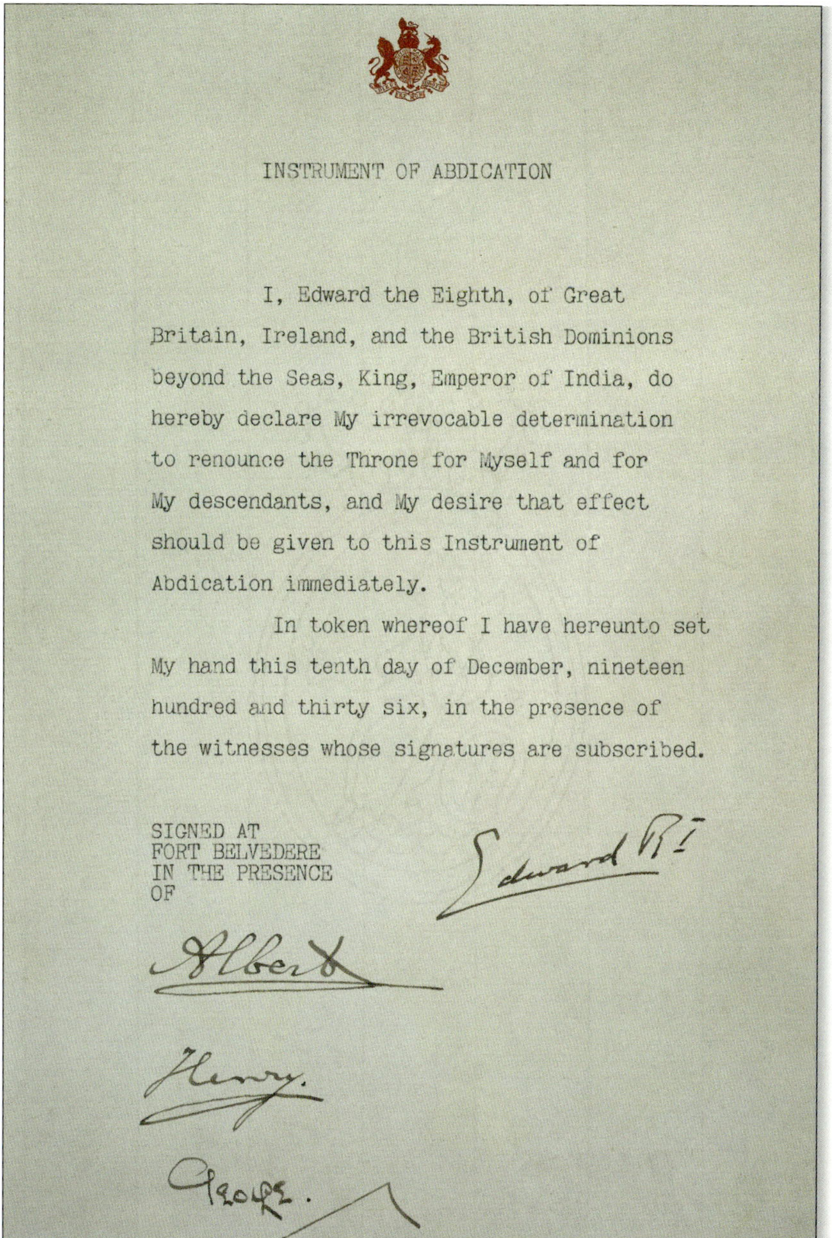

INSTRUMENT OF ABDICATION

I, Edward the Eighth, of Great Britain, Ireland, and the British Dominions beyond the Seas, King, Emperor of India, do hereby declare My irrevocable determination to renounce the Throne for Myself and for My descendants, and My desire that effect should be given to this Instrument of Abdication immediately.

In token whereof I have hereunto set My hand this tenth day of December, nineteen hundred and thirty six, in the presence of the witnesses whose signatures are subscribed.

SIGNED AT
FORT BELVEDERE
IN THE PRESENCE
OF

Edward R I

Albert

Henry.

George.

権力のなせる業

愛のために身をひいた王

アルバートは王になりたくなかったが、逃げ道はなかった。彼の兄は12月10日に王権放棄書に署名したことで、エドワード王子にもどった。翌日、その前国王はウィンザー城から歴史的な放送を行なった。

「数時間前、私は国王および皇帝としての最後の務めを果たしました。弟のヨーク公が私の跡を継いだ今、私はまず彼に対する忠誠を誓わなければなりません。私は心からそうしたいと思います」

「皆さんは私が王位を退いた理由をご存知でしょう。私は愛する女性の助けと支えなくして、その重責をにない、王としての務めを十分に果たすことはできないと思ったのであり、それは皆さんにも信じていただかなければなりません」

「この困難な決断において救いだったのは、私の弟がこの国の公務にかんする長年の訓練とその立派な資質によって、私の代わりをつとめることができると確信したことでした。(…) また、彼は皆さんの多くが享受し、私には与えられなかった無比の恩恵、つまり、妻と子供たちのいる幸せな家庭を賜りました」

「さあ、新しい国王をお迎えしましょう。私は彼とその国民の幸福と繁栄を心からお祈りいたします。皆さんに神の祝福を！　国王陛下万歳！」

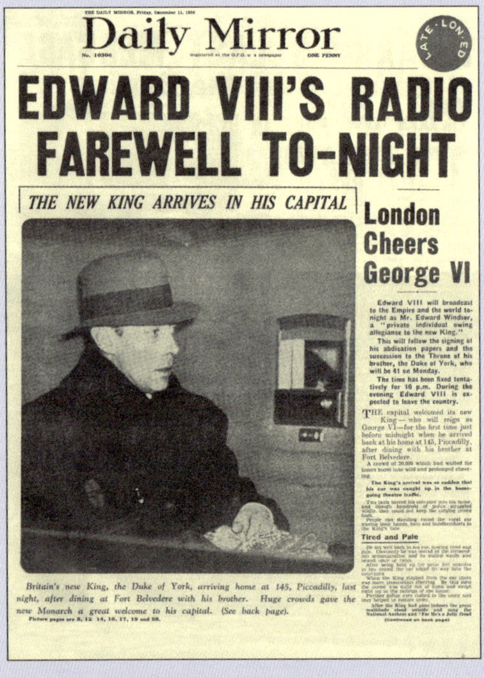
THE DAILY MIRROR, Friday, December 11, 1936

Daily Mirror

No. 10306　Registered at the G.P.O. as a newspaper　ONE PENNY

LATE LONDON ED

EDWARD VIII'S RADIO FAREWELL TO-NIGHT

THE NEW KING ARRIVES IN HIS CAPITAL

Britain's new King, the Duke of York, arriving home at 145, Piccadilly, last night, after dining at Fort Belvedere with his brother. Huge crowds gave the new Monarch a great welcome to his capital. (See back page).

Picture pages are 8, 12, 14, 16, 17, 19 and 28.

London Cheers George VI

Edward VIII will broadcast to the Empire and the world to-night as Mr. Edward Windsor, a "private individual owing allegiance to the new King."

This will follow the signing of his abdication papers and the succession to the Throne of his brother, the Duke of York, who will be 41 on Monday.

The time has been fixed tentatively for 10 p.m. During the evening Edward VIII is expected to leave the country.

THE capital welcomed its new King — who will reign as George VI—for the first time just before midnight when he arrived back at his home at 145, Piccadilly, after dining with his brother at Fort Belvedere.

A crowd of 20,000 which had waited for hours burst into wild and prolonged cheering.

The King's arrival was so sudden that his car was caught up in the home-going theatre traffic.

Tired and Pale

(Continued on back page)

ロンドンのデーリー・ミラー紙の歴史的一面。新国王ジョージ6世の不安げな表情は本物だった。

も同じだった。イギリス連邦の各自治領——オーストラリア、ニュージーランド、カナダ、南アフリカ——の政府もすべて失敗した。

12月初めには、国王エドワード8世は友人たちからも見放された。事態は王室の一大スキャンダルになりつつあり、彼らはそれに巻きこまれたくなかった。突然、王の友人たちは彼の私邸フォートベルヴェディアへの招待を断わりはじめ、パーティーやピクニックへ行かないための言い訳をした。彼らは以前からウォリス・シンプソンが好きではなかったと言い、王についても正気ではないと考えた。

解放を求めたウォリス

こうしたことがわずか数日の間に起きた。イングランドの詩人オズバート・シットウェルは、それを「鼠の1週間」と呼んだ［鼠は沈没しそうな船から、いち早く退散するといわれることから］。実際、鼠たちが船を見すてると、その船は沈みはじめた。12月3日にイングランドの新聞が沈黙を破ったとき、王の味方は1人もいなかった。翌日、ロンドンの自宅の窓に石を投げつけられたウォリスは、フランスへ避難した。そこから、彼女は王に王位をあきらめるのではなく、自分をあきらめてほしいと求めた。

しかし、彼にそんな考えはなかった。「君がどこへ行こうとも、僕は追いかける」と彼はウォリスに言った。

エドワード8世はイングランド王位とウォリスの両方を望んだが、どちらかの選択を迫られた彼は王位をすてるしかなかった。1936年12月10日、エドワード8世はみずからの意思で王権を放棄したイングランド初の王となった。

彼の決断は王室に苦悩をもたらした。新たに王位継承者となったエドワードの弟アルバートは、自分が王になるという考えに恐れをなし、母親の肩でむせび泣いた。妻のエリザベス——故皇太后——は後に、「噴火口の縁に座っているようだった」と語った。

もう1人の気のりしない王

帝王教育を受けたことがなかったアルバートは、不安でたまらなかった。病弱で吃音症もあった彼にとって、人前に出ることは大きな苦痛だった。彼には美しい妻と2人の娘、エリザベスとマーガレットのいる平穏な生活があったが、それが終わろうとしていた。アルバートが動揺するのも無理はなかった。

ウォリスを軽蔑する王室

王権を放棄した夜、前国王はイギリス海峡を渡って生涯の亡命を果たした。1937年6月3日、彼はフランス北部の城でウォリス・シンプソンと結婚した。王族は1人も参列しなかった。2人は新しい称号——ウィンザー公および公爵夫人——を与えられたが、国王ジョージ6世となったアルバートは、ウォリスを「妃殿下」と呼ぶことをこばんだ。彼は彼女が二度も結婚に失敗していることから、三度目の結婚も長続きしないだろうと考えた。

エドワードとウォリスは国王ジョージとその家族をけっして許さなかった。エドワードにそんな権限はなかったが、彼はみずからウォリスに国王ジョージが禁じた称号を与え、自分の妻が「ウィンザー公爵夫人妃殿下」と呼ばれることを主張した。

ウィンザー公爵および公爵夫人のデーヴィッドとウォリスは、社交に精力を傾け、「しかるべき」流行の場所に「しかるべき」流行の仲間と姿を現した。これは2人がゴルフ・トーナメントでプレーを追っている写真。

ウィンザー夫妻を厄介ばらいしたい政府

イングランド本国で、公爵はバハマ諸島の知事の職を与えられた。だが、その地位は少しも威信をともなわないものだった。バハマはイギリス帝国全体でもっとも重要度の低い植民地であり、その知事はたいてい下級公務員か退役陸軍将校がつとめていた。しかし、バハマ諸島には1つの大きな利点があった。それは交戦地帯から遠く離れており、戦争のあいだ、ウィンザー夫妻を置いておくには格好の場所だった。

トラブルに追われる2人

だが、ウィンザー公はバハマ諸島でもトラブルに巻きこまれた。彼の知事時代に起きた最悪の事件は、金鉱成金ハリー・オークスの殺害だった。オークスは怪しい人物で、税金のがれのためにバハマに住み、仲間にはもぐりの武器商人もいた。

1943年、そのハリー卿が惨殺された。公爵はみずからその捜査にのりだしたが、彼にはそうした事件についての経験がなかった。結果として、彼は捜査に失敗し、無実の罪の男――オークスの義理の息子――が逮捕された。幸い、彼は裁判で無罪となったが、真犯人は見つからなかった。ただ、その事件にはマフィアが関与していたらしい。

世界を旅する2人の贅沢な暮らし

王権を放棄して以来、公爵は「最高位職」において国に仕えることを望んでいたが、オークス事件での不手際は彼の無能さを証明し、公爵は二度と官職を与えられなかった。

1945年に戦争が終わると、ウィンザー夫妻はヨーロッパへもどった。依然として王室から締め出されていた彼らにとって、行くべき場所は1つしかなかった。彼らは金持ちの社交界のスターとなった。ビアリッツやヴェネツィアなど、彼らは流行のリゾート地をまわり、週に2回はパリの有名レストラン、マキシムで夕食をとった。2人が贅沢な暮らしを満喫し、ナイトクラブや高級ホテルで楽しんでいる写真は新聞をにぎわせた。

さよならを言えない悲しみのウォリス

しかし、1972年に公爵がパリで死去すると、すべてが終わった。その後のウォリスをまだ金めあての強欲な女と思っている者がいたとすれば、それは間違いだった。しばらくのあいだ、彼女は公爵の死を受け入れられず、彼の枕もとから離れようとしなかった。

「彼は私の人生のすべてでした」と、彼女はウィンザーでの夫の葬儀で言った。

「彼は私のために多くのものをあきらめてくれました。私は彼なしではどうすればいい

戦争が終わると、ウィンザー夫妻はヨーロッパへもどった。依然として王室から締め出されていた彼らは金持ちの社交界のスターとなり、流行のリゾート地をまわった。

ウィンザー夫妻のナイトライフはやたらとマスコミに追いまわされた。とくに公爵夫人は新聞読者の関心が高く、彼女はいつも公爵からどっさり贈られたみごとな宝石を身につけていた

事実か、
嘘か

ナチを支持した公爵？

亡命生活にあっても、ウィンザー夫妻は行く先々で世間を騒がせた。1938年、ナチドイツへ招かれた彼らは、そこでアドルフ・ヒトラー総統とそのとりまきに会った。ニュース映画で公爵がナチにあいさつする姿が報じられると、イングランドは激しい怒りに包まれた。公爵夫妻はナチの同調者であるとの噂も生まれたが、2003年に公表された秘密の調査報告には、これを裏づける証拠はなかった。

しかし、ナチは証拠を必要としなかった。前イングランド国王は彼らに前王がナチの同調者であるとほのめかす機会を与えた。また、ナチがウィンザー夫妻の誘拐をくわだてているとの噂もあった。それによれば、彼らがイングランドを侵攻・征服した暁には、前国王が――ナチの傀儡として――ふたたび王位につくことになっていた。

実際、ドイツがイングランドを侵攻することはなかった。だが、どちらにしても公爵夫妻には彼らの計画に興味がなかった。とにかく交戦地帯から離れたかった2人は、なんとか中立のスペインへのがれ、そこからイングランドへもどったが、長くはとどまらなかった。

ウィンザー夫妻がヒトラーとあいさつをかわしているこうした写真は、公爵夫妻がナチの同調者であるとの噂を生んだ。

理想的な国王一家——ジョージ6世と王妃エリザベス（後の皇太后）、そして娘のエリザベス王女とマーガレット王女。この幸せな家族の写真は、公爵夫妻のどんちゃん騒ぎとは対照的だった。

のか考えることもできません」

実際、彼女は彼なしではやっていけなかった。ウォリスは現実の生活にもどることができず、公爵が死んだときのままにされた部屋に何時間も1人で座っていた。「お休みなさい、デーヴィッド！」と、彼女は寝る前にいつもそう言った。

ウォリスの容態はますます悪化し、ついには体が麻痺し、手足が不自由になった。晩年の彼女は、自分と夫の写真に囲まれたベッドで寝たきりだった。2人ですごした年月を夢見ながら、過去に生きていたウォリスは、1986年に89歳で亡くなった。彼女はウィンザーでエドワードの隣に埋葬され、葬儀には女王エリザベス2世とその家族が参列した。

公爵はつねにウォリスが王室に受け入れられることを願っていた。死によって、彼女はついにそれを果たした。しかし、それでも「妃殿下」という正式な称号はなく、彼女の棺のプレートには「ウィンザー公爵夫人ウォリス、1896年〜1986年」とだけ記された。

律儀な王

一方、国王ジョージ6世はその兄より20年も前の1952年に死去した。イングランド王室の名誉は1936年の王権放棄によってひどく落ちこみ、当時は王族自身がもう終わりだと思っていた。しかし、その15年間の治世において、国王ジョージと彼の賞賛すべき王妃エリザベスはみごとな「修復作業」を果たし、王室はふたたび名誉をとりもどした。彼らには、その努力をだいなしにするような厄介な後継者はいなかった。跡継ぎのエリザベス王女に対する国王ジョージの愛情は非常に深く、彼女のことを話すとき、彼の目はいつも涙にあふれていた。長かった王室の不和はこうして終わった。

澄んだ青空の暗雲

しかし、これでエリザベス2世がトラブルやスキャンダルを避けられたわけではなかった。エリザベスの戴冠式が行なわれた1953年6月2日、トラブルは早くも訪れた。その日、ウェストミンスター寺院の外では、妹のマーガレットがイギリス空軍のピーター・タウンゼンド大佐の制服から毛くずをとっている姿を写真に撮られた。それは女性が「自分の恋人」の男性にするような行為だった。

タウンゼンドは元戦闘機パイロットの官吏で、新女王の侍従だった。目ざとい記者たちはその場面を見て、ぴんと来た。すぐに新しい王室のロマンスが広まったが、それは新しいスキャンダルでもあった。ピーター・タウンゼンドは離婚歴をもち、称号のない一般市民だった。当時の王室の規則によれば、彼には女王の妹と恋愛する権利はなかった。

第16章 ウィンザー朝 II

現代風の王室

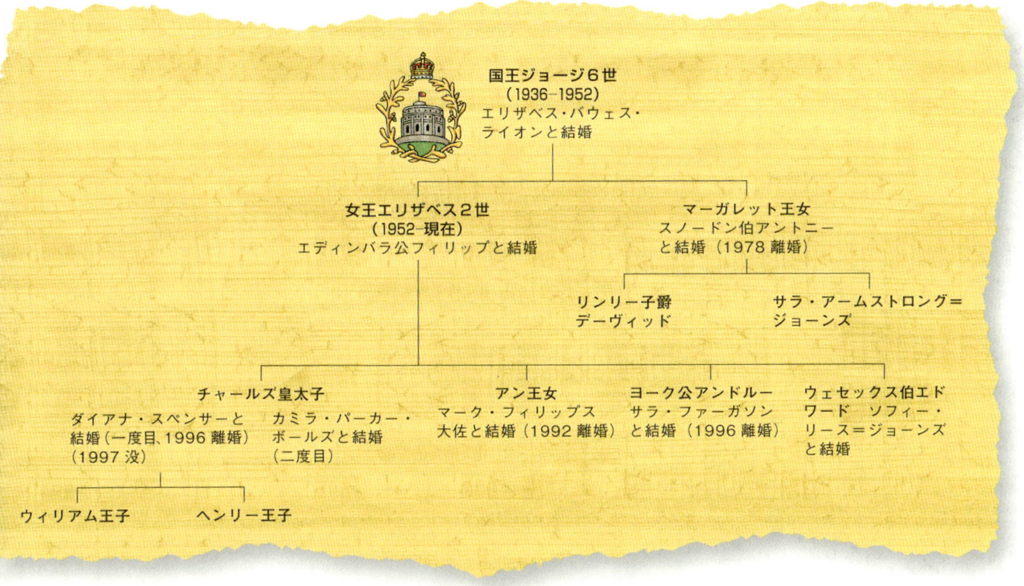

マーガレット王女は活発な女性だった。もし王女に生まれていなかったら、彼女は物まね師や歌手、ピアニストとして舞台で華々しく活躍していただろう。

1981年2月24日は、長きにわたる王室の結婚をめぐる憶測が終わりを迎えた日だった。チャールズ皇太子は19歳の可憐なダイアナ・スペンサーとの婚約を発表した。

彼女には魅力と活力、そして個性があった。また、ピーター・タウンゼンド自身が言ったように、彼女は「きわめて」美しかった。マーガレットになかったのは運だった。

マーガレットがピーター・タウンゼンドにはじめて会ったのは、1945年、彼女が15歳のときだった。父親の国王ジョージ6世の侍従になったばかりのタウンゼンドは、ハンサムで魅力的だった。彼は戦争の英雄でもあり、マーガレットはそんなピーター・タウンゼンドに深く恋し、彼との結婚を心に決めた。

本分か恋かの選択

マーガレットはタウンゼンドも自分を愛していると知って喜んだ。しかし、2人の前には途方もなく大きな障害があった。タウンゼンドには離婚歴があり、そうした離婚者が直面する社会的障壁だけでもたいへんなのに、イングランドの教会は離婚を認めてさえいなかった。女王の妹を前妻がまだ生きている男性と結婚させ、彼の子供たちの継母にするというのは、まったく無理な考えだった。

英国国教会の首長である女王は、そんな結婚を許可するわけにはいかなかった。それでも結婚するというのなら、マーガレットは王室の称号をすて、家族とも縁を切り、死ぬまでイングランドを離れて暮らすしかなかった。

女王エリザベスは愛する妹がそんなことになるのを望まなかった。そこで彼女は別の方法を試した――ピーター・タウンゼンドをベルギーに赴任させたのである。それはイギリス海峡をへだてただけのものだったが、彼をマーガレットから引き離すには十分な距離だった。女王は2人の恋が冷めるのを期待したが、そうはならなかった。タウンゼンドが1955年にイングランドへもどったとき、その恋はまだ「続いて」いた。

2人は結婚するのか、しないのか――イングランドの新聞はあれこれと憶測を書きたて、「マーガレット、さっさと腹を決めろ！」といった見出しさえのせられた。

しかし、マーガレットは決心できずにいた。彼女はタウンゼンドと結婚するべきではないとする理由に攻めたてられていた。教会も反対していたし、王室もそれに不満だった。人びとの意見は2つに分かれ、戦争の英雄であるタウンゼンドは王女の立派な夫になると考える者もいれば、マーガレットは王族としての本分を重んじるべきだと考える者もいた。

最終的には王族としての本分がまさった。1955年10月31日、マーガレットはピーター・タウンゼンドとの結婚を断念し、そう発表した。

「キリスト教徒の結婚は永遠のものであるという教会の教えと、［女王に対する］みずからの務めを考慮し、私はこうした事柄をほかのなによりも優先することに決めました」

悲しみを忘れるためのパーティー

それはマーガレットの人生でもっとも辛い瞬間だった。その悲しみを乗り越えようと、彼女はパーティー三昧の日々に身を投じ、遊び好きな金持ち連中のスターとなった。彼女はナイトクラブに出入りし、人前で酒や煙草をやって周囲を驚かせたり、王族がつきあわ

ピーター・タウンゼンド（左）とマーガレット王女は、しばしば婚約をめぐって2人一緒の写真を撮られた。しかし、彼らの恋は最初から悲しい運命にあった。当時、王族と一般市民との結婚はまだ受け入れられていなかった。

ないような人びと——俳優や女優、ポップスター——と交友したりした。

そして1959年、タウンゼンドは手紙でマーガレットに、ベルギー人のマリー＝ルースという女性と結婚することを伝えた。マリー＝ルースがマーガレットにそっくりだったのに驚いた者はいなかった。一方、マーガレットも王室写真家のアントニー・アームストロング＝ジョーンズからプロポーズの手紙を受けとった。

彼女は後にこう語った——「私はその朝、ピーターからの手紙を受けとり、その晩、トニーとの結婚を決めました。本当は少しも結婚したくなかったのですが、なぜ結婚したのかというと、彼がそれを望んだからです！」

マーガレットは1960年に写真家のアントニー・アームストロング＝ジョーンズと結婚したが、けっしてタウンゼンドとの一件を乗り越えられたわけではなかった。皮肉にも、その結婚は1978年に破局を迎え、マーガレットはウィンザー王室最初の離婚経験者となった。

タウンゼンドとの破局後、マーガレット王女は贅沢な暮らしに溺れた。彼女の過度な喫煙や飲酒は深刻な健康被害をもたらし、彼女は王族の務めをおろそかにしたとして、不当なほどの非難を受けた。

破綻する運命だった結婚

やがて、マーガレットとトニーの仲が知れわたり、２人は1960年５月６日にウェストミンスター寺院で結婚した。それは豪華な王室の結婚式で、彼らは２人の子供にも恵まれた。しかし、もともと一方的なものだったその結婚は破綻する運命にあった。スノードン卿となったアームストロング＝ジョーンズは王室とのつながりを嫌うようになり、それは彼の仕事の妨げになった。２人は激しく言い争い、どちらも愛人をつくった。1976年、マーガレットとトニーはついに別居を決め、1978年に正式に離婚した。

その後、マーガレットは二度と結婚しなかった。彼女はそれまで以上に酒や煙草をやり、ずっと年下の男性を恋人にしたり、ムスティーク島の別荘で贅沢なパーティーを開いたりした。

悲しい人生と早すぎる死

イングランドの彼女の自宅には、ときどきピーター・タウンゼンドが訪れていた。しかし、1995年、その彼が亡くなった。追いつめられた彼女は体調を崩し、何度も卒中に襲われた。2001年８月４日、母親の皇太后が101歳の誕生日を迎える日まで、家族や友人を除いて、誰も彼女がどれほど深く傷ついていたかを知らなかった。元気で若々しい皇太后がロンドンの自宅のクラレンスハウスから群衆に手をふっているそばで、半身不随の上、目も不自由になったマーガレット王女が車椅子に座っていた。マーガレット王女はその半年後の2002年２月９日、71歳でこの世を去った。

その頃、王室はタウンゼンドの一件よりもさらに大きく、国王エドワード８世の王権放棄に匹敵するほどの深刻な別のスキャンダルに揺れていた。それは裏切りと不誠実、そしてとるにたらない事柄をめぐる噂だった。またしても、人びとはイギリス王室の存続を危ぶむと同時に、その恐ろしい物語の展開を恐怖と好奇心の入り混じった気持ちで見守った。

国家のお伽話

しかし、1981年７月29日、王位継承者のチャールズ皇太子とダイアナ・スペンサーがロンドンのセントポール大聖堂で結婚したとき、こんな事態を予想した者は誰もいなかった。マスコミはその結婚を「現代のお伽話」と呼んだ。初々しい20歳のダイアナは一夜にしてスターとなり、彼女は行く先々で人びとの歓迎を受けた。彼女は世界でもっとも有名で、もっとも写真を撮られた女性だった。国民は彼女を愛し、マスコミも彼女を愛し、誰もが彼女を愛した——夫のチャールズ皇太子を除いては。

昔の恋人をまだ愛していた花婿

当時は誰もそれを知らなかったが、チャールズは別の女性と恋仲だった。それはかつての恋人、カミラ・パーカー＝ボールズ夫人である。チャールズは1973年の時点でカミラと結婚できたはずだった。しかし、彼は彼女が将来のイングランド王妃として「清純さ」に欠けると考えた。何人も恋人がいた彼女は、退屈な王室の生活におさまるには野心的すぎた。そこでチャールズは彼女と別れ、カミラもほかの男性と結婚した。それでも、カミラは完全にチャールズの生活から身をひいたわけではなかった。２人はなお友人であり、ときには恋人だった。カミラはチャールズを励まし、安心させ、あるがままの彼を受け入れた。やがて、チャールズはダイアナとの結婚が苦悩の始まりだったことを知った。

愛を切望する不安定なダイアナ

ダイアナ・スペンサーはスペンサー伯爵の末娘で、離婚家庭に育った。彼女がまだ６歳のとき、母親のフランシスは突然家を出て、二度ともどらなかった。それに続く離婚劇はあまりにも壮絶で、フランシスはそのことをけっして口にしなかった。４人の子供たちの親権をめぐる争いでは、スペンサー伯爵が妻の人格を汚すことによって勝利した。それはダイアナとその弟チャールズに破壊的な影響を与えた。

ダイアナは大きくなっても情緒不安定で、愛情を渇望していた。彼女は自分だけのものになってくれる夫、自分を愛し、守ってくれ

バッキンガム宮殿のバルコニーでのキスは、皇太子と皇太子妃の「お伽話のような結婚式」の最高潮だった。しかし、その結婚はお伽話どころではなかった――ウィンザー王室にとって、それは前代未聞のスキャンダルに発展した。

る夫、そしてつねに自分のそばにいてくれる夫を望んだ。しかし、チャールズはダイアナにそうした配慮ができなかった。皇太子の仕事は９時から５時までの仕事とは違った。ほかの王族と同じく、チャールズには果たすべき公務があり、家を留守にすることもしばしばだった。

共通点の欠如

さらに、チャールズとダイアナは好みもまったく違った。チャールズはオペラが好きで、ダイアナはポップスが好きだった。チャールズは哲学や歴史の本を読み、ダイアナは恋愛小説を読んだ。もし２人の間に十分な愛情があれば、こんなことは大した問題ではなかっただろう。しかし、ダイアナはチャールズの友人たちに「頭が空っぽ」と思われ、チャールズはダイアナの友人たちに退屈な堅物と思われていた。そんな中で、２人が愛情をもつのはむずかしかった。

チャールズとダイアナの関係がぎくしゃくするのに時間はかからなかった。ダイアナは

マスコミは皇太子夫妻の家庭がうまくいっていないという憶測を書き立てた。それをたんなる噂として笑い飛ばすのは簡単だったが、実際にはマスコミが正しかった。1986年までに、チャールズとダイアナの結婚は急速に崩壊へ向かった。

チャールズをカミラから引き離すことさえできれば、すべてがうまく行くと思いはじめた。しかし、ダイアナがカミラと別れるように迫れば迫るほど、チャールズはカミラにしがみついた。

口論から逃げるチャールズ

ダイアナはヒステリーを起こした。第1子のウィリアム王子を妊娠中、ダイアナはチャールズが乗馬に出かけるのを止めようとして、階段から身を投げた。

残念ながら、チャールズはこんなふるまいをする妻と向きあうほど気丈ではなかった。チャールズはカミラのもとへ逃げるばかりで、事態はさらに悪化した。王族の務めとして、チャールズとダイアナは公の場では平静を装わなければならなかった。それでも、マスコミは皇太子夫妻の家庭がうまくいっていないという憶測を書きたてた。それをたんなる噂として笑い飛ばすのは簡単だったが、実際にはマスコミが正しかった。1986年までに、チャールズとダイアナの結婚は急速に崩壊へ向かった。チャールズが後に打ち明けたところによれば、その頃にはすでに妻と寝室を別にしていたという。1987年、ダイアナはチャールズに自分の望むような配慮を期待するのをやめた。彼女はそれをほかのどこかで、別の男性に求めるようになった。

2人別々の記念日

1991年、チャールズとダイアナは結婚10周年を迎えた。しかし、とくに祝典はなく、誰も祝うような気分ではなかった。2人は結婚記念日を別々の場所——チャールズはロンドン、ダイアナはウェールズ——ですごした。女王エリザベスが主催しようとしていた10周年記念パーティーも行なわれなかった。

ついに声を上げた妻

一方、「お伽話のような」結婚を永遠に打ち砕く時限爆弾は刻々と進んでいた。1991年から92年にかけての冬、ダイアナはその結婚生活の実態について、王室担当記者のアンドルー・モートンによる詳細なインタヴューに答えた。彼女は彼にすべてを話し、制限もいっさいくわえなかった。モートンの著書『ダイアナ妃の真実』は、1992年6月7日にロンドンで出版された。それはいわゆる暴露本で、モートンはチャールズを冷淡で傲慢な人物として描き、ダイアナの成功と人気に嫉妬しているとした。

さらに悪いことに、『ダイアナ妃の真実』はダイアナが5回も自殺をはかっていたことを

ダイアナは「カミラがいつもそこにいた」と言った。カミラ・パーカー＝ボールズ夫人は1973年以来、チャールズの人生にとって重要な存在であり、2人の関係は彼がダイアナと結婚してからも続いた。

アンドルー・モートンの『ダイアナ妃の真実』は1992年にはじめて出版された。1997年のダイアナのパリでの死後、同書は再出版され、彼女がモートンに全面的に協力していたという事実――以前は否定された――が世間に知れわたった。

明らかにした。彼女は過食による摂食障害に苦しみ、何度も自傷行為におよんでいた。

著者と共謀したダイアナ

　モートンの本が出版されたとき、周囲はダイアナがそれにまったく関与していないと否定した。しかし、結婚生活についてそれほど詳しく知っていた者がほかにいただろうか。モートンの仲間のジャーナリストや内情を知る者たちは真相を察したが、一般の人びとはその後5年間、ダイアナの死の直後までそれに気づかなかった。

　『ダイアナ妃の真実』に対する反響は凄まじかった。多くの読者がそれを真実と思いこみ、もしダイアナが愛人をつくった――実際に彼女はそうした――とすれば、それはチャールズの態度がそうさせたのだと考えた。今や社会の最大の敵となったチャールズ皇太子には、どんな悪口を言ってもたりないようだった。

女王のひどい年

しかし、1992年のスキャンダルはそれでも終わらず、女王エリザベスは後にこの年を「ひどい年」(annus horribilis) だったと述べた。３月19日、女王の次男のヨーク公アンドルー王子が妻のサラ・ファーガソンと別居した。２人は1986年に結婚したが、その結婚はすぐに怠慢、無責任、姦通といった悲惨な道をたどった。さらに４月13日、女王の一人娘のアン王女が夫のマーク・フィリップス大佐に離婚訴訟を起こした。それにより、女王の４人の子供のうちの３人の結婚が破綻状態となった。

しかし、おもに注目が集まったのはチャールズとダイアナだった。『ダイアナ妃の真実』は王室の我慢の限界を超え、許しがたいものだった。チャールズ皇太子はひどく裏切られた気持ちになり、女王は内輪の恥をさらしたダイアナに腹をたてた。

熱狂するマスコミ

チャールズの友人たちはジャーナリストのペニー・ジュノーが書いた雑誌記事において、モートンの本に反論した。これは皇太子側の言い分を語ったもので、ダイアナを被害妄想の嫉妬深い女性として描いた。彼女はウィリアム王子とヘンリー王子を父親から遠ざけ、チャールズをののしり、ありとあらゆる卑劣な手段で彼を追いつめたという。

この頃、マスコミは毎日のように非難と反論の応酬を伝えていた。もはや誰が真実を語り、誰が嘘をついているのかわからなかった。スキャンダラスな事実が次々と暴露され、チャールズとダイアナにかんする秘密のテープも明るみに出た。その淫らな会話は文字化され、「私の拷問生活」や「ダイアナを怒らせたラブ・テープ」などといった毒々しい見出しがつけられた。

幻想の終わり

結局、「お伽話のような」結婚は続かなかった。その結末は1992年の暮れに訪れた。12月９日、チャールズとダイアナの別居が首相のジョン・メージャーによって庶民院で発表され、その約４年後の1996年８月28日、２人は正式に離婚した。

ダイアナが王族でなくなった今、彼女は「妃殿下」の称号を失い、もはや誰も彼女に膝をまげてお辞儀する必要はなかった。しかし、彼女は依然として新聞をにぎわせた。1997年７月、ダイアナがエジプト人の億万長者で、ロンドンの高級百貨店ハロッズの所有者であるモハメド・アル・ファイドから招待を受けたとき、それはさらに扇情的なニュースとなった。アル・ファイドはダイアナとその２人の息子たちに、彼のサントロペの別荘とクルーザーの「ジョニカル号」、そしてハンサムで魅力的な息子ドディを差し出した。

ドディとダイアナがサントロペで合流すると、マスコミはすぐさま２人のロマンスを書きたてた。スクープを狙う大勢の記者やカメラマンがサントロペで船を降りた。ドディとダイアナは、まず地中海のコルシカ島、次にサルデーニャ、そして最後は８月30日にパリへのがれた。しかし、彼らが来ることは先に知られ、有名人の写真を撮って売ることで生計を立てているパパラッチが2人を待ちかまえていた。

ドディとダイアナはパパラッチにとって久しぶりの大物有名人だった。一団は2人をパリのホテルまで追いかけ、そこを包囲した。2人は裏口から逃げたが、パパラッチはすぐにその跡を追った。

偶像の死

それは真夜中近かった。ドディは運転手のアンリ・ポールにスピードを上げるように命じ、パリの街中で高速の追跡劇が始まった。アンリ・ポールがアルマ広場のそばの地下道に達したとき、彼のメルセデス・ベンツは時速200キロ以上も出していた。車はそのまま地下道へ飛びこんだ。その直後、報告によれば、酒に酔っていたとされるアンリ・ポールは運転操作を誤った。車はトンネルを横滑りし、支柱に激突してはね返り、反対側の壁にぶつかった。車体は金属がねじれ、ガラスが割れて大破した。

ドディは即死だった。アンリ・ポールもそうだった。ダイアナは衝突を生きのびたが、致命傷を負い、翌朝の午前4時、病院で死亡した。36歳だった。

喪に服す国民

そのニュースがイギリスにとどくと、人びとは衝撃を受けた。彼らは通りに立ちすくみ、涙を流した。何千人もの人びとがロンドンに押しよせ、王宮の外に追悼の花を供えた。それはおびただしい数に上り、歩道は花束の分厚い絨毯に埋めつくされた。哀悼者の多くは弔問名簿に記帳するため、何時間も行列をつくった。一方、スコットランドのバルモラルでいつもの休日をすごしていた女王一家は、すぐにロンドンへ向かわなかったことから、「薄情」との批判にさらされた。

結局、王室が譲歩した。彼らはロンドンへもどり、女王はテレビでダイアナに短い弔辞を捧げた。しかし、国民は彼女の言葉がその悲しみのわりに、「あまり心に響かない」と言った。

「さらば、イングランドの薔薇！」

ダイアナの葬儀は9月6日に行なわれた。その日、ロンドンの街はほとんど休業状態だった。ダイアナの棺が簡単な儀式のためにウェストミンスター寺院へ運ばれるのを、大勢の人びとが沿道から見守った。彼らは葬列がロンドンを出て、ノーサンプトンシャーのダイアナの実家へ向かっても、そこから動かなかった。オルソープハウスでは、身内だけの葬儀が行なわれ、彼女は池の中央にある島に埋葬された。

翌日の新聞は「さらば、イングランドの薔薇」との見出しを掲げ、イングランドのもっとも切なく、もっとも涙にくれた1日について、何ページにもわたって伝えた。

なお悪者にされたチャールズ

しかし、ダイアナの物語はけっしてこれで終わったわけではなかった。ゴシップに飢えたマスコミはすぐに次の手を打った。長年の愛人であるカミラ・パーカー＝ボールズとの

女王エリザベスはアンドルー・モートンの暴露本にひどく困惑した。その中で、彼女は義理の娘である皇太子妃に対して冷淡で、役に立たない存在として描かれたが、事実はその正反対だった。

王者の横顔

活動を行なう皇太子妃

1997年初め、ダイアナは赤十字の代表として新たな活動を始めるため、マスコミに協力を求めた。アフリカ西部のアンゴラでは、最近の内戦により、対人地雷が一面に埋められた広大な土地が残された。戦いが終わっても地雷はそのままで、それを踏むたびに何千人という現地の人びとが手足や目、そして命を失っていた。

マスコミがカメラを向け、写真を撮り、ニュース映画をつくる一方、ダイアナは地雷原に入った。彼女は保護バイザーと防弾チョッキを身につけていた。カメラがまわると、彼女は数メートルごとに「危険！　地雷！」と書かれた看板の横を通りすぎた。どの看板の上にも、どくろマークの警告標識があった。

そのようすはテレビや映画、新聞で世界中に伝えられた。赤十字にとってもこれ以上ないほどの宣伝となっただろう。8カ月後の1997年8月、ダイアナはヨーロッパ南東部のボスニアへおもむいた。ここも内戦が終わったばかりで、国土は地雷だらけだった。そしてここでも、マスコミは活動を続けるダイアナの姿をカメラにおさめた。

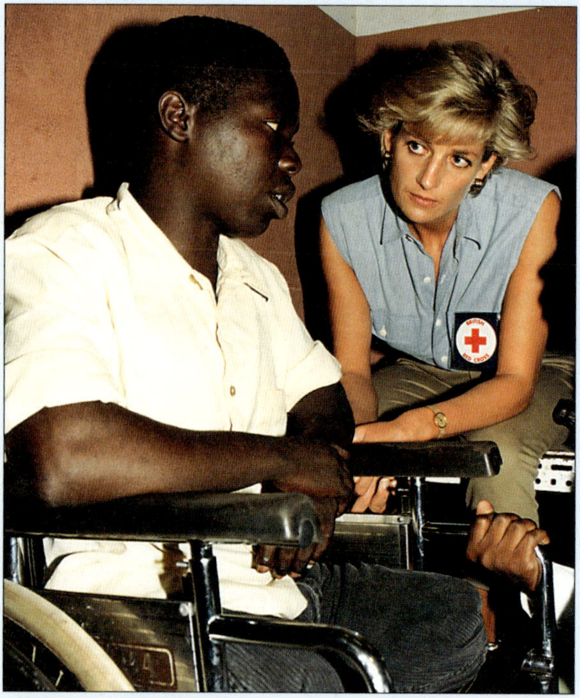

人生最後の年、ダイアナは対人地雷の被害に対する世間の関心を高めるために尽力し、その継続使用への反対運動を行なった。

チャールズとカミラの結婚式は、1981年の国をあげての結婚式に比べると非常に地味だった。挙式はもともと4月8日に予定されていたが、その日、チャールズは教皇ヨハネ・パウロ2世の葬儀に女王の代理として参列するためローマへ向かわなければならず、式は1日遅れで行なわれた。

関係を続けていたチャールズは、大勢のダイアナ・ファンが今も王妃に対する彼の仕打ちをけっして許さず、今後も許すことはないという報道にさらされた。

ダイアナの死から6年たっても、多くの人びとがなお皇太子を悪者にした「ニュース」に飛びついた。たとえば、2004年1月、ダイアナが書いたとされる手紙についてのある新聞報道がなされた。この中で、彼女はチャールズが自分に「深刻な頭部損傷」を与えるような自動車事故をたくらんでいると述べた。その手紙は後に粗雑な偽造文書であることがわかったが、そのときにはすでに多くの人びとがチャールズを殺人犯かもしれないと思いこんでいた。

定期的な世論調査によれば、チャールズを将来の国王として認めない人びとが大多数を占め、息子のウィリアムのほうが王位継承者に望ましいとされた。

ダイアナの死から7年あまりがたった2005年4月9日、チャールズがついにカミラ・パーカー＝ボールズと結婚すると、ウィリアムを国王に望む人の数は減少していたものの、それでもまだ42パーセントあり、2001年より8パーセント高かった。

ダイアナの影響が依然として続いていることは、チャールズとカミラが2005年2月10日に婚約したときから明らかだった。結婚後、カミラは「皇太子妃」ではなく、チャールズの地所であるコーンウォール公爵領から、コーンウォール公爵夫人妃殿下という新しい称号を得ることが発表された。彼女はチャールズが国王になっても王妃にはならず、「国王夫人」と呼ばれることになった。

ダイアナに対するこうした配慮にもかかわらず、亡くなった皇太子妃のファンたちは結婚式をひかえたカミラに何百通もの抗議の手紙を送りつけた。当日、式が行なわれるバークシャー州ウィンザーの登記所の外では、新婚夫婦に対するデモの可能性が懸念された。そのため、チャールズとカミラは2人を出迎えようと待っていた大勢の見物人を避け、式が終わるとすぐに車で走り去った。

執事の暴露

マスコミのダイアナ報道はチャールズとカミラによるものばかりではなかった。たとえば2002年、皇太子一家の所持品を盗んだ疑いで起訴されたダイアナの元執事、ポール・バレルの裁判は世間を騒がせた。バレルが後に窃盗の疑いで起訴されることになる物品を安全な所に保管していると話していたことを女王が思い出し、裁判は中止され、彼は無罪放免となった。するとたちまち、女王は裁判で都合の悪い事実が暴かれることを恐れたのだという噂が広まった。

同じ容疑で公判中だったハロルド・ブラウンの裁判も中止されたが、彼はマスコミに「自分の話を売る」ことをこばんだ。しかし、ポール・バレルにそうした躊躇はなかった。彼は王室の不品行を次々と暴露し、新聞の見出しを飾った。バレルによれば、ダイアナのかつての義父フィリップ公は、彼女を「ふしだらな売春婦」などと呼んで侮辱的な手紙を書いたといわれた。フィリップはダイアナの

2004年10月、私生活に踏みこまれて激怒したヘンリー王子は、ロンドンのナイトクラブの外で彼の写真を撮ろうとしたカメラマンにつかみかかった。それに続く乱闘騒ぎで、ヘンリーはカメラで顔を殴られた。

THE KENNEL

親友ローザ・モンクトンの支援を受け、こうした申し立てを強く否定した。

浮気男の少佐がヘンリーの父親？

2002年はまた、ダイアナ関連の報道のなかでももっとも刺激的なニュースが生まれた。彼女の愛人とされる10人のうちの１人、ジェームズ・ヒューイットは、ダイアナとの情事を公表したことでタブロイド紙に「浮気男」として知られた。イギリス陸軍の機甲連隊の少佐だったヒューイットは、その暴露によって辞職を余儀なくされた。1998年、ヒューイットはダイアナが自分に書いた64通のラブレターをけっして売らないと発表したが、４年後、彼はそれらを1000万ポンドという高値で売り出した。その手紙にはちょっとした猥褻な内容が含まれており、ダイアナが２人の性器につけたあだ名や、彼女が1991年の第１次湾岸戦争でクウェートに従軍していた彼に送った「大人のおもちゃ」の詳細も含まれていた。ヒューイットは複数の申し込みを受けたが、それは彼の求めた価格には遠くおよばず、最高入札価格は400万ドルにすぎなかった。

同じく2002年、ダイアナの次男、ヘンリー王子の父親はチャールズ皇太子ではなく、ヒューイットであるという噂が広まった。1984年９月15日に生まれたヘンリーとヒューイットはたしかに似ていた。２人とも同じような整った顔立ちで、どちらも赤毛だった。2002年９月、ヒューイットはその噂を公然と否定した。すると、1985年に王室が父親を確かめるためにＤＮＡ鑑定を依頼していたというニュースが明るみに出た。ダイアナは激怒したらしいが、鑑定の結果、ヘンリーの父親はヒューイットではなく、チャールズであることがわかった。

「ナチ」のヘンリー

この頃、18歳だったヘンリー自身もなにかと問題を起こしていた。ヘンリーはマスコミにたくさんのネタを提供した。彼は未成年で飲酒に溺れ、「マリファナ」を吸い、ナイトクラブの外でカメラマンと乱闘騒ぎを起こした。しかし、こうしたことは2005年１月に起きた事件に比べればなんでもなかった。そのとき、ヘンリーは仮装パーティーでドイツ軍の軍服――ナチの鉤十字のついた腕章も――を着ている姿を写真に撮られた。

ヘンリーは20世紀の歴史、とくにユダヤ人がナチの支配下で言語に絶するような苦しみを受けたホロコーストの歴史に無知であること、そして、彼の曾祖父母の国王ジョージ６世と王妃エリザベス（皇太后）が第２次世界大戦でナチに対するイギリスの抵抗を象徴していたことを侮辱したとして、マスコミから激しく非難された。ヘンリーは謝罪したが、批判は続いた。その若い王子はナチズムの邪悪さを軽んじたとして責められた。ある政治家は、ヘンリーが2005年に入学する予定だった名門の陸軍士官学校サンドハーストに彼を行かせるべきではないと述べた。激怒した

2005年１月にヘンリーは仮装パーティーでドイツ軍の軍服――ナチの鉤十字のついた腕章も――を着ている姿を写真に撮られた。

チャールズ皇太子は、ヘンリーにナチ最大の強制収容所、アウシュヴィッツ＝ビルケナウ収容所——1940年から1945年にかけて最大400万人の被収容者が死んだ——を訪れるように命じた。

やがて、その騒ぎは見出しから消えたが、王室のスキャンダルがすべてそうであるように、記録から消えたわけではなかった。経験からいって、あるイギリスの新聞に「ナチのヘンリー」と呼ばれた彼の事件は、1000年におよぶイングランド王室の歴史に汚点を残した一連の悪事や犯罪、愚行における最新のエピソードとなるだろう。

監修者あとがき

イギリス人は、なぜ王室スキャンダル嗜好にはしるのだろうか。

だれもが一目をおく尊敬すべきイギリス。あの紳士の国だというのに、その頂点というべき王室と宮廷にあって、この醜聞と不行跡。いったいこれは、本当に事実なのだろうかと疑ってしまう。本書の随意のページをめくってみれば、一目瞭然である。たぶん、類書のほかのページでも同じことだろう。

政治上の対立の決着ののちに出現する惨状とは。不運にも死罪を宣告されたものは、処刑台にあって絞首されたうえで、臓腑をえぐりだされ、そののちに四肢を切りはなされて放置される。これが、もっとも決然とした処刑の方法だという。なにがしか寛容にあつかわれる者は、ただの斬首のみですむとか。いくつかの証拠史料においては、たんにこの推移をことばによって記述するだけではなく、なまなましい図解として、後世にその情景をおくりとどける。まことに、本書のはしばしに記録されるとおりである。

残虐さだけでではない。数えあげればきりがないが、あえて列挙してみよう。王室の周辺に目撃されたさまざまの光景。権力をめぐる陰謀、裏切り、暗殺、復讐など。いやそればかりではない。男たちのあいだでは、策略と共謀と詐略。女たちでは、嫉妬と誹謗。それに、もっとも険しい不行跡としての、男女間の不義と密通、離婚と再婚。姦通と重婚は、ほとんど数をしれない。いや、同性のあいだのただれた姦淫まで。

なぜ、これほどにイギリスの王室をめぐって、犯罪と醜聞が渦巻くことになったのか。そこまでいかずとも、反目と離反とが日常茶飯事となっている宮廷。11世紀のノルマン征服から、20世紀のダイアナ妃まで。たぶん、側近、貴族から市民、平民まで、事情に変化はあるまいと察知されるとしても、わたしたちは、これまでもかと、イギリス王室の暗黒を説きつけられる。ひとつの説明は、イギリス王朝の特別な歴史と関係があるといえるかもしれない。

わたしたちは、ふつうイギリスと総称するが、じつは本書の原題をみてもわかるとおりイングランドの王室に限定されている。いま、その国は連合王国とよばれるが、イングランド、ウェールズ、スコットランド、北アイルランドが連合した王国である、しかも、マン島など周辺の島もあわせて。それぞれがことなった民族系統をうけつぎ、また歴史上の紆余曲折もあって、けっして一筋縄ではいかない。イングランド王国がそのなかから成長して、まるで単一の統合国家を結成したかにみえるが、じつはほかの民族集団は、それに満足してはいない。いまでも、それぞれに独立運動があるほどだ。

強勢にむかうイングランド王国をとってみると、それを統括する王朝はけっしてイングランド出身の王家によってだけささえられていたわけではない。11世紀の征服王ウィリアムをはじめとして、あいつぐ王家のほとんどは、イングランド以外の出自である。フランス・ノルマンディー出身のノルマン朝にはじまり、ついで12世紀から14世紀までのプランタジネット家は、もとはフランスはアキテーヌからきた。しばらくイングランド出身のランカスター家、ヨーク家が統治したが、つぎのテューダー家（15世紀から17世紀初）は、ウェールズから、そして17世紀のステュアート家はスコットランド。それにみじかい共和政の中断などをはさんで、イングランドに登場するのはなんと、ドイツからきたハノーヴァー朝。その家統がうけつがれた、現在のウィンザー朝までドイツ系譜は絶えてはいない。つづめていえば、イングランド王家、そしていまの連合王国の王家には、イングランドという民族の血統はほとんど希薄というべきなのだ。

この千年間、王朝はこうしてことなった系統の諸民族が集い、争う、そんな修羅場のなかで営まれた。個人や集団のあいだのいさかいばかりか、民族のあいだの抗争の渦巻く王朝。それあって、イギリス（つまり、のちの連合王国）が形成されるまでの、飽くことない、血なまぐさい活劇が上演されたと考えるべきだろう。

いやそれでも、なぜこれほどに激烈な王室内の抗争とスキャンダルが、連続したのだろうか。ヨーロッパの諸国、たとえばフランスやドイツ、またイタリアやスペインにあっても、おなじことがおこったのだろうか。むろん、人間と集団のあいだの抗争や殺戮は、どの国にもあった。けっして、イギリスだけにかぎられたはずがない。けれども、率直にいって、これほどの暗黒スキャンダル史劇をたどることはむずかしい。こうなると、イギリス人だけが、とびぬけて残虐な人びとだと断定したくなる。あの紳士たちの国の住人たちという常識に背反して。

もしかすると、ほんとうにそうなのかも知れない。だがまてよと、留保をつけてもみたい。そもそも、特定の民族だけが、残虐好みだとか、平和的信条の持ち主だとか、そう簡明に結論できるだろうか。あえてイギリス人のために弁明してみるのだが、もっと複雑な事情が背景にあるにちがいない。というのも、イギリス人たちの心情のうちには、そもそも王室をはじめとする選良集団や支配階層について、こうしたスキャンダルを言いつのる、特別な嗜好がきわだっているかのようだ。しかも、そこには残虐や不品行、暴虐から悪行にいたる、あらゆる人間的な営みへの、強烈な関心がかいまみられる。つまり、そのもととなる事実をこえて、推理や筋立といった、いわば第２次的な言説のほうが、とめどもなく増幅してゆき、ほとんど全民族的な話題と噂となって、国土のうちをかけめぐる。これこそ、イギリスという国の独特の事件風土である。王室は、むろんそのなかでも、恰好のターゲット。現実との接合の如何にかかわらず、スキャンダルはかぎりなく大きくなっていくだろう。むろん、ウィリアム王からダイアナ妃にいたる千年のあいだ、絶えることなく。

それが証拠に、たとえばロンドンのいまの書店におもむくと、どこでもエントランスの正面にはほぼいつも、「犯罪（クリミナル）」という棚がならぶ。推理小説というわけだが、ほとんどは殺人事件の犯人探しを主題とする。なぜ、これほどに事件好きなのだろうか。もっとも、いまでこそさすがに、王室周辺での殺人事件というわけにはいかないが。もとはとさかのぼってみると、まずなによりもシェイクスピア。その悲劇もまた史劇も、あふれるほどの殺人と不義と策略とでいっぱいだ。『ハムレット』のように、ホレーショーをのぞくすべての王族周辺の要人が、命を落とすといったその悲劇の筋立ては、まるでこの「暗黒の王室史」にぴったりである。「そして、だれもいなくなった」という惨状は、戯曲と現実との両方にあいつうじている。

古典劇としてのシェイクスピアばかりか、近代のクリミナル小説としてみれば、コナン・ドイルからアガサ・クリステイーまで、ほぼ一直線といってもよい。イギリス人にとって、残虐と悪徳が主人公となる話立ては、最高の娯楽であり、また現実にたいする独自の解釈である。事件の謎を探りあてる探偵シャーロック・ホームズとポワロの推理こそは、最高の知性の発動といってもよい。かれらにとって、王室をとりまく暗黒の霧すらも、それがほんとうの事実であるかどうかは、さして問題ではない。かぎりなく常識をはなれた事件性にこそ、自分たちをとりまく社会を解説するための最良の鍵がかくされている。たとえば、16世紀の巨大な国王像であるヘンリー８世の６人の王妃にたいする埒外の暴虐は、好適な物語となって、王室を評議する読者たち、つまり民衆にとっては無上の読み物となっていった。ロンドン塔で斬首されるいく人もの王妃にたいして、読み手は哀切の涙をそそぎつつも、無法の王にたいしてすらも、喝采をおくったにちがいない。それあってこそ、イギリス王室史は、とぎれることない興趣を提供しつづけたことになろう。

けっしてイギリスの王室側近だけが、とびぬけて暴虐のわけではないと、さしあたり弁護したのだが、結局はかれらが、その物語へのとびぬけた偏好を受けついできたのだといいつのっているのだろうか。もしそうだとしても、罪のないしかたで、イギリス人のスキャンダル嗜好が歴史上で継承されることへの敬意はとりさげるつもりはない。

樺山紘一

索引

＊太字は主要項目、斜体は図版をさす。

【ア】

【カ】

【サ】

【タ】

【マ】

【ヤ】

【ラ】

【ワ】

◆著者略歴
ブレンダ・ラルフ・ルイス（Brenda Ralph Lewis）
85冊以上の著作がある作家。1997年から1998年にかけ、ダイアナ皇太子妃の生涯を描いた作品シリーズを完成させた。過去にイギリスの新聞４紙で王室担当記者として活躍した経験をもち、ロイヤルティ誌に定期的に寄稿している。また、専制君主をテーマにしたテレビドキュメンタリーにも出演している。

◆日本語版監修者／訳者略歴
樺山紘一（かばやま・こういち）
1941年東京生まれ。東京大学文学部卒、同大学院修士課程修了。東京大学教授、国立西洋美術館館長をへて、現在、印刷博物館館長。東京大学名誉教授。専攻は西洋中世史。おもな著書に、『ゴシック世界の思想像』『西洋学事始』『歴史のなかのからだ』『パリとアヴィニョン』『異郷の発見』『地中海』『新・現代歴史学の名著』、おもな訳書に、ル・ロワ-ラデュリ『新しい歴史──歴史人類学への道』、フェルナンデス＝アルメストほか『タイムズ・アトラス ヨーロッパ歴史地図』、ジャック・アタリ『図説「愛」の歴史』（監修）などがある。

高尾菜つこ（たかお・なつこ）
1973年生まれ。翻訳家。南山大学外国語学部英米科卒業。訳書に『新しい自分をつくる本』『バカをつくる学校』（以上、成甲書房）、『アメリカのイスラエル・パワー』『「帝国アメリカ」の真の支配者は誰か』（以上、三交社）がある。ほかに『ケンブリッジ世界宗教百科』『ヒトラー・ユーゲント』（以上、原書房）、『男はなぜ暴力をふるうのか』（朝日新聞社）など翻訳協力多数。

＊図版出典
© The Board of Trustees of the Armouries: 100,166
Bridgeman Art Library: 220
Corbis: 71,189,217,258
Fortean Picture Library: 101,130
The Kobal Collection: 102,253,283
Topfoto/The Heritage Image Partnership:
© The British Library/HIP: 9,12,14,17,20,23,31,33,41,49,50,52,55,56,77,81,86,172,178,182,224,291
© Corporation of London/HIP: 97,120,152,155,169,207,255,264,267,270
© The British Museum/HIP: 124,248-9
© English Heritage/HIP: 15,21,73,112,125
© Museum of London/HIP: 60,212,214,223,247,269,273,279,284
© NRM, York/HIP: 2
© Public Record Office/HIP: 10,144,149,161,276,280,290,305
© RPS/HIP: 65
Mary Evans Picture Library: 32,36,37,46,66,72,74,80,90,92,94,96,111,114,115,118,136,137,139,147,148,157,158,164,167,174,177,179,181,192,194,200,203,206,210,211,218,227,233,234,238,241,244,245,246,251,261,262,266,286,288,292,293,294
Rex Features: 329,331
© Peter Thrussell: 209
Topham Picturepoint: 28,39,108,117,133,140,228,229,296,299,304,306,309,310,311,312,314,317,318,319,321,323,324,327,328
©UPPA Ltd/Topham Picturepoint: 303
TRH Pictures: 22,24,25,34,38,40,43,44,51,57,59,63,64,70,78,82,99,103,104,105,113,121,123,128,135,143,146,162,163,170,183,185,186,188,197,198,204,222,226,231,242,271
Map by Patrick Mulrey
Family tree illustrations by Mark Franklin

ダークヒストリー
図説《ずせつ》
イギリス王室史《おうしつし》

●

2010年6月30日　第1刷

著者………ブレンダ・ラルフ・ルイス
日本語版監修者………樺山紘一《かばやまこういち》
訳者………高尾菜《たかおな》つこ

装幀………スタジオ・ギブ（川島進）
本文組版・印刷………株式会社ディグ
カバー印刷………株式会社明光社
製本………小高製本工業株式会社

発行者………成瀬雅人
発行所………株式会社原書房
〒160-0022　東京都新宿区新宿1-25-13
電話・代表 03(3354)0685
http://www.harashobo.co.jp
振替・00150-6-151594
ISBN978-4-562-04577-8